“十四五”全国高等院校经管类产教融合规划教材

CAIWU FENXI

财务分析

主　编/苏力勇　常　明

配有
电子教学
资料包

企业管理出版社
EMPH ENTERPRISE MANAGEMENT PUBLISHING HOUSE

图书在版编目（CIP）数据

财务分析 / 苏力勇，常明主编 . — 北京：企业管理出版社，2024.1

ISBN 978-7-5164-2941-9

Ⅰ. ①财… Ⅱ. ①苏… ②常… Ⅲ. ①会计分析
Ⅳ. ① F231.2

中国国家版本馆 CIP 数据核字 (2023) 第 186403 号

书　　名：财务分析
书　　号：ISBN 978-7-5164-2941-9
作　　者：苏力勇　常明
策　　划：寇俊玲
责任编辑：寇俊玲
出版发行：企业管理出版社
经　　销：新华书店
地　　址：北京市海淀区紫竹院南路 17 号　　**邮　　编：**100048
网　　址：http://www.emph.cn　　**电子信箱：**1142937578@qq.com
电　　话：编辑部（010）68701408　发行部（010）68701816
印　　刷：北京亿友创新科技发展有限公司
版　　次：2024 年 1 月 第 1 版
印　　次：2024 年 1 月 第 1 次印刷
开　　本：787 毫米 ×1092 毫米　1/16
印　　张：15.5 印张
字　　数：370 千字
定　　价：58.00 元

前　言

党的二十大报告指出，在全面建设社会主义现代化强国的过程中，要深化国资国企改革，优化民营企业发展环境，完善中国特色的现代企业制度，支持中小微企业发展，健全资本市场功能，提高直接融资比重。财务分析这门课程，对于评价和改进企业经营效率和财务绩效，具有重要作用。

财务分析是一门操作性很强的会计财经类课程，其知识点繁多，而且前后联系比较紧密，因此，如何对教材进行分章布局就成为一个首要课题。如果分章布局不合理，可能就会阻断本来顺畅的知识河流，难以形成“前可追根溯源，后可融会壮大”的知识网络。

另外，财务分析不可避免地要对财务数据进行数学处理，而且，实践中可以使用的数据处理方法非常多，所应用的数据处理软件也从简单到复杂，应有尽有。在财务分析教材中既要阐明知识，“授人以鱼”，又讲透方法，“授人以渔”。

还有一点也是很重要的，财务分析是财经类学术研究的重要基本功。财经类或企业管理类的文章，只要涉及实证分析，绝大多数要用到财务分析的知识。因此，财务分析这门课必须结合多元化的具体问题，展示自己作为一种重要的学术研究工具的光彩一面。

本教材的显著特点就是从头到尾都以“FL 公司”这一家公司为案例，从环境与战略分析到财务报表基本分析，从偿债、盈利及运营三大能力的专门性分析到财务综合性分析，前后呼应，环环相扣，努力打造一条清晰有力的脉络，用以贯穿全书。苏力勇负责撰写第一至六章及第十章，常明负责撰写第七至第九章，然后由苏力勇对全书进行统稿。

本教材既适用经济管理类本科阶段的日常教学，也可提供给各位对财务分析有兴趣的朋友自学使用。

在本教材的编写过程中，天津外国语大学国际商学院给予了大力支持和资助，企业管理出版社编审寇俊玲也予以指点和帮助，在此表示感谢。

本教材还配备了电子教学资料包：包括电子教案、教学指南、练习题答案等，能够为教师授课和学生学习提供诸多便利，请通过以下方式获取。

电话：（010）68701408　13261648869　企业管理出版社编辑部

邮箱：qyglcbs@ yeah. net

苏力勇

2023 年 3 月

目　录

第一章　绪论 …… 1

第一节　财务分析的基本情境 …… 1

第二节　财务分析的目标 …… 3

第三节　财务分析的程序与方法 …… 7

第四节　财务分析的信息来源 …… 12

第二章　外部环境与企业战略分析 …… 19

第一节　环境与战略分析概述 …… 19

第二节　宏观环境分析 …… 20

第三节　行业环境分析 …… 24

第四节　企业战略分析 …… 29

第五节　FL 公司的环境与战略分析 …… 33

第三章　资产负债表分析 …… 41

第一节　资产负债表分析概述 …… 41

第二节　资产负债表水平分析 …… 45

第三节　资产负债表垂直分析 …… 52

第四节　资产负债表项目分析 …… 65

第四章　利润表分析 …… 78

第一节　利润表分析概述 …… 78

第二节　利润的增减变动分析 …… 82

第三节　利润构成变动分析 …… 87

第四节　利润表重要项目分析 …… 90

第五章　现金流量表分析 …… 106

第一节　现金流量表分析概述 …… 106

第二节　现金流量表的基本分析 …… 111

第三节　现金流量表的重点项目分析 …… 121

第六章　所有者权益变动表分析 …… 131
第一节　所有者权益变动表分析概述 …… 131
第二节　所有者权益变动表的一般分析 …… 133
第三节　利润分配对所有者权益变动的影响分析 …… 142

第七章　偿债能力分析 …… 154
第一节　偿债能力分析概述 …… 154
第二节　企业短期偿债能力分析 …… 156
第三节　企业长期偿债能力分析 …… 167

第八章　盈利能力分析 …… 180
第一节　盈利能力分析概述 …… 180
第二节　以销售为基础的盈利能力分析 …… 181
第三节　以资产为基础的盈利能力分析 …… 187
第四节　上市公司盈利能力分析 …… 191
第五节　盈利质量分析 …… 194

第九章　营运能力分析 …… 200
第一节　营运能力分析概述 …… 200
第二节　总资产营运能力分析 …… 201
第三节　流动资产运营效率分析 …… 203
第四节　固定资产运营效率分析 …… 215

第十章　财务综合分析 …… 219
第一节　财务综合分析的目的与内容 …… 219
第二节　杜邦财务分析体系 …… 220
第三节　沃尔评分法 …… 227
第四节　雷达图分析法 …… 232
第五节　上市公司的其他综合分析指标 …… 236

参考文献 …… 241

第一章　绪论

学习目标

1. 了解财务分析的产生与发展。
2. 了解财务分析的主体及具体分析目标。
3. 掌握财务分析的基本程序与方法。
4. 了解应用各种分析方法的注意事项。
5. 了解财务分析的信息种类及其来源渠道。

第一节　财务分析的基本情境

本教材所讲的财务分析，是指对企业的财务相关信息所进行的分析。企业是人类社会创造财富和价值增值的重要组织形式。企业致力于把一定的物质资源、人力资源和科学技术等要素按照一定的企业管理方法组织起来，通过筹资、投资、采购、生产、销售等一系列资本运营与生产经营环节，实现价值增值，不仅弥补各项成本费用，而且也为国家贡献税收，同时也为自己创造出达到一定水平的利润。

为了实现企业的目标，企业内部的经营决策者们，需要在资本运营和生产经营的各个环节，收集充足的信息，相应做出科学的决策。同样，企业外部的利益相关者群体，包括企业的债权人、股权投资者、供应商、客户、政府部门及社会公众等，也需要获取企业的各种相关信息，帮助自己做出与目标企业有关的决策。比如，企业的债权人需要根据相关信息来判断负债企业的偿债能力，据此决定下一步应该采取哪种管理措施来维护和保障自己的利益。企业财务分析的基本情境可以概括为下图。

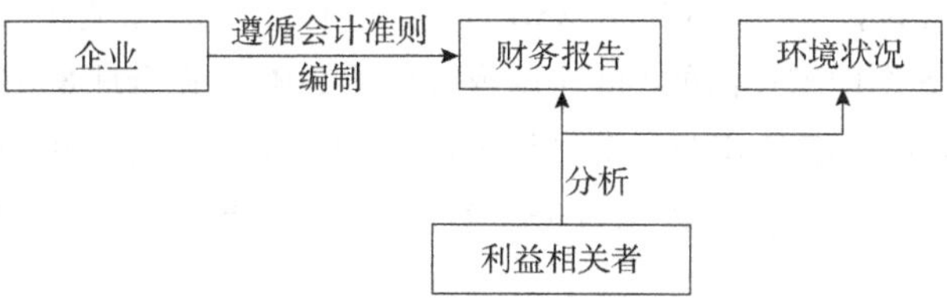

财务分析的基本情境

财务分析的基本情境就是：企业作为营利性组织，在其内外部拥有很多利益相关者，这些利益相关者构成财务分析的主体，企业则构成财务分析的客体。财务分析的主要信息来源是企业根据《企业会计准则》等会计法规和规范编制的财务报告，其他信息主要包括政治法律环境、经济环境、社会文化环境、技术环境以及行业环境等信息。

其中，财务报告是财务分析所依据的主要资料，要想准确地理解和分析财务报告，首先需要熟悉编制财务报告所依据的《企业会计准则》等法规和规范。下面对国内企业会计准则和国外主要的企业会计准则进行简要介绍。

一、我国的企业会计准则

在中华人民共和国境内设立的企业，包括在我国上市的外资企业，需要遵循我国的企业会计准则来编写和披露财务报告。我国的企业会计准则是财政部制定并发布的，主要由一个基本准则、42个具体准则以及相应的应用指南组成（截至2022年数据），另外还有一系列会计准则解释和其他规定。我国的企业会计准则要求，“财务会计报告包括会计报表及其附注和其他应当在财务会计报告中披露的相关信息和资料。会计报表至少应当包括资产负债表、利润表、现金流量表等报表。小企业编制的会计报表可以不包括现金流量表”①。

关于我国企业会计准则的详细内容，可以从我国财政部会计准则委员会的网站查询。本教材后续对财务报告的分析可能会引用到相关的企业会计准则条款。

二、国外的企业会计准则

在国外诸多企业会计准则中，应用最广、最具有代表性的是国际财务报告准则（International Financial Reporting Standards，IFRS）和美国公认会计原则（Generally Accepted Accounting Principles，US GAAP）。

（一）国际财务报告准则

国际财务报告准则是国际会计准则理事会（IASB）所颁布的便于各国在跨国经济往来时执行的一系列标准的会计制度。该制度体系包括2001年之前和之后颁布的两大部分。2001年之前颁布的为IAS系列（International Accounting Standards，IAS），有41项制度，截至2022年仍然有效的只有22条，其余被废除或者被IFRS替代；2001年之后颁布的为IFRS系列，截至2022年有17项制度。两个部分共同构成IFRS体系。

世界各国（地区）会计准则趋同形成大趋势，要么单一采用IFRS，要么修改自己的会计准则逐渐与IFRS相同。在2018年，IASB调研了166个国家和地区，发现其中包括二十国集团（G20）的15个国家在内的144个国家采用了IFRS，在全球88个主要股票交易所上市的27000家上市公司采用了IFRS。美国从2007年开始允许在美上市公司采用IFRS，日本从2012年开始允许本国公司选择采用IFRS，我国在2010年也发布了与IFRS持续趋同的路线图。

关于国际会计准则的详细内容，可以从国际会计准则委员会的网站查询，本教材后续对相关企业财务报告的分析可能会引用IFRS的某些条款。

① 根据我国企业会计准则，财务报告的规范名称为“财务会计报告”，本书将其简称为“财务报告”。

（二）美国公认会计原则

美国是世界上制定会计准则历史最长的国家。从1937年颁布第一份公认会计原则开始，美国会计准则至今已有80多年的发展历史。1973年财务会计准则委员会（Financial Accounting Standards Board，FASB）创立，自此美国会计准则的制定工作就由该组织来完成。FASB是一个独立于任何一个特定利益集团的民间组织。相对来说，美国公认会计原则比较繁复庞杂。自2009年开始，FASB把所有的美国会计准则文件整合成一本《美国会计准则汇编》（*FASB accounting standards codification*），并且基本上每年会更新其中的一些条款，按照FASB的计划，美国公认会计原则将逐渐向IFRS趋同。

美国公认会计原则目前主要是被美国公司和在美国各个股票交易所上市的非美国公司所采用。关于《美国会计准则汇编》的详细内容，可以从美国财务会计准则委员会的网站查询，本教材后续对相关企业财务报告的分析可能会引用美国公认会计原则的某些条款。

第二节 财务分析的目标

财务分析的定义可以概括为相关利益主体为了实现某一特定目标，运用一定的方法和手段，对目标企业的财务报告及其他相关资料所提供的数据进行分析研究，进而对企业的财务状况、经营成果以及现金流量等若干方面做出评价和预测的过程。

财务分析的目标分为总体目标和具体目标两个层次。通过财务分析，可以实现了解企业过去、评价企业现状和预测企业未来等总体目标。同时，具体来讲，不同类型的利益相关者，进行财务分析的具体目标也不一样。

一、财务分析的总体目标

不管哪种类型的相关利益主体，通过财务分析，都可以达到一些共同的目标，即财务分析的总体目标。一般情况下，从关注的时间段不同，企业财务分析的总体目标可以概括为以下三个方面：

（一）了解企业的过去，掌握企业的发展历程

了解企业的过去是进行财务分析的首要环节，也是进行后续的评价和预测工作的前提。各相关利益主体在进行财务分析时，首先需要分析企业的历史资料，通过研究企业的过去，形成对企业发展历程和运营规律的深刻认识。

比如，南海泡沫事件中，如果投资者首先了解南海公司的产品生产与销售历史，资金筹集与使用历史以及利润分配历史等内容，这样就会对这家公司有一个清楚的认识：南海公司并没有开展什么实质性业务，只是在虚构业务。这样，投资者也就不会深陷其中。

不同的行业，由于其生产和销售的不同特点，对资金的占用、需求遵循着不同的规律。即使在同一行业，也由于产品品种、经营规模和管理特点的不同，而对资金的需求和运用有着不同的特点和规律。了解企业的过去，包括了解企业所处的行业特点、企业发展历程及其在行业中的地位、企业生产经营特点以及企业管理团队的业绩和能力。比如，可以根

据过去一段时期中企业所占的市场份额的变化来判断企业在行业中的地位，可以根据企业所涉及业务的种类来判断其生产经营的多元化水平等。

（二）评价企业的现状，找出企业目前面临的主要问题及其原因

基于对企业历史的掌握，结合企业目前所面临的新形势，可以评价企业目前的状况，比如市场竞争力是否得到加强，营销策略是否有效率，成本费用是否得到有效控制，资产是否出现贬值，资产结构是否合理，到期债务是否有能力清偿，负债比例以及负债结构是否合理，投资项目的进展是否顺利以及现金流状况是否合理等。

比如，南海泡沫事件中，在投资者掌握了南海公司的发展历史之后，再结合当时英国与南美洲之间贸易的通畅程度，就可以对南海公司的现状做出评价：这家公司依然没有实质性业务正在进行，股票价格的飚升只是股市投机造成的。

但是，需要注意的是，同样的问题可能是由不同原因造成的，需要区别对待。比如，同样是没有能力清偿到期债务，有的企业是长期经营不善、盈利不足造成的，而有的企业是有足够的盈利只是现金回流不善造成的。

（三）预测企业的未来，做出相应的对策或决策

在掌握了企业历史和对企业现状做出评价后，各相关利益主体可以预测企业的未来，并据以制定相应的经营管理对策（公司管理层）或投资决策（公司投资者）。

财务分析主体可以预测企业未来资产收益能力和流动能力，预测企业未来经营管理效率等。科学地预测企业未来的发展趋势，为分析主体做出正确决策提供财务信息支持。只有预测到的关于企业未来的信息才是对决策最有用的信息，而为决策服务正是相关利益主体进行财务分析的最终目的。

二、财务分析各个主体的目标

对于所有的会计信息使用人，财务分析都可以实现了解企业过去、评价企业现状和预测企业未来的总体目标。但是，一般情况下，与企业有着经济利益的方方面面都会成为企业财务会计报告的用户，形成不同类型的相关利益主体。他们站在各自的立场上，对目标企业的财务状况、经营成果和现金流量进行分析与评价，从而为自己的决策服务。

由于不同的相关利益主体有着不同的利益侧重点，所以进行财务分析的具体目标也是各不相同的。

（一）企业管理层：追求全面的财务业绩表现

一般来讲，企业管理层包括董事会和高级管理人员。在以“委托—代理”关系为基础的现代企业制度下，企业的管理层承担着满足不同利益主体的需要和协调各方主体关系的重要责任，其切身利益也由企业各方面的财务表现综合决定。另外，关于财务分析，企业管理层具有不可比拟的优势：处在企业发展前进的第一线，最了解企业的真实状况，掌握着企业的最全面、最前沿的信息。

企业管理层为了追求自身利益的最大化，通常以全面的财务业绩表现为目标，积极通

过财务分析，总结过去的经验教训，进而对企业的发展战略做出调整，以求企业在未来获得更好的发展，并提高管理层自身的利益。

企业经营管理是一项复杂的系统工程。企业在经营中往往由于资金没有适度的调配，生产组织控制不佳，销售过程工作失误等许多客观的和主观的因素，使企业经营发生不良后果。因此，经营管理者务必要迅速获得企业的重要财务信息，以便采取必要的措施和有效方法，应付瞬息万变的不同情况。进行财务分析是经营管理者得到此项财务信息的有效途径。

企业经营管理者进行财务分析的目标是综合的、多方面的。

具体来说，企业经营管理者财务分析的目标：①通过财务分析，错综复杂的会计数字可转化为简单明了的财务信息，以增强财务会计资料对经营者的有用性；②通过财务分析，经营者扼要地观察企业目标完成得如何，企业目前财务状况怎样，并进一步了解影响企业经营目标完成得好坏以及财务状况优劣的具体原因，以便经营者采取措施，改进工作；③通过财务分析，经营者可以预测未来的发展前景，做出正确的经营决策而提供可靠的财务信息。

（二）股权投资者：追求股东财富最大化

企业的股权投资者包括企业现有的所有者，也包括潜在的投资者。一般来讲，他们投资的目标是投资收益的最大化，或者称为股东财富最大化。

股权投资者的投资收益分为两个部分：一是现金股利；二是资本利得。其中，资本利得是指由于股票价格的上升带来的增值收益。所以，股权投资者关心的是未来现金股利与股票价格的综合价值。

根据股票价值的理论模型，两个重要因素可以影响股票的价值：一是预期的企业盈利水平；二是预期的企业风险水平。因此，股权投资者不仅关心企业的盈利能力，还要对企业经营方式、投资风险和收益的稳定性进行财务分析。另外，投资者对企业的财务结构、股利分配率的高低和财务规划也十分关心，这些信息有助于他们预测企业未来的发展前景，做出新的投资决策。比如，潜在投资者是否向企业投资，企业所有者是否保持现有投资和追加新的投资等。

当然，对于一般投资者和拥有企业控制权的投资者来说，他们进行财务分析的目标也有所差别。一般投资者更关心企业提高股息、红利的发放，对企业的长远发展不感兴趣；而对于拥有企业控制权的投资者，他们拥有企业更多的股份，希望企业能够不断壮大，从而获得更多的利益，因此他们考虑较多的是增强企业的竞争实力，扩大市场占有率，降低财务风险和纳税支出，追求长期利益的持续、稳定的增长。

（三）债权人：追求债权本息按期足额收回

债权人是指那些向企业提供债务资金的经济组织或个人。债权人向企业提供资金的方式尽管有所不同，但这些债权因为契约签订而具有法律效力。因此，债权人在决定是否授予企业信用之前，必须通过债务人的会计报表，分析、判断与评价企业的偿债能力。

企业的债权人尤其是那些已经贷款给企业或将要贷款给企业的银行或其他金融机构，

他们贷款给企业必然要求企业具有按时、足额还本付息的能力。如果借款企业的经营状况较好，则债权人的权益必然固定不变，得到保证；如果借款企业的经营状况不佳或发生意外事故时，则债权人的权益必将处于危险之中。因此，银行或其他金融机构在决定是否对某一企业贷款时，必然审慎分析借款企业的财务状况。由于债权人所授予的信用期限、信用条件、抵押品等方面的情况有所不同，债权人往往对会计报表采用不同的分析方法、分析内容和评价标准。

对于短期债权人，财务分析的目标在于了解借款企业短期财务状况、短期偿债能力及存货周转情况等，以便决定是否收回贷款或停止贷款。短期债权人关心企业财务状况（偿债能力）超过企业的经营效益（盈利能力）。

对于长期债权人，一般重视借款企业未来较长期间的偿债能力，所以需要的财务信息较详细，分析的范围也较广泛。因此，长期债权人财务分析的目标在于根据借款企业现在的经营情况和财务状况，预测其未来较长期间的偿债能力、经营前景及企业在竞争中的应变能力，以便做出对借款企业是否长期贷款的决策。长期债权人财务分析的重点是预测企业未来的发展前景。

（四）注册会计师和审计人员：提供审计服务的独立第三方

注册会计师和审计人员进行财务分析的主要资料是企业对外财务报表，经会计师和审计人员对某一企业的财务报表进行审查签证后，必须提出查账报告书，并明确指出被查单位的会计处理是否符合一般公认会计原则，对所提供的财务报告是否足以公正表达某一特定期间的财务状况和经营成果表示意见。

注册会计师和审计人员进行财务分析主要是通过研究不同财务数据以及财务数据与非财务数据之间的内在关系，对财务信息做出评价，通过分析来了解被审计单位及其环境、发现审计线索、实施实质性程序和审计临近结束时对财务报表进行总体复核。注册会计师对会计报表分析的目的主要是判断企业财务状况和经营成果的真实性与合理性，并将分析的结果作为全面分析评价企业会计报表是否可靠的结论。

（五）其他利益相关者

除了上述人员关注企业的财务报表以外，其他相关部门也会出于各自的需要关注企业的财务报表，这些部门主要包括税务机关、财政机关、工商行政管理机关以及国有资产管理机构等。

（1）财政部门通过了解企业的财务状况，掌握企业资金的流向，制定相应的财政政策来规范企业的发展；税务部门可采用财务分析的特定方法，了解企业报税所得是否合理，计税方法是否正确，应纳税额是否及时上交。

（2）企业主管部门可以通过对企业财务分析，监督所辖企业各项计划（预算）指标的执行情况，以便做出综合平衡。

（3）国有资产管理部门主要通过企业会计报表的分析，掌握国有资产的运用效率与投资报酬率，从投资者角度研究分析企业的财务状况与经营成果。

（4）律师可用财务分析方法作为深入追查各经济案件的有效手段。

（5）企业的供应商和客户一方面要求企业能够按时、按质、按量地完成双方的交易行为；另一方面关心企业能否及时清算各种款项。因此，他们需要分析企业的存货周转情况、支付能力和偿债能力等，了解企业短期的财务状况，并根据企业利润表中反映的企业交易完成情况来判断企业的信用额度，从而确定是否与企业进行交易。

第三节 财务分析的程序与方法

一、财务分析的程序

综合主要文献，财务分析的程序与步骤可以归纳为四个阶段十个步骤：

（一）财务分析信息搜集整理阶段

财务分析信息搜集整理阶段主要有以下三个步骤组成：

（1）明确财务分析目的。

（2）制定财务分析计划。

（3）搜集整理财务分析信息。

（二）战略分析与会计分析阶段

战略分析与会计分析阶段主要由以下两个步骤组成：

1. 企业战略分析

企业战略分析通过对企业所在行业和企业拟进入行业的分析，了解行业的收益潜力和风险程度，明确企业自身地位及应采取的竞争战略，企业战略分析主要包括行业分析和竞争战略分析。企业战略分析是会计分析和财务分析基础和导向，通过企业战略分析，分析人员能深入了解企业的经济状况和经济环境，从而能进行客观、正确的会计分析与财务分析。

2. 财务报表会计分析

财务报表会计分析的目的：

（1）揭示财务报表反映财务状况和经营成果的真实程度，并对报表进行改进。

（2）通过财务报表分析，指出企业哪些方面存在重大的问题，为下一步财务分析打下基础。

财务报表会计分析主要包括四个步骤：一是阅读财务报告；二是修正会计报表信息；三是比较财务报表；四是解释会计报表，评价企业实际状况，解释存在的主要问题。

（三）财务分析实施阶段

本阶段是在战略分析与会计分析的基础上进行的，它主要包括以下两个步骤：

（1）财务指标分析。根据分析的目的选择和计算财务指标是正确判断和评价企业财务状况的关键所在，其中财务指标一定要根据实际情况进行修正。

（2）基本因素分析。因素分析法就是要在报表整体分析和财务指标分析的基础上，对一些主要指标的完成情况，从其影响因素角度出发，进行深入定量分析，确定各因素对其影响的方向和程度，为企业正确进行分析和评价提供最基本的依据。

（四）财务分析综合评价阶段

财务分析综合评价阶段是财务分析实施阶段的继续，具体看又可分为三个步骤：

（1）财务综合分析与评价。是在应用各种财务分析方法进行分析的基础上，将定量分析结果、定性分析判断与实际调查情况结合起来，以得出财务分析结论的过程。

（2）财务预测与价值评估。财务分析既是一个财务管理循环的结束，又是另一个财务管理循环的开始。应用历史或现实财务分析结果预测未来财务状况与企业价值，是现代财务分析的重要任务之一。

（3）财务分析报告的撰写。撰写财务分析报告是财务分析的最后步骤，它将财务分析的基本问题、财务分析结论，以及针对问题提出的措施建议以书面的形式表示出来，为财务分析主体及财务分析报告的其他受益者提供决策依据。

二、财务分析的基本方法

（一）趋势分析法

趋势分析法是指用若干个连续期间的财务数据进行比较分析，以说明企业经营活动和财务状况的变化过程及发展趋向的分析方法。趋势分析法既可用文字表述，也可用图解、表格或比较性财务报表。比较性财务报表，即将两期以上的财务报表予以并列，依次比较而编制的一种财务报表。常见的比较性财务报表，主要有比较性资产负债表、比较性损益表和比较性现金流量表。

（二）结构分析法

结构分析法是将财务报表中的某一关键项目的数字作为基数（100%），计算该项目各组成部分占总体的比例。通过分析可以揭示各项目的相对重要性和总体结构关系，便于提供揭示问题的途径。通常情况下，资产负债表中以资产总额为基数，利润表中以营业收入或利润总额为基数，而现金流量表中以某一项现金总流入或现金总流出为基数，这样处理后的财务报表叫作共同比财务报表。有时，也可将结构分析与趋势分析结合应用，这两种分析方法是阅读财务报表时常用的基本数据处理方法。

（三）比较分析法

比较分析法是将实际数据与性质相同的各种标准进行对比，从数量上确定其差异，并进行差异分析的一种分析方法，也就是将报表中的各项数据，与计划、前期、其他企业等同类数据进行比较，财务分析中经常使用的比较标准有以下几种：

1. 公认标准

公认标准，是对各类企业不同时期都普遍适用的指标评价标准。典型的公认标准是2∶1的流动比率和1∶1的速动比率，利用这些标准能揭示企业短期偿债能力及财务风险的一般状况。

2. 行业标准

行业标准，是反映某行业水平的指标评价标准。在比较分析时，既可以用本企业财务指标与同行业平均水平指标对比，也可以用本企业财务指标与同行业先进水平指标对比，还可以用本企业财务指标与同行业公认标准指标对比。行业标准指标比较，有利于揭示本企业在同行业中所处的地位及存在的差距。

3. 目标标准

目标标准，是反映本企业目标水平的指标评价标准。当企业的实际财务指标达不到目标标准时，应进一步分析原因，以便改进财务管理工作。

（四）比率分析法

比率分析法是在同一张财务报表的不同项目或不同类别之间，或在不同财务报表的有关项目之间，用两项相关数值的比率反映它们之间的相互关系，揭示企业财务状况和经营成果的一种分析方法。比率分析法以其简单、明了、可比性强等优点在财务分析实践中被广泛采用。

比率分析法常常涉及标准财务比率的应用。在进行会计报表分析时，如果计算出来的财务比率与本企业的历史资料比较，只能看出自身的变化，无法知道在激烈竞争中企业所处的地位；与同行业或其行业的个别企业进行比较，只能看出与对方的区别，而对方并不一定最好，与之不同也未必不好。这时，最好采用标准财务比率，可以作为评价一个企业财务比率优劣的参照物。以标准财务比率作为基础进行比较分析，更容易发现企业的异常情况，以便于揭示企业存在的问题。标准财务比率，是指特定国家、特定时期、特定行业的平均财务比率，如标准的流动比率、标准的资产负债率、标准的总资产周转率等。

在运用财务比率时，要注意两点：

第一，计算财务比率所依据的会计报表资料不一定反映企业真实情况。尽管会计报表是按《企业会计准则》设计的，它们合乎规范，但不一定反映企业的客观实际。例如，报表数据未按通货膨胀或物价水平调整；非流动资产的余额是按历史成本减折旧或摊销计算的，不代表现行成本或变现价值；无形资产和开办费的摊销等是主观估计的，未必正确；财产盘盈或坏账损失等非常或偶然的事项，可能会歪曲本期的净收益。

第二，不同企业对同一会计事项处理可能选择不同的会计处理方法和程序，使它们的财务比率可比口径有误差。

鉴于上述两方面原因，只能在限定意义上使用财务比率，不可将其绝对化，这也是在运用财务比率进行报表分析时所必须注意的问题。各种不同的比率说明着不同的关系。但比率本身并不说明问题，它只能同一定的标准进行比较才能说明问题。由于报表使用者不同，分析比率的着眼点、用途、目的不同，因而比较的标准也有所不同，这样根据分析结果做出的解释也会有所不同。另外，由于每一个比率只涉及企业生产经营过程中的一种关系，而企业生产经营活动本身是错综复杂的，因而不能孤立地、简单地使用某一个或某几个比率的分析结论，而是应该把它们有机结合起来，把比率分析和比较分析等结合起来，以得出正确的结论。

（五）因素分析法

因素分析法是依据分析指标与其影响因素之间的关系，按照一定的程序和方法，确定各因素对分析指标差异影响程度的一种技术方法。

因素分析法根据其分析特点可分为连环替代法和差额计算法两种，下面介绍比较简单实用的差额计算法。

（1）确定分析指标与其影响因素之间的关系。确定分析指标与其影响因素之间的关系的方法，通常是指标分解法，即将经济指标在计算公式的基础上进行分解或扩展，从而得出各影响因素与分析指标之间的关系式。如对于产品总成本，可以将其影响因素分解为

总成本=产品产量×单位成本

（2）根据分析指标的报告期数值与基期数值列出两个关系式，或指标体系，确定分析对象。如对于产品总成本而言，两个指标体系是

基期总成本=基期产品产量×基期单位成本

报告期总成本=报告期产品产量×报告期单位成本

分析对象=报告期总成本-基期总成本

（3）利用各影响因素的报告期数值与基期数的差额，在其他因素不变的假定条件下，计算各因素对分析指标的影响程度。如产品总成本的两个影响因素的影响程度分别为

产品产量的影响=（报告期产品产量-基期产品产量）×基期单位成本

单位成本的影响=（报告期单位成本-基期单位成本）×报告期产品产量

（4）检验分析结果。即将各因素对分析指标的影响额相加，其代数和应等于分析对象。如果两者相等，说明分析结果可能是正确的；如果两者不相等，则说明分析结果一定是错误的。

【例】某企业有关成本的资料见下表。

企业成本分析资料表

项目	2012 年	2011 年
产品产量（件）	1 200	1 000
单位成本（元/件）	11	12
产品总成本（元）	13 200	12 000

要求：确定各因素变动对产品总成本的影响程度。

计算分析过程如下：

分析对象：13 200-12 000=1 200（元）

产品产量变动的影响：（1 2001 000）×12=2 400（元）

单位成本变动的影响：（11-12）×1 200=1 200（元）

各因素影响之和：+2 400+（1 200）= 1 200（元）

上述分析过程说明，企业总成本报告期比基期增加了 1 200 元，是由于产品产量和单位成本两因素共同变动引起的，其中，由于产品产量上升使总成本上升 2 400 元，由于单

位成本降低使总成本减少 1 200 元。

在企业经济活动中，一些综合性经济指标往往是由于受多种影响因素的影响而变动的。在分析这些综合性经济指标时，就可以从影响因素入手，分析各种因素对经济指标变动的影响程度，并在此基础上查明指标变动的原因。这对财务分析者做出正确的经营决策和改进管理都极为有用。

（六）使用财务分析方法应注意的几个问题

上述方法对于考察企业理财得失、评价企业财务状况优劣，判断企业经济效益好坏、帮助投资者、债权人等进行投资、信贷决策等，都发挥着极大的积极作用。但是，同时也应看到各种财务分析方法由于受到分析资料来源的局限性，财务分析与评价的结果就不是绝对的准确。因此，在应用这些财务分析方法时，应注意以下几个问题：

1. 财务数据重结果、轻过程

财务报表通常只能说明企业理财结果、经营效果，而不能详尽说明企业理财的过程及经济效益的实现过程。以资产负债表为例，它所反映的仅是即将结转到下个会计期间的责任。它是一种未履行责任的报告，即未使用的经济资源，未偿还的债务，并不能明确反映企业管理当局在企业生产经营过程中是如何筹措资金，对筹措的资金又是如何具体加以运用的，是否及时偿还了债务。再比如，通过损益表人们只能了解到企业所取得的收入是多少，至于收入是如何具体取得的却很难了解到。这些都给企业的财务分析带来了很大的局限性。解决的最佳途径是尽可能地扩大信息来源，以弥补财务报告所提供信息的不足。

2. 财务数据的可比性

财务分析就是将财务报表所提供的数据资料的比较过程。因此，财务报表数据资料是否具有可比性，对财务分析结果产生重大影响，如果将不可比的资料硬性进行比较，就很难得出正确的分析结果。影响财务报表资料及财务分析可比性的因素，主要有计算方法、计价标准、时间跨度和经营规模等，一旦这些条件发生变动而企业在分析时又未予以考虑，则必然对分析的结果产生不利的影响。解决问题的办法是结合不同时期的实际情况和不同类型的企业进行分析，才能得出客观的评价结论。

3. 财务数据的可靠性

财务分析的目的是通过运用一定的分析方法客观、真实地揭示企业经营管理及其财务状况，从而为改善经营管理提供可靠的决策信息。而财务报表所提供的数据资料是否真实可靠，不仅制约于企业的主观因素（即人的因素），同时也与使用的会计方法的合理性密切相关。如果使用的会计方法不当，或者过多地掺杂了各种人为的因素，那么财务报表所提供资料的真实可靠性就缺乏必要的保证。比如，未来预期收益、智力投资使员工知识增长等，则难以在分析数据中反映出来。解决的办法是尽可能将潜在的业绩估计在内，做出恰当的判断和评价。

第四节　财务分析的信息来源

一、政策与市场信息

（一）政策与市场信息的重要性

政策与市场信息是指除企业内部信息之外的所有企业外部信息。在进行企业财务分析过程中，无论投资者、经营者、还是债权人，只靠企业内部信息是远远不够的。

对于企业的投资者来说，为了保证其投资的收益性和安全性，不仅要分析企业的盈利能力、财务状况和现金流情况，还必须掌握金融市场的无风险收益率水平、市场平均收益率以及其他企业的投资收益水平；不仅要看企业目前的生产经营状况，而且还应根据国家的各种政策信息，预测企业未来的发展前景。这些都离不开政策与市场信息。

对于企业的经营者来说，为了不断提高企业经济效益，控制经营风险和财务风险，必须善于挖掘、分析和利用市场信息，并掌握和理解政策信息。例如，企业需要参考金融市场的利率信息来确定企业的负债结构；需要根据商品市场的需求信息来确定本企业产品的品种结构、价格和产量；需要根据国家的产业政策与技术政策来确定企业的发展方向和发展目标等。

对于企业的债权人来说，在对企业进行财务分析时，不仅要根据企业的财务报表信息来分析其流动性、负债水平和现金流状况，还要研究企业在资金市场和资本市场上的信誉状况、企业的发展前景以及国家信贷政策的变动情况等。只有这样，债权人才能做出正确决策来保证自己投资的收益性与安全性。

（二）宏观经济政策信息

宏观经济政策主要是指政府的宏观财政政策和宏观货币政策等。这些政策对于企业财务分析是至关重要的。

宏观财政政策可以通过税收、政府支出和一些特别的法规和规范来直接影响企业的绩效。宏观财政政策的改变，可能会影响产品的价格，进而影响市场需求量和企业的收益，也会影响企业的资本结构和现金流。

宏观货币政策主要通过改变市场利率和信贷规模来体现。当市场基准利率提高时，就意味着企业的资本成本增加，直接影响企业的利润率水平；而市场基准利率的降低有助于企业降低资本成本，提高经营效益。在经济总体供过于求的情况下，宏观货币政策会收缩货币发行量，提高市场利率，使得企业可以获得资金减少，资本成本也相应增加。企业经营规模的扩大受到可获得资金的制约，使得产品供过于求的局面得到缓解。当经济总体需求较为低迷疲软时，政府可能会采取降低利率的政策，增加货币投放，降低贷款条件，增加贷款范围，以此来刺激公司扩大经营规模，提高效益，活跃社会经济。

宏观经济政策分析所需的资料主要包括政府的重点经济政策与措施、一般生产统计资料、金融物价统计资料、贸易统计资料、每年国民收入统计与景气动向、突发性非经济因素等。这些资料来源如下：

（1）网络、电视、报纸、杂志等各种媒体报道的世界经济动态与国内经济大事。

（2）各级政府部门公布的各种经济政策、经济发展计划、经济报告以及各种统计资料等，如《中国统计年鉴》《中国经济年鉴》《经济白皮书》等。

（3）各种专业协会或行业协会搜集和编制的统计资料。

（4）专业咨询机构和企业自己进行调研形成的报告。

（三）产业政策与技术政策

产业政策是国家制定的，引导国家产业发展方向，引导推动产业结构升级，协调国家产业结构，使国民经济健康可持续发展的政策。产业政策主要通过制定国民经济计划（包括指令性计划和指导性计划）、产业结构调整计划、产业扶持计划、财政投融资、货币手段、项目审批来实现。例如，国家统计局数据显示，2020 年我国家电市场进入相对饱和期，家电产品消费进入以更新需求为主的阶段。2022 年以来，在多重因素影响下，家电业增速放缓，企业产销配送均受到较大冲击。针对这种形势，商务部联合 13 个部门印发《关于促进绿色智能家电消费若干措施的通知》，从以旧换新、家电下乡、强化全链条服务保障、夯实基础设施支撑、优化供给、加强废旧家电回收利用、落实财税金融政策等方面入手，支持家电市场良性发展。具体政策措施的出台，具有针对性和及时性，推动各地推动新一轮促消费政策，采用市场化、可持续方法扩大消费，并在实施中维护全国统一开放大市场，保障公平竞争。家电市场将加速优胜劣汰，赢家将是通过高质量发展走在前列的企业。

技术政策是政府利用经济、法律和行政干预等手段，根据国民经济增长和技术进步要求，对原有的产业技术及技术体系进行改革创新，或对未来产业及其新技术、新体系进行规划而采取的一系列政策措施，以引导和促进技术进步与经济、社会、生态的协调发展。例如，与世界先进水平相比，长期以来我国企业研发投入强度偏低，高研发投入的企业数量少。据统计，2020 年全球研发投入 2 500 强企业中，我国有 597 家企业入榜，仅次于美国。但我国入榜企业平均研发投入为 2. 4 亿欧元，低于美国的 4. 4 亿欧元、日本的 3. 8 亿欧元和德国的 7 亿欧元。2022 年 8 月 15 日，科技部、财政部联合印发《企业技术创新能力提升行动方案（2022—2023 年）》（以下简称《行动方案》），提出引导支持各类企业将科技创新作为核心竞争力，并为其发展提供相应资源支持。《行动方案》提出了推动惠企创新政策扎实落地、引导企业加强关键核心技术攻关等 10 个方面的内容。《行动方案》要求，2022 年年底前，各部门、各地方结合实际制定出台具体的落实举措，推出一批可操作的行动抓手和政策工具；2023 年年底前，推动各项举措全面落地见效。

（四）微观经济环境

微观经济环境与企业的财务状况紧密相关，主要包括企业所处的市场环境、采购环境、生产环境和人员环境等。

1. 市场环境

市场环境主要是指企业所处市场的竞争程度、企业产品的市场占有率和销售价格等。

按照竞争程度不同，市场可以划分为完全垄断市场、完全竞争市场、寡头垄断市场和不完全竞争市场四种类型。在完全垄断市场中，企业是市场价格的制定者，产品销售难度很低，价格波动不大，企业利润稳中有升，企业可以利用较多的负债资金，财务风险较低；在完全竞争市场中，企业是市场价格的接受者，价格容易随着总体供需对比情况出现上下波动，企业利润也会随之波动，企业效益的好坏主要取决于企业成本控制的成效，此时，财务风险较高，企业不宜过多地采用负债方式筹集资金。在寡头垄断市场中，寡头垄断者们将可能组成价格联盟，因而可以使企业有较高的营业利润和毛利率；在不完全竞争市场中，企业要使自己的产品持续创新，提高附加值和利润空间，就需要要在研究和开发上投入较多的资金，需要企业扩大筹集资金的渠道，以满足创新产品的需要。

2. 采购环境

采购环境主要是指企业在市场上采购生产资料时所涉及的采购数量、采购价格等相关条件。

当企业处于确定性较强的采购环境中时，可以减少生产资料储备额，腾出更多资金不被占用；当企业处于波动性较强的采购环境中时，需要对于生产资料持有一定的保险储备，使得被占用的资金额增加；当企业处于价格上涨趋势的环境中时，往往需要提前购置生产资料，规避物价进一步上涨带来的损失；当企业处于价格下降趋势的环境中时，对于生产资料可以随用随购，从而减少备用资产持有量，甚至可以在保证生产需要的情况下推迟采购，节约资金。总之，采购环境对企业需要采购的数量和价格都将产生影响，从而对企业资金的占用和承担的风险产生影响。

3. 生产环境

生产环境是指由人力资源、物质资源、技术资源等构成的生产条件和企业产品的寿命周期等因素。

如果企业的生产特点是技术密集型，往往需要持有比较多的生产设备等固定资产，而只需要比较少量的人力资源，那么在固定资产上占用的资金多，而工资薪酬费用少，企业必须筹集到足够的长期资本以满足固定资产投资的需要；如果企业的生产特点是劳动密集型，往往需要聘用比较多的人力资源，因而产生比较多的工资薪酬费用，而固定资产所需的长期资本需求较少，企业资产主要集中于现金、存货、应收账款、存货等各项流动资产，资产的流动性较强。

产品的寿命周期可以分为导入期、成长期、成熟期、衰退期四个阶段。在不同阶段，企业的营业收入、成本费用、利润率和资金周转速度都有很大差异，财务分析必须根据产品寿命周期的实际情况来评价财务状况。产品寿命周期长的，企业需要利用的长期资本较多；产品寿命周期短的，企业则需要利用的短期资金就更多一些。

4. 人员环境

人员环境是指与企业有经济关系的各利益集团对企业产生影响所形成的环境条件。与企业有经济关系的利益集团包括股东、债权人、职工、客户和政府等。

股东是企业的所有者，他们要求其投入企业的资本保值、增值，所以，股东，尤其是大股东，对企业的筹资、投资、运营和利润分配都有重大的影响；债权人是企业的债主，他们要求企业到期偿还债务并支付利息，如果企业不守信用，到期不能偿还债务并支付利息，企业的信誉将受损，其以后的筹资将非常困难；职工是为企业生产产品和提供服务的劳动者，他们的能力、态度和精神面貌等都会对企业的成本、收益和风险产生重大影响，对职工采取激励措施有利于保障企业实现经营业绩和战略目标；客户是企业产品和服务的购买者，关系到企业创造价值的实现，所以，企业要竭力为客户提供优质的产品和服务，还要确定合理的销售价格和信用条件；政府通过财政政策和货币政策等方式调控宏观经济，通过税收和转移支付来平衡社会公私利益，政府的政策导向、财政资金的流向，都将对企业的资金筹集和经营业绩产生影响。

二、财务报告信息

财务报告，是指企业对外提供的反映企业某一特定日期财务状况和某一会计期间经营成果、现金流量等信息的书面文件。根据《上市公司信息披露管理办法》（2007 年 1 月 30 日证监会令第 40 号公布、2021 年 3 月 18 日证监会令第 182 号修订），上市公司应当披露的定期报告包括年度报告、中期报告。凡是对投资者做出价值判断和投资决策有重大影响的信息，均应当披露。年度报告应当记载公司基本情况、主要会计数据和财务指标、公司股票和债券的相关数据、重要人员（董事、监事、高级管理人员）任职相关信息、董事会报告、管理层讨论与分析、报告期内重大事件及对公司的影响、财务会计报告和审计报告全文以及中国证监会规定的其他事项。

（一）财务报表

财务报表是财务报告的主要组成部分。它是根据企业会计账簿记录和有关资料，按照规定的报表格式，总括反映一定期间的经济活动及其结果的报告文件。按我国现行准则规定，会计报表应包括资产负债表、利润表、现金流量表、所有者权益（或股东权益）变动表和附注。

（二）财务报表附注

财务报表附注是对在资产负债表、利润表、现金流量表和所有者权益变动表等报表中列示项目的文字描述或明细资料，以及对未能在这些报表中列示项目的说明等。财务报表附注主要包括下列内容：

（1）企业的基本情况。

①企业注册地、组织形式和总部地址；②企业的业务性质和主要经营活动；③母公司以及集团最终母公司的名称；④财务报告的批准报出者和财务报告批准报出日；⑤营业期限有限的企业，还应当披露其营业期限信息。

（2）财务报表的编制基础。

（3）遵循企业会计准则的声明。

（4）重要会计政策和会计估计。

（5）会计政策和会计估计变更以及差错更正的说明。

（6）报表重要项目的说明。

（7）或有和承诺事项、资产负债表日后非调整事项、关联方关系及其交易等需要说明的事项。

（8）有助于财务报表使用者评价企业管理资本的目标、政策及程序的信息。

除此之外，企业在附注中还需要披露关于其他综合收益的信息、终止经营的财务信息以及在资产负债表日后、财务报告批准报出日前提议或宣布发放的股利总额和每股股利金额等。

（三）审计报告

审计报告是注册会计师根据审计准则的规定，在执行审计工作的基础上，对财务报表发表审计意见的书面文件。注册会计师应当就财务报表是否在所有重大方面按照适用的财务报告编制基础的规定编制并实现公允反映形成审计意见。注册会计师形成的审计意见，包括以下五种类型。

（1）审计无保留意见。注册师认为被审计者编制的财务报表已按照适用的会计准则的规定编制，并在所有重大方面公允反映了被审计者的财务状况、经营成果和现金流量。

（2）带强调事项段的无保留意见。注册会计师认为被审计者编制的财务报表符合相关会计准则的要求，并在所有重大方面公允反映了被审计者的财务状况、经营成果和现金流量，但是存在需要说明的事项，如对持续经营能力产生重大疑虑及重大不确定事项等。

（3）保留意见。注册会计师认为该财务报表整体是公允的，但是存在影响重大的错报。

（4）否定意见。注册会计师师认为财务报表整体是不公允的或者没有按照适用的会计准则规定进行编制。

（5）无法表示意见。注册会计师的审计范围受到限制，且其可能产生的影响是重大而广泛的，注册会计师不能获取充分的审计证据。

（四）我国财务报告的法规环境

企业财务报告的编制，如果没有一定法规的制约，将会对报表信息质量产生严重的影响。世界各国大多对企业财务报表的编制与报告内容制定了一些法规，最大限度地降低企业操纵自己的财务报表信息的可能性，保障财务报表信息的真实性、完整性以及及时性。

在我国，从目前的情况来看，制约企业编制财务报表的法规体系包括会计准则体系以及约束上市公司信息披露的法规体系。制约我国企业编制财务报表法规体系中的会计制度体系主要有《中华人民共和国会计法》《企业会计准则》等。

1. 我国现行会计法规体系

我国会计法规体系框架随着会计改革而不断变化，目前正在向国际惯例靠近。从总体上说主要有以下四个层次：

第一层次是会计法律，由全国人民代表大会及其常务委员会颁布，如《中华人民共和国会计法》《中华人民共和国公司法》以及一系列税法等。

第二层次是会计行政法规，是指由国务院制定并发布，或者国务院有关部门拟定并经过国务院批准发布，调整经济生活中某些方面会计关系的法律规范，如《企业财务会计报告条例》等。

第三层次是会计部门规章，是指由财政部或财政部与其他部委联合制定与颁布的法规，如《企业会计准则——基本准则》《企业会计制度》以及《企业内部控制规范》等。

第四层次是会计规范性文件，是指主管全国会计工作的行政部门（即国务院财政部门）就会计工作中某些方面所制定的会计制度，如《企业会计准则》的一系列具体准则、《小企业会计制准则》以及《会计基础工作规范》等。

2. 企业会计准则与国际会计准则趋同

世界各国（地区）会计准则趋同是大趋势。国际财务报告准则（IFRS）自身定位于易于各国在跨国经济往来时执行的一项标准的会计制度。IFRS 按照国际标准规范运用于规范全世界范围内的企业或其他经济组织的会计运作，使各国的经济利益可在一个标准上得到保护，不至于因参差不一的准则导致不一样的计算方式而产生不必要的经济损失。世界上越来越多的国家和地区，要么单一采用 IFRS，要么修改自己的会计准则逐渐与 IFRS 相同。截至 2022 年，根据 IFRS 基金会的统计，包括欧盟国家、英国、俄罗斯、土耳其、澳大利亚、新西兰、加拿大、墨西哥、巴西、阿根廷、韩国、新加坡、中国香港、中国台湾、南非、尼日利亚在内的 144 个国家或地区要求辖内企业采用 IFRS，日本、瑞士、开曼群岛等 12 个国家和地区允许辖内企业采用 IFRS，美国等国家则允许在本辖区上市的外国公司采用 IFRS。

2012 年，欧盟委员会和中国财政部先后于 4 月和 9 月做出决定，认可双方会计准则的最终等效。这意味着中国证券发行者进入欧洲市场时可以使用中国会计准则，不需要根据欧盟境内资本市场采用的 IFRS 调整财务报表，这样可以为企业省下一笔不小的上市费用。2019 年和 2020 年，中国分别与俄罗斯和英国签署决定，实现双方会计准则等效互认。

三、财务分析主要信息资料来源

如上所述，财务分析是对财务相关数据信息进行分析和利用的工作，这需要我们收集大量的信息资料。这些信息资料可以分成两大类：一是企业自行披露的年度报告、中期报告等，目前，我国上市公司（包括已经在全国股转系统挂牌的企业）需要披露的信息主要包括公司的招股说明书、募集说明书、上市公告书、定期报告和临时报告等；二是企业所处的环境信息，包括政府部门公布的统计数据和报告等，这些信息资料的主要来源是报纸杂志和互联网等。

（一）上市公司信息资料来源

（1）中国证券监督管理委员会（即我国证券市场监管机构）网站的资本市场电子化信息披露平台。

（2）交易所官方网站，具体包括上海证券交易所、深圳证券交易所以及北京证券交易所；关于新三板挂牌公司披露的年报信息，财务分析者们可以在全国中小企业股份转让系统官方网站查看。

（3）符合中国证券监督管理委员会规定条件的信息披露网站，具体包括中证网、中国证券网、证券时报网、证券日报网以及巨潮咨询网等。

另外，证券发行人官方网站以及其他第三方渠道（但年报披露时间不得早于官方渠道）也可以查询到相关披露文件。

（二）政府部门信息资料来源

（1）国家统计局网站提供国民经济的年度和月度统计数据、普查统计数据和其他统计数据。

（2）国家发展和改革委员会网站提供国家经济发展政策及解读、经济运行与调节、产业发展、经济贸易以及价格指数等数据资料。

（3）国家财政部网站提供我国财政收支、彩票销售、地方政府债券、国有及国有控股企业经济运行以及政府采购等数据资料。

（4）中国人民银行网站提供货币政策、信贷政策以及社会融资、金融机构等的统计数据资料。

（5）国家外汇管理局网站提供我国外汇储备、国际收支、汇率以及外债等统计数据资料。

本章小结

1. 从财务分析的产生与发展来看，财务分析最先产生于银行家对贷款审核和评价的需求，后来，逐渐发展到投资领域、公司管理领域等更广泛的范围。

2. 财务分析的总体目标是了解企业的过去、评价企业的现状以及预测企业的未来；不同的财务分析主体，产生不同的财务分析目标。

3. 财务分析的程序主要包括整理材料、战略分析、会计分析、财务分析以及综合评价几个阶段；具体可以采用分析方法包括趋势分析法、结构分析法、比较分析法、比率分析法以及比率分析法。

4. 财务分析所依据的主要信息包括政策与市场信息以及财务报告信息。

本章习题

1. 简述财务分析的产生和发展历程。
2. 财务分析的总体目标包括哪几个方面？
3. 财务分析的程序分几个阶段？每个阶段分别包括哪些步骤？
4. 在比较分析法中，常用的比较标准有哪些？
5. 在比率分析法中，应该如何选择标准财务比率？
6. 因素分析法中的差额替代法的分析步骤是怎样的？
7. 请选择一家上市公司，然后查找与该公司有关的政策信息、市场信息以及财务报告信息，并整理成文件目录。

第二章　外部环境与企业战略分析

学习目标

1. 了解环境与战略分析对于财务分析的重要意义。
2. 了解基于战略的环境分析包括哪些内容。
3. 掌握宏观环境分析中的“PEST”分析方法。
4. 熟悉行业环境分析中的企业生命周期分析。
5. 掌握企业战略分析中的波特“五力模型”。
6. 熟悉企业三个层次的战略分析方法。

企业是一个开放的系统。企业外部的对其产生影响的各种因素和力量统称为企业的外部环境。外部环境是企业生存发展的土壤，它既为企业的生产经营活动提供必要的条件，同时也对其生产经营活动起着制约作用。任何企业都只能根据外部环境能够提供的资源种类、数量和质量来决定其生产经营活动的具体内容和方向。

企业战略为企业的发展指明基本方向和前进道路，是各项管理的精髓。公司战略意味着企业要采取主动姿态预测未来，影响变化，而不是被动地对变化做出反应。企业战略管理的对象不仅包括研究开发、生产、人力资源、财务、市场营销等具体职能，还包括统领各项职能战略的竞争战略和公司战略。

有效的财务分析要求分析者不仅要善于运用会计数据，而且要善于运用非会计数据。会计数据只是企业实施其经营战略的“财务表现”。如果忽略对企业所处环境和经营战略的分析，那么，财务报表分析将只是一种重形式、轻实质的“数字游戏”

第一节　环境与战略分析概述

进行环境与战略分析对于财务分析具有重要的意义。

第一，客观地分析企业所处的外部环境，可以强调对企业组织产生影响的关键因素，并识别企业组织所面临的机会及威胁。

第二，从战略分析、战略设计、战略管控的层次来思考财务指标，能够使财务分析具有更广的思维角度并形成更根本性的改进措施。

第三，立足于开放的竞争环境对不同企业的经营业绩进行比较，有利于构建提升核心竞争力和差异化竞争优势的竞争体系。

第四，关注与战略环境、客户价值、核心能力建设、关键资源获取、战略实施及过程管控有关的数据，能够使财务指标真正成为战略的度量和指引，使会计信息系统成为有力的决策支撑平台。

环境与战略分析主要包括基于战略的环境分析以及战略选择分析两部分内容，这两部分内容的内涵见图 2-1 和图 2-2。

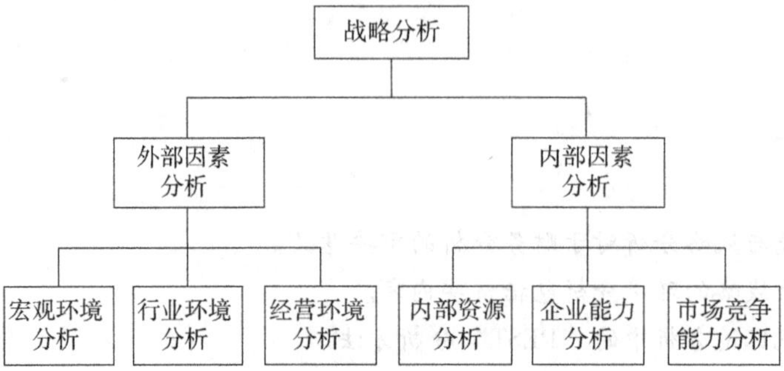

图 2-1　基于战略的环境分析

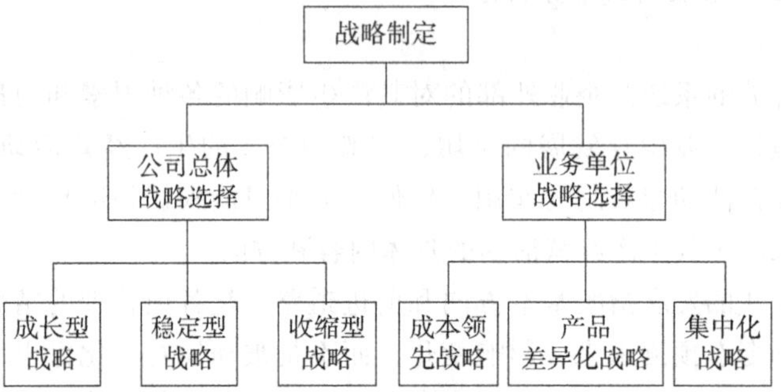

图 2-2　企业战略选择

基于图 2-1 和图 2-2 的内容结构，本章首先进行外部环境分析包括宏观环境分析、行业环境分析以及企业经营环境分析；其次，结合企业内部因素进行竞争优势分析；再次进行企业战略分析，包括公司整体战略分析和业务单位战略分析；最后以 FL 照明股份有限公司为例，进行具体的环境与战略分析。

第二节　宏观环境分析

宏观环境分析中的关键要素包括政治和法律因素（Political factors）、经济因素（Economical factors）、社会和文化因素（Social factors）和技术因素（Technological factors），这四个因素的英文首字母组合起来就是 PEST，所以宏观环境分析也被称为 PEST 分析。

一、政治和法律环境因素

政治和法律环境因素，是指企业对其业务所涉及的国家或地区的政治体制、政治形势、方针政策以及法律法规等方面的因素。

（一）政治环境因素分析

具体来讲，政治环境因素分析包括以下四个方面：

（1）企业所在地区和国家的政局稳定状况。

（2）政府行为对企业的影响。政府如何拥有国家土地、自然资源及其储备等。

（3）执政党所持的态度和推行的基本政策（包括产业政策、税收政策以及进出口限制等），以及这些政策的连续性和稳定性。

（4）各政治利益集团对企业活动产生的影响。

（二）法律环境因素分析

一般来说，政府主要是通过制定法律法规来间接影响企业的活动。影响企业战略性决策的法律法规有很多，制定这些法律法规的主要目的有保护企业，反对不正当竞争、保护消费者、保护员工以及保护公众权益免受不合理企业行为的损害等。

法律环境因素分析主要是对以下四个因素进行分析：

（1）法律规范，特别是和企业经营密切相关的经济法律法规。例如，《中华人民共和国公司法》《中华人民共和国中外合资经营企业法》《中华人民共和国合同法》《中华人民共和国专利法》《中华人民共和国商标法》《中华人民共和国税法》《中华人民共和国企业破产法》等。

（2）国家司法执法机关。在我国，国家司法执法机关主要有人民法院、人民检察院、公安机关以及各种行政执法机关。与企业关系较为密切的行政执法机关有工商行政管理机关、税务机关、物价机关、计量管理机关、技术质量监督机关、专利管理机关、环境保护管理机关、政府审计机关等。此外，还有一些临时性的行政执法机关，例如各级政府的财政、税收、物价检查组织等。

（3）企业的法律意识。最终都会物化为一定性质的法律行为，并造成一定的行为后果，从而构成每个企业不得不面对的法律环境。

（4）国际法所规定的国际法律环境和目标国的国内法律环境。

（三）政治法律环境因素对企业产生影响的特点

政治法律环境因素作为影响企业战略决策的因素，有其自身的特点：

（1）不可预测性。企业很难预测国家政治环境的变化。

（2）直接性。国家政治环境直接影响企业的经营状况。

（3）不可逆转性。政治法律环境一旦影响企业，就会发生十分迅速和明显的变化，而企业是无法规避和转移这种变化的。

二、经济环境因素

企业的经济环境主要包括由社会经济结构、经济发展水平与经济体制、宏观经济政策、当前经济状况、其他一般经济条件等。

（一）社会经济结构

社会经济结构，是指国民经济中不同的经济成分、不同的产业部门以及社会再生产各方面在组成国民经济整体时相互的适应性、量的比例以及排列关联的状况。社会经济结构主要包括五方面的内容：产业结构、分配结构、交换结构、消费结构和技术结构。其中，最重要的是产业结构。

（二）经济发展水平与经济体制

（1）经济发展水平，是指一个国家经济发展的规模、速度和所达到的水平。反映一个国家经济发展水平的常用指标有国内生产总值、国民收入、人均国民收入和经济增长速度。

（2）经济体制，是指国家经济组织的形式，它规定了国家与企业、企业与企业、企业与各经济部门之间的关系，并通过一定的管理手段和方法来调控或影响社会经济流动的范围、内容和方式等。

（三）宏观经济政策

宏观经济政策，是指实现国家经济发展目标的战略与策略。它包括综合性的全国发展战略和产业政策、国民收入分配政策、价格政策、物资流通政策等。

（四）当前经济状况

当前经济状况会影响一个企业的财务业绩，经济的增长率取决于商品和服务需求的总体变化。其他经济影响因素包括税收水平、通货膨胀率、贸易差额和汇率、失业率、利率、信贷投放以及政府补助等。

（五）其他一般经济条件

其他一般经济条件和趋势对一个企业的成功也很重要。工资、供应商及竞争对手的价格变化以及政府政策，会影响产品的生产成本和服务的提供成本以及它们被出售的市场情况。这些经济因素可能会导致行业内产生竞争，或将公司从市场中淘汰出去，也可能会延长产品寿命、鼓励企业用自动化取代人工、促进外商投资或引入本土投资、使强劲的市场变弱或使安全的市场变得具有风险。

三、社会和文化环境因素

社会和文化环境因素的范围甚广，它们主要包括人口状况、社会流动性、消费心理、生活方式变化、文化传统和价值观等。

（一）人口状况

人口状况包括企业所在地居民的地理分布及密度、年龄、教育水平、国籍等。大型企业通常会利用人口统计数据来进行客户定位，并用于研究应如何开发产品。人口因素对企业战略的制定具有重大影响。例如，人口总数直接影响社会生产总规模；人口的地理分布影响企业的厂址选择；人口的性别比例和年龄结构在一定程度上决定了社会的需求结构，进而影响社会供给结构和企业生产结构；人口的教育文化水平直接影响企业的人力资源状况；家庭户数及其结构的变化与耐用消费品的需求和变化趋势密切相关，因而也就影响耐用消费品的生产规模等。

对人口因素的分析可以使用以下一些变量：结婚率、离婚率、出生率和死亡率、人口的平均寿命、人口的年龄和地区分布、人口在民族和性别上的比例、地区人口在教育水平和生活方式上的差异等。

例如，在日本，人们的寿命较长，而出生率下降，从而导致人口老化，这一点会对企业或企业计划提供的产品与服务类型产生显著影响。

（二）社会流动性和各阶层对企业的期望

社会流动性主要涉及社会的分层情况、各阶层之间的差异以及人们是否可在各阶层之间转换、人口内部各群体的规模、财富及其构成的变化以及不同区域（城市、郊区及农村地区）的人口分布等。

不同阶层对企业的期望也有差异。例如，企业员工评价战略的标准是看工资收益、福利待遇等，而消费者主要关心产品价格、产品质量、服务态度等。

（三）消费心理

消费心理对企业战略也会产生影响。例如，一部分客户的消费心理是在购物过程中追求有新鲜感的产品多于满足其实际需要，因此，企业应有不同的产品类型以满足不同顾客的需求。

（四）生活方式变化

生活方式变化主要包括当前及新兴的生活方式与时尚。文化问题反映了一个事实，即国际交流使社会变得更加多元化、外部影响更加开放时，人们对物质的要求会越来越高。随着物质需求的提高，人们对社交、自尊、求知、审美的需要更加强烈，这也是企业面临的挑战之一。

（五）文化传统

文化传统是一个国家或地区在较长历史时期内形成的一种社会习惯，它是影响经济活动的一个重要因素。例如，中国的春节、西方的圣诞节就为某些行业带来商机。

（六）价值观

价值观，是指社会公众评价各种行为的观念标准。不同的国家和地区人们的价值观各有差异，例如，西方国家的个人主义较强，而日本的企业则注重内部关系融洽。

以上所提及的因素会对企业制定营销、促销、开展业务和管理内部资源的战略产生影响。例如，一家食品公司应当了解不同国家的宗教背景、某个地区人们的偏好或哪些食品不大会被人们所接受。再如，进行产品促销时，比较能令人接受的是采取较为保守的方式，并且应确定所在国家和地区是否存在一种广泛使用的开展业务方式，包括谈判的惯例、交往的习惯等。

四、技术环境因素

市场或行业内部和外部的技术趋势和事件也会对企业战略产生重大影响。某个特定行业内的技术水平在很大程度上决定了应生产哪种产品或提供哪种服务、应使用哪些设备以及应如何进行经营管理。

技术环境对战略所产生的影响如下：

（1）基本技术的进步使企业能对市场及客户进行更有效的分析。例如，使用数据库或自动化系统来获取数据，能够更加准确地进行分析。

（2）新技术的出现使社会和新兴行业对本行业产品和服务的需求增加，从而使企业可以扩大经营范围或开辟新的市场。

（3）技术进步可创造竞争优势。例如，技术进步可令企业利用新的生产方法，在不增加成本的情况下，提供更优质和更高性能的产品和服务。

（4）技术进步可导致现有产品被淘汰，或大大缩短产品的生命周期。

（5）新技术的发展使企业可更多关注环境保护，企业的社会责任及可持续成长问题，也使生产越来越多地依赖于科技的进步。

第三节　行业环境分析

所谓行业，是指其产品具有主要的共同特征的一大批企业或企业群体。对处于同一行业内的企业都会发生影响的环境因素的集合就是行业环境。行业环境分析是指某个行业加以分析，从而找出决定该行业盈利性的因素、该行业目前及预期的盈利性以及这些因素的变动情况。管理层必须确定企业在以下方面如何与竞争对手区别开来：所提供的产品和服务、提供产品和服务的方式及地点，以及其在形成竞争优势前希望达到的行业规模。

一、行业生命周期分析

每个行业都会经历一个对行业的当前业绩和未来前景产生影响的生命周期。大多数行业会经历一个与产品生命周期相似的生命周期，即起步期、成长期、成熟期和衰退期（见图 2-3）。但是，许多行业往往会通过使用新技术而得以更新或再成长，而不会像某些特定产品或服务那样走向衰退。在制定企业战略时，了解行业所处的生命周期属于哪个阶段是非常重要的一个考虑因素。

判断行业所处生命周期阶段的主要指标有市场份额、需求增长率、产品品种以及竞争者数量等。具体各个周期的特征见表 2-1。

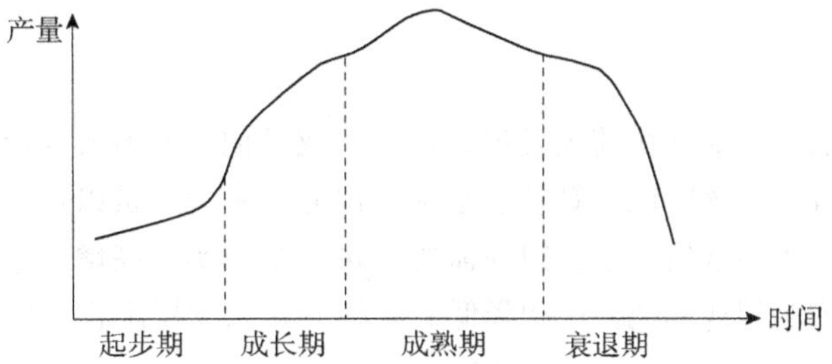

图 2-3　行业生命周期

表 2-1　行业生命周期各阶段的特征

阶段 指标	引入期	成长期	成熟期	衰退期
客户	需要培训、早期采用者	更广泛接受、效仿购买	巨大市场、重复购买、品牌选择	有见识、挑剔
产品	处于试验阶段，质量没有标准，也没有稳定的设计	产品的可靠性、质量、技术性和设计产生了差异	各部门之间标准化的产品	产品范围缩减，质量不稳定
风险	高	增长掩盖了错误的决策	重大	广泛波动
利润率	高价格、高毛利率、高投资、低利润	利润最高、公平的高价和高利润率	价格下降、毛利和利润下降	毛利降低
竞争者	少	参与者增加	价格竞争	一些竞争者退出
投资需求	最大	适中	减少	最少或者没有
战略	市场扩张，研发是关键	市场扩张，市场营销是关键	保持市场份额	集中于成本控制或减少成本

（一）起步期

在起步期，企业的规模可能会非常小，产品类型、特点、性能和目标市场方面尚在不断发展变化中。

在该阶段，市场中会充满各种新发明的产品或服务。例如，在电视媒体行业的起步阶段，对于其将如何发展，人们有过各种不同的看法。免费电视节目提供商认为应由广告客户而不是消费者来为运作付费，而付费电视节目提供商的看法与之相反。这种多样性反映了能力各异的企业基于不同的看法而进入某行业。管理层需要采取战略来支持产品上市，并定期审核投资项目和监控竞争对手技术和产品的发展情况。这个时期的产品设计尚未成熟，行业主品的开发相对较缓慢，利润率较低，但市场增长率较高。

（二）成长期

一旦一个行业已经形成并快速地发展，便进入成长期。大多数企业因为拥有高增长率而在行业中继续生存。在该阶段，管理层必须确保充分扩大产量以达到公司所设定的目标市场份额。不过，在大多数情况下，因为需要大量资金来实现高增长率和扩产计划，现金会比较短缺。通过专利权或其他扩产和降低成本的方式来设置阻止竞争进入行业的“进入壁垒”也非常重要。

（三）成熟期

当增长率降到较正常水平时，行业即进入成熟期。这是一个相对稳定的阶段，各年销售量之间的变动较小，利润增长幅度也较小，但是市场内的竞争变得更加激烈了。消费者的见识更广，要求也更加严格，并非所有原来存在的主品、企业或战略都继续适用该阶段。企业应重点关注效率、成本控制和市场细分。

在成熟期的后期，该行业会进入动荡阶段。由于投资回报率不能令人满意，一些企业会从市场中退出。一小部分企业通过收购或依靠其自有主品的优势开始主导该行业。在该阶段，要监控行业是否存在潜在的兼并机会，通过探索新市场或研发新技术来继续扩张发展，或开发出具有不同特色或功能的新产品，进行战略管理至关重要。

（四）衰退期

行业的生命周期与产品的生命周期有所不同，因为行业的存在期比任何单一产品都要长。行业进入衰退期之后，会出现行业生产能力过剩，技术被模仿后出现的替代产品充斥市场，市场增长率严重下降，产品品种减少，行业的活动水平随着各公司从该行业中退出而下降等情况。最终，某一行业可能不复存在或被并入另一行业。要确定如何在这样一个非赢即输的环境中保持独特优势，充分运用战略管理显得尤为重要。

二、企业的竞争优势分析

迈克尔·波特提出了最具影响力的战略分析模型——五力模型，用以确定企业在行业中的竞争优势和行业可能达到的最终资本回报率，见图 2-4。

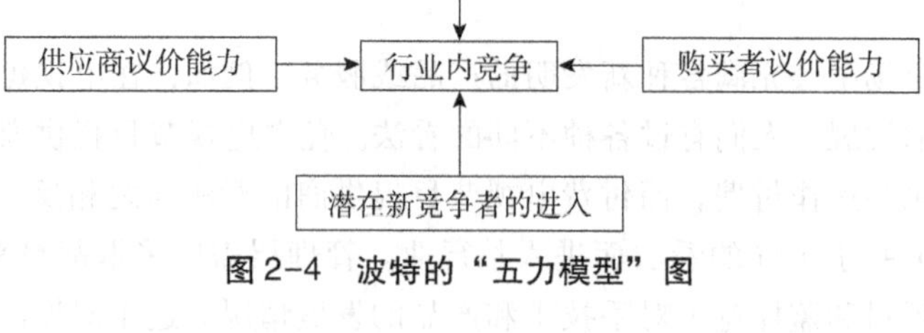

图 2-4　波特的“五力模型”图

波特“五力模型”中的“五力”分别：①行业新进入者的威胁；②供应商的议价能力；③购买商的议价能力；④替代产品的威胁；⑤同业竞争者的竞争强度。波特认为，这五种竞争驱动力决定了企业的最终盈利能力。

（一）行业新进入者的威胁

新进入者越容易进入行业市场，当前行业的获利能力就越容易被削弱。新进入行业的企业会对现有的企业构成威胁，削弱现有企业产生理想财务回报率的能力，分割市场份额并激化市场竞争。新进入者通常会采取降低产品价格、引入有特色的新产品或提高服务质量等策略来赢得市场份额。新进入者的威胁力度和数量很大程度上取决于各种进入壁垒的高度。决定进入壁垒高度。

（二）供应商的议价能力

供应商，是指那些向行业提供产品或服务的企业、群体或个人，也包括劳动力和资本的供应商。供货商的威胁手段有两类：一是提高供应价格；二是降低供应产品或服务的质量。这些手段可以使下游行业利润下降。

（三）购买商的议价能力

购买商是指该行业的客户或客户群，包括该行业的客户和寻求低成本以提高其自身利润或获取更好货源的分销商，希望为其消费者获得更多好处的政府机构或其他非营利性组织，或希望以较低价格买入优质产品的个人消费者。购买商可能会要求降低产品价格，提高产品质量和获得更多的优质服务，其结果是使行业竞争更加激烈，导致行业利润下降。

（四）替代产品的威胁

替代产品，是指可由其他企业生产的产品或提供的服务，它们具有的功能大致与现有产品或服务的功能相似，可满足消费者同样的需求。

购买商所面临的替代产品越多，其议价能力就越强。因此，替代产品通过以下方面来影响一个行业的盈利性：设置价格上限（因为消费者可能轻易地转而购买可满足其相同需求的其他替代产品）、改变需求量和迫使企业投入更多资金并提高服务质量。

（五）同业竞争者的竞争强度

同业竞争者的竞争强度，是指行业现有竞争者之间的竞争程度。一个企业的行为可能会引来另一个竞争对手采取相应的行为。竞争程度影响行业的盈利水平，通常竞争程度越高，价格越接近边际成本，盈利水平也越低。竞争也会令企业看到其需要改善地位的机会，以增强自身的竞争力。竞争强度取决于下列因素：

（1）竞争者的数量。市场中的竞争者越多，当中就必有一定数量的企业为了占有更大的市场份额和取得更高的利润，而突破本行业约定俗成的一致行动的限制，做出排斥其他企业的竞争行为。因此，竞争者之间的有效合作越难，则竞争强度就越高。如果行业市场份额主要集中在少数企业，即集中程度高，则竞争程度较低。

（2）行业增长率。如果行业增长速度比较快，则现有企业间不必为相互争夺市场份额而开展价格战；如果行业增长缓慢，而新进入者为了寻求发展，需要从其他竞争者那里争取市场份额，则竞争程度就会增强。此外，如果行业增长速度较为缓慢甚至停滞时，现有企业之间争夺既有市场份额的竞争就会变得激烈。

（3）行业的固定成本。如果行业的固定成本较高，则具有良好的规模经济性，企业唯有寻求降低单位产品的固定成本或增加产量，结果将导致企业在价格上互相竞争。

（4）产品的转换成本。如果产品缺乏差异性或具有标准化，购买商可轻易地转换供应商，则供应商之间就会相互竞争。产品差异程度越大，竞争程度越低。当然，差异程度与替代成本相关，当替代成本较低时，企业间仍可进行价格竞争。

（5）不确定性。当一个企业不确定同行业中另一个企业会如何经营时，便可能会通过制定更具竞争力的战略来应对这种不确定性，例如，自愿降低产品的价格和提高服务方面的要求等。

（6）战略重要性。如果企业最重要的战略目标是获得成功，则企业可能会采取具有竞争力的行为来实现目标。

（7）退出成本。当行业生产能力大于市场需求时，而行业退出成本又较高，势必引起激烈的价格竞争，以充分使用生产能力；如果退出成本较低，则将竞争减弱。例如，机器设备或资产在市场中十分独特以致难以收回对它的高额初始投资或人员的遣散成本过高。这样，即使该行业的投资回报率较低，企业也会仍然坚持竞争，从而加大该行业的竞争强度。

总之，可以使用波特“五力模型”来识别影响企业的关键因素，从而确定可获得的机会和应考虑的威胁。在一个理想市场中，供应商及客户的议价能力低、无替代产品、进入壁垒高、竞争者之间的竞争程度弱，则很容易赚取利润。这种理想的状况可带来较高的行业盈利能力。但是，行业的高盈利能力并不意味着行业中所有的企业都会拥有相似的盈利能力。企业应该综合考虑和评估行业盈利能力之后，才能评估企业的盈利能力。

三、波特“五力模型”的局限性

波特的“五力模型”虽然在分析企业的外部环境时是有效的，但它也存在着局限性，具体如下：

（1）该分析模型基本上是静态的。然而，在现实中，竞争环境始终在变化。这些变化可能从高变低，也可能从低变高，其变化速度比模型所显示的要快得多。

（2）该模型能够确定行业的盈利能力，但是对于非营利机构，有关获利能力的假设可能是错误的。

（3）该模型基于这样的假设：一旦进行了这种分析，企业就可以制定企业战略来处理分析结果。但这只是一种理想的方式。

（4）该模型假设战略制定者可以了解整个行业（包括所有潜在的进入者和替代产品）的信息，但这一假设在现实中并不存在。对于任何企业来讲，在制定战略时掌握整个行业的信息既不可能也无必要。

（5）该模型低估了企业与供应商、客户或分销商、合资企业之间可能建立长期合作关系以消除替代产品的威胁的可能性。在现实的商业世界中，同行之间、企业与上下游企业之间不一定完全是你死我活的关系。强强联手，或强弱联手，有时可以创造更大的价值。

第四节 企业战略分析

战略决策不仅仅是企业领导者的任务，不同区域、不同职能和较低级别的管理人员都应该参与战略的制定过程。企业战略可以划分为三个层次：公司战略、业务单位战略和职能战略。

公司战略覆盖企业整体；业务单位战略是为公司每个业务部门制定的战略。职能战略则是针对企业内部的每项职能制定的战略，职能战略必须符合企业整体战略。

一、企业总体战略分析

企业总体战略是指为实现企业总体目标，对企业未来基本发展方向所做出的长期性、总体性的谋划。总体战略决定了企业各项业务在战略谋划期间的资源分配和发展方向。

对于大多数企业来说，企业会选择增长发展，因为它们都假定未来会不断扩大规模、不断地增长。然而，在某些情况下，企业并不希望增长，如小型企业老板更希望保持对企业的严格控制，而不愿意雇佣大量的员工。企业总体战略主要考虑的问题是企业业务是扩张、收缩还是维持不变。相应地，企业总体战略可以划分为三种类型：成长型战略、稳定型战略和收缩型战略。

（一）成长型战略

成长型战略是以发展壮大企业为基本导向，致力于使企业在产销规模、资产、利润或新产品开发等某一方面或某几方面获得增长的战略。成长型战略是最为普遍采用的企业战略。成长型战略主要包括三种基本类型：一体化战略、密集型战略和多元化战略。

1. 一体化战略

一体化战略是指企业对具有优势和增长潜力的产品或业务，沿其经营链条的纵向或横向扩大业务的深度和广度，扩大经营规模，实现企业成长。一体化战略按照业务拓展的方向可以分为纵向一体化和横向一体化。

（1）纵向一体化战略。是指企业沿着产品或业务链向前或向后，延伸和扩展企业现有业务的战略。从理论上分析，企业采用纵向一体化战略有利于节约与上下游企业在市场上进行购买或销售的交易成本，控制稀缺资源，保证关键投入的质量或者获得新客户。不过，企业一体化也会增加企业的内部管理成本，企业规模并不是越大越好。

（2）横向一体化战略。是指企业收购、兼并或联合竞争企业的战略。企业用横向一体化战略的主要目的是减少竞争压力、实现规模经济和增强自身实力以获取竞争优势。

横向一体化战略主要通过以下几种途径实现：①购买，即一家实力占据优势的企业收购与之相竞争的另一家企业；②合并，即两家相互竞争而实力和规模较为接近的企业合并为一个新的企业；③联合，即两个或两个以上相互竞争的企业在某一个业务领域进行联合投资、开发和经营。

2. 密集型成长战略

密集型成长战略，也称为加强型成长战略，是指企业充分利用现有产品或服务的潜力，强化现有产品或服务竞争地位的战略。密集型成长战略主要包括三种类型：市场渗透战略、市场开发战略和产品开发战略。企业成长矩阵见图 2-5。

	现有产品	新产品
现有市场	市场渗透	产品开发
新市场	市场开发	多元化

图 2-5　企业成长矩阵

（1）市场渗透战略——现有产品和市场。市场渗透战略的基础是增加现有产品或服务的市场份额，或增长正在现有市场中经营的业务。它的目标是通过各种方法来增加产品的使用频率。例如，改进罐头的配方、吸引竞争对手的客户和新客户购买产品。

（2）产品开发战略——新产品和现有市场。产品开发战略是通过改进或改变产品或服务以增加产品销售量的战略。产品开发战略有利于企业利用现有产品的声誉和商标，吸引用户购买新产品。拥有特定细分市场、综合性不强的产品或服务范围窄小的企业可能会采用这一战略。

另外，产品开发战略是对现有产品进行改进，对现有市场较为了解，产品开发的针对性较强，因而较易取得成功。该战略比较富有挑战性，这是因为它通常要求企业致力于对产品进行强有力的研究与开发。这可能是由产品的本质或市场的需求决定的，例如在技术较复杂的市场中，产品（如计算机）的寿命周期较短，或者是因为产品必须要更具特色所迫使的。消费者对供应商会实施潜在的压力，要求企业在正常经营范围内提供多样化的产品或服务，这样便会促使企业去开发新的产品。由于消费者有许多选择空间，企业通常很难抵抗这种压力。

（3）市场开发战略——现有产品和新市场。市场开发战略是指将现有产品或服务打入新市场的战略。市场的战略成本和风险也相对较低。实施市场开发战略的主要途径包括开辟其他区域市场和细分市场。采用市场开发战略可能有几个原因：①企业发现现有产品生产过程的性质导致难以转而生产全新的产品，因此它们希望能开发其他市场。②市场开发往往与产品开发结合在一起，例如，将工业用的地板或地毯清洁设备做得更小、更轻，这样可以将其引入民用市场。③现有市场或细分市场已经饱和，这可能会导致竞争对手去寻找新的市场。

3. 多元化成长战略——新产品和新市场

多元化成长是指企业进入与现有产品和市场不同的领域。当现有产品或市场不存在期望的增长空间时（例如受到地理条件限制、市场规模有限或竞争太过激烈），企业经常会考虑多元化战略。但是，有些人认为多元化从本质上来说是一个消极的战略。多元化总是在逃避某些问题。它表明企业只是对整个企业所发生的不良事件做出反应。不管怎样，多元化已经成为日益常见的经营战略。

广义上讲，企业的多元化战略分为两种：一种是相关多元化，即企业进入现有业务相关产业的多元化；另一种是非相关多元化，即企业进入与现有业务不相关产业的多元化。

一般认为，相关多元化的风险比非相关多元化稍微低一些。企业做出了一些新的尝试，但是仍然在其自身所限定的行业中，并能运用自身的经验。通过技能和资源的分享与交流，相关多元化提供了获取协同效应的可能性。

（二）稳定型战略

稳定型战略，又称防御型战略、维持型战略。即企业在战略方向上没有重大改变，在业务领域、市场地位和产销规模等方面基本保持现有状况，以安全经营为宗旨的战略。稳定型战略有利于降低企业实施新战略的经营风险，减少资源重新配置的成本，为企业创造一个加强内部管理和调整生产经营秩序的修整期，并有助于防止企业过快发展。应用较为广泛的稳定型战略主要有如下三种：暂停战略、无变战略和维持利润战略。

（1）暂停战略，是指在一段时期内降低成长速度、巩固现有资源的临时战略。暂停战略主要适用在未来不确定性产业中迅速成长的企业，目的是避免出现继续实施原有战略导致企业管理失控和资源紧张的局面。

（2）无变战略，是指不实行任何新举动的战略。无变战略适用于外部环境没有任何重大变化、本身具有合理盈利和稳定市场地位的企业。

（3）维持利润战略，是指为了维持目前的利润水平而牺牲企业未来成长的战略。很多情况下，当企业面临不利的外部环境时，管理人员会采用减少投资、削减一些可控费用（如研发费用、广告费和维修费）等方式维持现有利润水平。维持利润战略只是一种渡过困境的临时战略，对企业持久竞争优势会产生不利影响。

（三）收缩型战略

收缩型战略，也称为撤退型战略，是指企业因经营状况恶化而采取的缩小生产规模或取消某些业务的战略。采取收缩型战略一般是因为企业的部分产品或所有产品处于竞争劣势，以至于销售额下降、出现亏损等。采取收缩或撤退措施，可以抵御外部环境压力，保存企业实力，等待有利时机。收缩型战略的目标侧重于改善企业的现金流量，因此，一般都采用严格控制各项费用等方式渡过危机。收缩型战略也是一种带有过渡性质的临时战略。按照实现收缩目标的途径，收缩型战略可划分为三种类型：扭转战略、剥离战略和清算战略。

（1）扭转战略，是指企业采取缩小产销规模、削减成本费用、重组等方式来扭转销售和盈利下降趋势的战略。实施扭转战略，对企业进行“瘦身”，有利于企业整合资源，改进内部工作效率，加强独特竞争能力，是一种“以退为进”的战略。

（2）剥离战略，是指企业出售或停止经营下属经营单位（如部分企业或子企业）的战略。实施剥离战略的目的是使企业摆脱那些缺乏竞争优势、失去吸引力、不盈利、占用过多资金或与企业其他活动不相适应的业务，以此来优化资源配置，使企业将精力集中于优势领域。在某些情况下，企业也通过实施剥离战略，为战略性收购或投资筹集资金。

（3）清算战略，是指将企业的全部资产出售，从而停止经营的战略。清算战略是承认经营失败的战略，通常是在实行其他战略全部不成功时的被迫选择。尽管所有管理者都不希望进行清算，但及时清算可能是比继续经营导致巨额亏损更有利的选择。清算能够有序地将企业资产最大限度地变现，并且股东能够主动参与决策，因而较破产更为有利。

成长型战略、稳定型战略和收缩型战略是最基本的企业总体战略。这些战略不仅可以单独使用，也可以组合使用。对于很多大型企业来说，一般都拥有多个业务单位，这些业务单位面临的外部环境和所需的内部条件不尽相同，完全可以因地制宜、因时制宜地采用不同的总体战略。

二、业务单位战略分析

业务单位战略，也称竞争战略，是指在给定的一个业务或行业内，企业用于区分自己与竞争对手业务的方式，或者说是企业在特定市场环境中如何营造、获得竞争优势的途径或方法。

企业在市场竞争中获得竞争优势的途径虽然很多，但有三种最基本的一般战略，即成本领先战略、差异化战略与集中化战略。波特（1980）提出，企业只需要选择三种战略中的一种。如果企业选择了超过一种的一般战略，那么企业就很难成为行业的领先者，因为这会造成企业在集中化、成本领先或者差异化方面都没有特别的优势。

（一）成本领先战略

成本领先战略是指企业能以较低的成本提供与竞争对手相同的产品或服务，其目标是成为整个行业中成本最低的制造商。低成本可能并不会减少消费者从产品中获得的价值，即使是购买一件低成本的产品，他们仍然愿意支付一个合理的价格。通过低成本生产，制造商在价格上可以与行业中的任一制造商竞争，并赚取更高的单位利润。

成本领先战略的优势主要包括以下几个方面：一是可以抵御竞争对手的进攻。低成本使企业可以制定比竞争者更低的价格，并仍然可以获得适当的收益。因此，即使面对激烈的竞争，成本领先者仍然可以有效地保护企业。二是具有较强的对供应商的议价能力。成本领先战略往往通过大规模生产或销售建立起成本优势，较大的购买量使这类企业对供应商往往具有较强的议价能力，从而进一步增加了其成本优势。三是形成了进入壁垒。成本领先战略充分利用了规模经济的成本优势，使得无法达到规模经济的企业难以进入该行业并与之竞争。因此，成本领先者有可能获得高于平均水平的投资回报。

（二）差异化战略

差异化战略是指企业针对大规模市场，通过提供与竞争者存在差异的产品或服务来获取竞争优势的战略。这种差异性可以来自设计、品牌形象、技术、性能、营销渠道或客户服务等各个方面。成功的差异化战略能够吸引品牌忠诚度高且对价格不敏感的客户，从而获得超过行业平均水平的收益。与成本领先战略主要用于提高市场份额不同，差异化战略有可能获得比成本领先战略更高的利润率。

（三）集中化战略

集中化战略针对某一特定购买群体、产品细分市场或区域市场，采用成本领先或产品差异化来获取竞争优势的战略。采用集中化战略的企业，由于受自身资源和能力的限制，无法在整个产业实现成本领先或者产品差异化，故而将资源和能力集中于目标细分市场，实现成本领先或差异化。集中化战略一般是中小企业采用的战略，可分为两类：集中成本领先战略和集中差异战略。

三、职能战略的选择

战略方案的第三层次是职能战略。这部分内容侧重于企业内部特定职能部门的运营效率，如生产、财务、营销、研究与开发以及人力资源开发等。职能战略在更细的层面上运行，从各部门的战略实施层面上考虑，以实现总体和业务层的战略目标。

第五节　FL 公司的环境与战略分析

一、FL 公司的环境分析

（一）宏观环境分析

FL 公司是广东省广晟控股集团有限公司下属一级企业，成立于 1958 年，1993 年该公司股票在深圳证券交易所上市。该公司长期致力于研发、生产、推广高品质的绿色节能照明产品，并为客户提供全方位的照明解决方案和专业服务，其综合实力居国内照明品牌前列。

运用 PEST 分析模型，考虑政治法律环境、经济环境、社会文化环境以及技术环境四个因素进行 FL 公司所处的环境分析。

1. 政治法律环境分析

从 FL 公司所处的政治法律环境来看，长期以来，我国政局稳定，我党团结全国各族人民，贯彻落实党的理论和路线方针政策，实施正确而有力的宏观调控，充分发挥我国社会主义制度的政治优势，充分发挥市场在资源配置中的基础性作用。社会主义经济建设、政治建设、文化建设、社会建设以及生态文明建设和党的建设取得重大进展。当今世界，和平、发展、合作仍是时代潮流，国际环境总体上有利于我国和平发展。

从政府对照明行业的相关政策法规来看，多年以来，节能照明领域一直是国家产业政策和能源政策鼓励发展的领域。2011 年，国家发改委等五部委共同发布了《中国逐步淘汰白炽灯线路图》，计划分五个阶段来逐步淘汰白炽灯；2015 年，我国发布《中国制造 2025》，统筹布局和推动智能家电、智能照明电器研发和产业化；2016 年为支持半导体照明节能产业发展发布《“十三五”节能环保产业发展规划》；2019 年进一步更新《绿色产业指导目录》，将若干照明行业产品和技术列入绿色产业指导目录。到“十四五”时期，根据

《中华人民共和国国民经济和社会发展第十四个五年规划和2035年远景目标纲要》，加快数字化应用及绿色经济、完善智能家居成为“十四五”时期的主要任务之一。这些政策在产品更新换代、节能环保以及税负支持等方面，对照明行业给予了政策和法规指引，为照明行业创造了良好的发展机遇，促使节能照明行业获得了快速、健康地发展。

2. 经济环境分析

2022年9月，国家统计局发布《党的十八大以来经济社会发展成就系列报告》，多维度、多方面展现了过去10年我国在经济方面获得的成就。报告显示，过去10年，我国经济总量连上新台阶，2013—2021年，国内生产总值年均增长6.6%，高于同期世界2.6%和发展中经济体3.7%的平均增长水平，同期，我国对世界经济增长的平均贡献率超过30%，居世界第一；过去10年，我国人均GDP也实现新突破，2021年人均GDP达80 976元，扣除价格因素，比2012年增长69.7%，年均增长6.1%，已连续3年超过1万美元，稳居上中等收入国家行列。产业结构优化升级取得积极进展，节能减排和生态环境保护扎实推进，各具特色的区域发展格局初步形成，人民生活明显改善，就业规模持续扩大，城乡居民收入持续快速增长，金融市场运行平稳。对外开放迈上新台阶，进出口总额稳居世界前列，利用外资水平不断提升，境外投资也明显加快。

3. 社会文化环境分析

从人口来看，我国是世界上人口最多的国家，随着我国人口调整政策的实施，我国人口持续低速增长，自然增长率逐年下降，占世界人口的比重持续下降，促进了世界人口的健康发展。一方面，在控制人口数量的同时，我国人口素质不断提高，城镇化水平也稳步提高，第二、三产业和非公有制经济就业人口逐步提高。另一方面，我国流动人口规模持续增加，老龄化进程持续加快。

我国历史悠久，具有丰富多彩的民族文化。这些文化总体上是围绕以自然经济为基础，以家族为本位，以血缘关系为纽带的宗法等级、伦理纲常这一基本精神展开的。其中，充满了矛盾，也具有鲜明的两重性。

随着现代社会环境变化日趋加快，人们开始重新审视自己的信仰、追求和生活方式。人们的消费目的不仅是要满足生理需求，更重要的是还要获得心理或精神上的享受。高效节能环保的照明器具迎合了人们日益增强的环保需求，具有重大的产业价值和社会意义。

4. 技术环境分析

在照明行业，我国一些企业通过聘请海外技术人员，在技术上不断取得突破，很多企业已经取得自主知识产权，内地优质企业的技术水平已经与我国台湾地区大厂的技术水平相差不大，与国外大厂的整体差距也在不断缩小。2009—2015年，我国照明技术发展进入创新阶段。这个阶段LED照明替代传统照明，LED照明与传统照明相比，外观更漂亮、体积小，但能效高，价格也能被市场接受，其应用范围从装饰性照明扩大到功能性照明，甚至是专业性照明。在物联网背景下，智能照明成为照明产品的目标，节能已不再是照明控制的主要关注点。在这阶段的展会中，高压和倒装芯片、COB和EMC封装为市场热点；LED路灯商机爆发，造型多种多样；无论是品牌企业还是国内中小型企业，都展示出系列智能照明产品，智能照明显现出巨大的潜在价值。

但是，国内照明企业与世界领先的照明企业相比，在技术创新能力上还是存在一定的差距。近年来，国外照明行业发展快，生产的高端产品技术附加值高，掌握着关键技术，而我国照明企业中，除少数几家企业拥有较为先进的核心技术外，拥有具备国际竞争力的尖端技术的企业比较少，大部分企业的工艺和技术水平还比较落后。

（二）照明行业环境分析

根据中国行业研究网的调查报告，从2016—2019年，我国照明工程市场规模呈现逐年递增态势，每年同比增速都在10%以上；2020年新冠疫情期间，我国照明工程市场规模出现下降；2021年随着国内疫情的有效控制，照明市场规模逐步回升。从我国照明市场发展历程来看，2020年之后，我国照明已经步入高质量发展阶段，已经从遍地开花、简单粗暴转变为追求精美、特色化发展。中国拥有照明电器生产企业2万余家，全行业销售额近6 000亿元，产品出口到200余个国家和地区，出口额523亿美元。

我国照明灯具行业经过30多年的高速发展，已成为全球最大的半导体照明产品生产、消费和出口国。中国节能灯、白炽灯等光源产品产量和出口量居世界第一，灯具产品的出口达到世界灯具贸易额的三分之一。全球绝大多数知名的照明公司在中国采购产品或OEM生产，中国已经成为全球照明产品生产大国，产品遍及世界的各个角落，在全球市场的占有率已超过50%，规模优势无可撼动，领先地位无可替代。

经过多年发展，中国照明行业已经形成广东、浙江、江苏、福建和上海五大主要产区，五大产区的企业数量达到全行业企业总数的90%以上。具体来讲，有以装饰类灯具为主的广东中山古镇，以室外灯具为主的浙江余姚梁弄、江苏高邮，以生产节能灯为主的浙江临安、江苏建湖等。

（三）照明市场竞争状况分析

以下将借用波特的“五力模型”对FL公司的竞争状况进行分析。波特的“五力模型”认为主要有五种力量：行业新进入者的威胁、供应商的议价能力、购买商的议价能力、替代产品的威胁、同业竞争者的竞争强度决定企业的最终盈利能力。

根据前瞻产业研究院的分析报告，从五力竞争模型角度分析，截至2022年，我国智能照明行业存在企业多而小、竞争无序等问题，竞争较为激烈。智能照明的上游行业在我国发展迅速，工艺日趋成熟，技术水平和产品质量不断提高，产品种类齐全，市场供给充足，供应商议价能力一般；智能照明的下游行业是商业照明、办公照明、工业照明、家居照明、户外照明等终端消费市场，消费者议价能力较强。作为新型产业的智能照明，由于市场没有成型，还未形成大的消费市场，认知和普及程度远远不够，并未形成消费者刚需产品，替代品威胁较大。同时，在目前的智能家居照明市场当中，阿里、腾讯、小米、海尔等互联网、家电企业也跨界而来，开始进行照明设计和照明销售，行业潜在进入者威胁较大。

根据中国轻工业联合会评价发布的2017—2021年《中国轻工业百强企业名单》，照明行业前10强企业见表2-2。

表 2-2　中国照明电器行业前十强企业（2017—2021 年）

排名	2021	2020	2019	2018	2017
1	木林森	木林森	欧普照明	欧普照明	欧普照明
2	欧普照明	欧普照明	常州星宇车灯	浙江阳光照明	飞乐音响
3	常州星宇车灯	常州星宇车灯	浙江阳光照明	常州星宇车灯	立达信物联
4	立达信物联	立达信物联	立达信物联	香港雷士集团	浙江阳光照明
5	横店德邦照明	浙江阳光照明	横店得邦照明	立达信物联	常州星宇车灯
6	浙江阳光照明	横店德邦照明	广东三雄极光	FL 公司	横店得邦照明
7	惠州雷士光电	惠州雷士光电	FL 公司	横店得邦照明	香港雷士集团
8	FL 公司	FL 公司	浙江凯耀	浙江凯耀	FL 公司
9	浙江凯耀照明	浙江凯耀照明	厦门通士达	广东三雄极光	广东三雄极光
10	广东三雄极光	广东三雄极光	浙江生辉照明	厦门通士达	浙江凯耀

从上述行业排名来看，FL 公司作为上市公司，在行业中排名是处于前列的，排名第 6~8，在同行业中具有一定的竞争实力。

根据 2021 年前瞻产业研究院的研究，从中国 LED 照明竞争梯队来看，第一梯队为我国年销售收入在 20 亿元以上的企业，包括飞利浦、欧普照明、雷士照明、FL 公司、阳光照明等企业；第二梯队为年销售收入为 5 亿~20 亿元的企业，包括雪莱特、勤上光电等；第三梯队为年销售收入在 5 亿元以下的企业，大部分是民营企业，品牌知名度较低。

二、FL 公司的战略分析

（一）FL 公司概况

1. 股权结构

FL 照明股份有限公司（以下简称 FL 公司）成立于 1958 年。在 1992 年 10 月，经过改组，FL 公司成为股份制企业。1993 年在深圳证券交易所挂牌上市，发行社会公众股（A 股）1 930 万股。1995 年获准发行 5 000 万股 B 股。FL 公司上市以来的历次股份变动总结见表 2-3。

表 2-3　FL 公司历次股票发行与回购情况

年份	股票种类	发行价格（元/股）	发行数量（万股）	累计总股本（万股）
1993	发行 A 股	10.23	1 930	7 717.0
1994	A 股送股（10 送 5）	-	3 858.50	11 575.5

续表

年份	股票种类	发行价格（元/股）	发行数量（万股）	累计总股本（万股）
1995	A 股配股（10 配 3）	8.00	1 815.30	13 390.80
	发行 B 股	5.61	5 000	18 390.80
	内部职工股上市	4.00	1 157	18 390.80
1996	A、B 股转增股本（10 增 5）	–	9 195.41	27 586.21
2000	转配股上市	8.00	31.96	27 586.21
	A、B 股转增股本（20 增 1）	–	2 758.62	30 344.83
	A 股增发	12.65	5 500	35 844.83
2007	A、B 股转增股本（10 转 3）	–	10 753.45	46 598.28
2008	A、B 股转增股本（10 转 5）	–	23 299.14	69 897.42
2009	A、B 股转增股本（10 转 4）	–	27 958.96	97 856.38
2014	A、B 股转增股本（10 转 3）	–	29 356.91	127 213.29
2017	A、B 股转增股本（10 转 1）	–	12 721.33	139 934.62
2020	A、B 股回购	–	-3 735.15	136 199.46

注：1995 年 B 股发行以港元标价，价格为 5.61 港元。按当时汇率，5.61 港元折合 6.02 元人民币。

数据来源：FL 公司历年年度报告

2015 年 12 月，德国欧司朗公司将其持有的欧司朗佑昌有限公司 100%股权转让给广东省电子信息产业集团有限公司（以下简称电子集团），此外，电子集团及其一致行动人广晟资本、深圳广晟投资和我国香港广晟投资通过增持公司股份，合计持有本公司的股份比例为 23.144%，电子集团及其一致行动人成为公司控股股东，电子集团是广晟集团的全资子公司。2021 年 12 月，广晟集团全资子公司广晟资本、深圳广晟投资将其持有公司的 5.94%的股份通过协议转让、无偿划转的方式转让和划转至广晟集团，广晟集团及其一致行动人合计持有公司的股份比例为 30%。至 2021 年年度报告披露日，因公司回购的部分股份已被注销，广晟集团及其一致行动人合计持有公司的股份比例为 30.82%，为本公司实际控制人。

2. 主要经营业务

FL 公司的主营业务是研发、生产、销售高品质的绿色节能照明产品和机动车车灯产品、电工产品，并为客户提供整套的照明、电工解决方案和机动车车灯设计方案。公司主要产品包括 LED 照明、传统照明、机动车灯具、开关、插座等产品。公司“FL”和“FJ”品牌被认定为中国驰名商标。公司的业务集中于照明器材及灯具行业，其中，LED 产品贡献了本公司大部分的销售额。2020 年度及 2021 年度的营业收入情况见表 2-4。

公司作为传统电光源的龙头企业，追求科学管理，不断革新技术，努力为客户提供优质产品和最佳服务，其核心竞争力主要体现在以下方面：

（1）在渠道建设方面，公司一直坚持深耕细化渠道的市场策略，经过多年的发展与沉淀，公司在国内市场主要有五大销售渠道（五金流通渠道、家居渠道、电商零售渠道、工程渠道、工业照明渠道)，形成了覆盖全国的营销网络布局；在海外市场，公司积极拓展国际市场业务，产品远销北美、欧洲、东南亚、非洲、大洋洲等120多个国家及地区。

表2-4　FL公司营业收入结构（2020年与2021年）

	2021年		2020年	
	金额（亿元）	占营业收入（%）	金额（亿元）	占营业收入（%）
营业收入	47.73	100	37.45	100
分行业				
照明器材及灯具	47.73	100	37.45	100
分产品				
LED产品	29.88	62.62	28.27	75.48
传统照明产品	5.97	12.51	5.81	15.53
车灯产品	8.99	18.84	1.86	4.96
电工产品	1.23	2.57	1.06	2.82
其他业务	1.66	3.47	0.45	1.20
分地区				
国内	32.74	68.59	22.64	60.47
国外	14.99	31.41	14.81	39.53

（2）在品牌战略方面，公司深耕照明行业超过60年，“FL照明”品牌影响力和品牌价值持续提升，连续16年入选“中国500最具价值品牌”榜单，2021年本品牌价值达到228.65亿元。近年来，配合公司发展定位、产品设计、用户体验等方面的提升，公司启动品牌升级战略，围绕“专业、健康、时尚、智能”的品牌新形象进行推广和宣传，分别通过高端主流媒介平台、互联网新兴媒体、线下终端宣传加速品牌建设，实现品牌及产品传播效果最大化，形成全方位、多元化的宣传阵地，加速推动“FL照明”从行业品牌向大众品牌转变，保持“FL照明”品牌的活力与竞争力。

（3）在技术革新方面，公司是国家高新技术企业，公司检测中心拥有国家CNAS认可资质、建有“广东省工程技术开发中心”“广东省工业设计中心”“广东省企业技术中心”“光电研究院”等创新平台，荣获“国家知识产权优势企业”和“广东省知识产权示范企业”称号。公司建有“广东省博士工作站”，深入挖掘和布局LED前沿技术，强化关键技术攻关和基础研究，在光学、光谱学、电学、物联网、人工智能等众多领域形成了具有自主知识产权的技术壁垒。累计获授权有效专利922项。主导或参与制修订各级标准66项。公司积极整合内外部资源协同，与清华大学、复旦大学、中山大学等科研院所建立深入的产学研合作关系，促进了关键技术突破和科技成果转化，同时形成了畅通的研发人才培养通道。

（二）公司发展战略

该公司的发展战略进行了几次更新调整。

2017年，该公司将其发展战略为“公司将继续坚持专业化发展路径，围绕‘照明、电工、汽车照明’三大板块业务，通过大力实施‘技术高精尖化、品牌及市场国际化、生产规模化’的战略，全面提升公司的经营质量及可持续发展能力。”

2018年，其发展战略的表述略有调整，但是变化很小，只是把最后一句调整为“通过内涵式发展与外延式扩张相结合、发展速度与发展质量相结合的两结合发展思路，全面提升公司的经营质量及可持续发展能力”。

2019年，其公司战略补充了对产品、服务、创新等方面的规划，表述为“公司将继续坚持专业化发展路径，围绕‘照明、电工、汽车照明’三大板块业务，大力实施‘技术高精尖化、品牌及市场国际化、生产规模化’的战略目标，推动公司由光源产品向灯具产品转变、由中端产品向中高端产品转变、由照明单品向系统化解决方案转变、由自主研发的跟随型创新向以客户需求为中心的引领型创新转变，通过提高人工、资金、资源效能比，全面提升公司的经营质量及可持续发展能力”。

2020年，该公司调整更新了自己的发展战略，其内容为“将以技术和服务为主线，聚焦品牌和价值，紧紧围绕向‘中高端智能制造’升级，向‘提供产品及整体解决方案’转型，向‘智慧、健康、绿色的人本照明’跨越。在应用端上发力，持续向物联网生态圈和细分领域拓展，不断开发出新的应用场景和产品，持续提高公司核心竞争力，加快公司新一轮的发展”。

企业的主业投资主要表现在购建新生产线、股权投资（包括建立新企业）或与其他企业合资建立新企业，FL公司作为照明行业的传统领头企业，其主业投资也是如此。表2-5总结了2016—2021年间FL公司的主要股权投资项目。

表2-5 FL公司历年主要股权投资项目

年份	项目	金额（万元）	合作者	进展
2016	收购佛山禅昌电器（高明）有限公司30%的股权	4 050.74	无	当年已过户
2016	收购深圳市南和通讯实业有限公司32.85%的股权	18 000.00	无	当年已过户
2017	配股增持国轩高科股份有限公司3.99%的股权	14 360.43	无	当年已完成
2020	佛山皓徕特光电有限公司51%的股权	1 668.50	佛山市国星光电股份有限公司	当年已完成
2020	收购湖南科达新能源投资发展有限公司100%股权	31 162.84	广东华建企业集团有限公司	2021年1月完成过户
2021	FL（海南）科技有限公司	20 000.00	独资	当年已成立

数据来源：FL公司历年年报。

另外，在FL公司的战略中，一直坚持把技术创新作为自己的战略目标的一部分，致力于技术高精尖化。2016—2021年度该公司的研发投入情况见表2-6。

从表 2-6 可以看出，2016 年以来，该公司的研发人员数量、研发人员占比、研发投入金额以及研发投入占营业收入比例数据都呈现出现攀升的态势，但是，不足之处是多年的研发投入一直未能资本化，未能成功形成无形资产。不过，该公司在 2021 年报中披露本年度“申请专利 283 项，获得授权专利 207 项”，至于为什么没能形成研发投入的资本化金额还需要查找更多资料进一步研究。

表 2-6　FL 公司 2016—2021 年间研发投入情况

项目 \ 年份	2016	2017	2018	2019	2020	2021
研发人员数量（人）	259	540	673	632	856	1 226
研发人员占比（%）	2.78	5.86	7.29	8.38	10.81	13.20
研发投入金额（亿元）	1.100 7	1.279 8	1.395 9	1.390 5	1.612 0	2.327 1
研发投入占营业收入比例（%）	3.27	3.37	3.67	4.17	4.30	4.88
研发投入资本化金额（万元）	0.00	0.00	0.00	0.00	0.00	0.00

数据来源：FL 公司历年年报。

本章小结

1. 环境与战略分析包括基于战略的环境分析以及战略选择分析两部分内容，对于财务分析具有非常重要的意义。

2. 宏观环境分析，又称为“PEST 分析”，主要分析政治和法律因素、经济因素、社会和文化因素以及技术因素。

3. 行业环境分析主要包括企业生命周期分析以及企业竞争优势分析，企业竞争优势分析的主要方法有波特提出的“五力模型”，重点分析行业新进入者威胁、供应商的议价能力、购买商的议价能力、替代产品的威胁以及同业竞争者的竞争强度。

4. 企业战略决策可以划分为三个层次：公司战略、业务单位战略以及职能战略。不同区域、不同职能和较低级别的管理人员都应该参与战略的制定过程。

本章习题

1. 环境与战略分析对于财务分析具有什么样的意义？
2. 阐述如何进行“PEST 分析”。
3. 阐述行业生命周期各阶段中各个指标的特点。
4. 企业的总体战略主要包括哪几种类型？
5. 企业的密集型成长战略主要包括哪几种类型？
6. 企业的业务单位战略包括哪几种基本的类型？
7. 选择一家企业，按照本章的几个组成部分所提出的内容，分析该企业的环境与战略。

第三章　资产负债表分析

学习目标

1. 掌握资产负债表的基本结构。
2. 熟悉资产负债表分析的主要目标和主要内容。
3. 了解资产负债表分析的局限性。
4. 掌握资产负债表的水平分析与垂直分析方法。
5. 掌握资产负债表的主要项目的分析方法。

第一节　资产负债表分析概述

一、资产负债表的基本结构

资产负债表（the Balance Sheet，BS 或 B/S）是静态地反映企业在某一特定日期的财务状况的会计报表。所谓财务状况，即企业的资产、负债和所有者权益状况。其中，在任何时点上，资产、负债和所有者权益之间必定符合会计恒等式：资产=负债+所有者权益。

资产负债表由表头和表体两个部分组成。其中，表头一般包括表格名称、编制企业名称、资产负债表日和货币单位等要素。表体的格式在各国各不相同。比如，英式财务报告体系中把流动性最差的资产项目放在最前面，而把流动性最强的现金放在最后面。美式财务报告体系则按照流动性从强到弱的顺序来从前往后排列各个资产项目。

资产负债表一般有三种格式：报告式、账户式和财务状况式。

（一）报告式

在报告式的资产负债表中，从上到下依次列示资产、负债和所有者权益的各个项目，具体还可以分为两种格式：

1. “资产=权益”式
2. “资产-负债=所有者权益”式。

这两种具体格式总结于表 3-1。

表 3-1　报告式资产负债表的两种基本结构

“资产=权益”式	“资产-负债=所有者权益”式
资产负债表 编制单位：××企业　××××年××月××日　单位：元	资产负债表 编制单位：××企业　××××年××月××日　单位：元

续表

“资产=权益”式	“资产-负债=所有者权益”式
资产： （具体资产项目）	资产： （具体资产项目）
权益： 负债： （具体负债项目）	减：负债 （具体负债项目）
所有者权益： （具体所有者权益项目）	所有者权益 （具体所有者权益项目）

报告式资产负债表的优点是便于编制比较资产负债表，而且易于分析某些特殊项目。其缺点是资产总额和权益总额之间的恒等关系并不直观。

（二）账户式

账户式资产负债表按照T型账户的形式来设计资产负债表，将资产列在左边，将负债与所有者权益依次列在右边，左边与右边总额相等。

按照财政部2014年修订的《企业会计准则第30号——财务报表列报》及其应用指南，一般企业资产负债表基本格式就是账户式的，具体见表3-2。

表3-2 账户式资产负债表的基本格式

资产负债表

编制单位：××企业　　××××年××月××日　　单位：元

资产	期末余额	年初余额	负债和所有者权益	期末余额	年初余额
流动资产 非流动资产			流动负债 非流动负债 所有者权益		
资产总计			负债和所有者权益总计		

在这种格式的资产负债表中，资产、负债和所有者权益的各个项目的排列顺序如下；

（1）资产项目按照流动性排列，流动性越强的资产项目排在越上边，流动性越弱的资产项目排在越下边。

（2）负债项目按本金到期日排列，本金到期日越近的负债项目排在越上边，本金到期日越远的负债项目排在越下边。

（3）所有者权益项目按形成来源分类后，再按其留在企业内部的永久程度排列，留在企业内部时间越长的项目排在越上边，留在企业内部时间越短的排在越下边。

账户式资产负债表的优点是使得资产、负债和权益之间的数量关系一目了然，特别便于比较流动资产和流动负债的数额。其缺点是不便于编制比较资产负债表，特别是编制3

年以上的比较资产负债表更为不便。另外，也难以对某些特殊项目加以清晰的标注。

（三）财务状况式

在财务状况式的资产负债表种，特别把“营运资本”的数额列示出来，具体格式见表3-3。

表 3-3　财务状况式资产负债表的基本格式

资产负债表

编制单位：××企业	××××年××月××日	单位：元
流动资产		
减：流动负债		
营运资本		
加：非流动资产		
减：非流动负债		
所有者权益		

其中，营运资本又称为营运资金，是用于分析企业营运能力的重要财务指标，其计算公式：

$$营运资本=流动资产-流动负债$$

财务状况式资产负债表的优点是不仅便于编制比较资产负债表，还可以直接显示出营运资本信息，有利于快速判断企业资产的流动性和短期偿债能力。其缺点是资产、负债与所有者权益之间的恒等关系并不直观。

二、资产负债表分析的目标

资产负债表被认为是企业会计报表体系中最主要的一张会计报表，可以为企业管理层、股权投资者、债权人以及政府部门等相关利益主体提供非常重要的信息。具体来讲，资产负债表分析的主要目的如下：

（1）了解企业财务状况的变动情况及变动原因。

（2）分析和评价企业的流动性和偿债能力。

（3）评价企业的相关会计政策。

（4）评价企业会计对企业经营状况的反映程度。

（5）为了分析目的的需要，修正资产负债表的有关数据。

（6）有助于评价企业绩效，帮助企业管理层做出合理决策

三、资产负债表分析的方法

（一）水平分析法

水平分析法又称比较分析法，是指将某一个财务数据与对应的基准数据进行比较，以

评价和分析其与基准值的差距，并进一步分析产生这种差距的原因。采用水平分析法的关键在于基准数据的选择，根据分析目标的不同，可以选择的基准数据包括以下几种。

（1）本企业的历史数据。这种基准数据用于分析本企业前后不同时期有关方面的变动情况。如果是将本期数据与上期数据进行比较，称为环比；如果是将本期数据与上年同期数据进行比较，称为同比。

（2）本企业的预测目标。这种基准数据用于分析某一方面的实际数与预先设置的目标之间的差距，可以据此评价出相关部门的业绩，也可以分析产生这种差距的原因，进而在未来提高计划水平和控制水平。

（3）同行业数据。所选择的同行业数据可以是行业平均水平或行业先进水平，也可以是本企业的主要竞争对手或行业标杆企业的对应数据。据此可以评估企业在本行业中的位置，找出本企业在某些方面与行业先进水平的差距。

（二）垂直分析法

垂直分析法又称结构分析法，是指将财务报表中的某一个项目的数据作为基数或整体，然后计算出该项目各个组成部分占整体的比重（通常用百分比表示），用以了解整体结构的现状以及整体结构的变化情况，还可以用于分析本企业与其他企业在此项目结构方面的差距或不同。

某组成部分占整体的比重越大，表示该组成部分对整体的重要性越高，该部分的水平及其变动情况将是进一步分析的重点。

（三）主要项目分析

所谓主要项目分析，就是在资产负债表全面分析的基础上，对资产负债表中资产、负债和所有者权益的主要项目进行深入分析。

通过水平分析和垂直分析，已经找出了需要进一步深入分析的重点财务数据。对这些主要项目，需要进一步分析的内容主要包括该项目变动的合理性、所采用的相关会计政策以及会计估计是否存在变动以及变动的合理性。

四、资产负债表分析的局限性

（一）报表项目受会计准则确认标准的限制

会计报表主要披露能用货币计量的信息，因此资产负债表难免遗漏许多无法用货币计量的重要信息。例如企业的人力资源、营销网点、客户资源以及自创口碑的价值等，诸如此类的信息对决策都是具有影响的，然而由于无法用货币计量，所以不能作为资产进入资产负债表。

（二）计量方法的局限性

资产负债表的大部分项目是以历史成本为计量基础的，不能反映资产、负债和所有者权益的现行市场价值，因而表中信息虽然有可靠性较强的优点，但是，可能会由于通货膨胀等因素的影响，导致某些项目的账面价值和现时价值具有很大差距了。

（三）资产负债表中很多信息依赖于会计估计

资产负债表中披露的很多项目都是基于会计估计测量出来的，例如，对资产减值准备、固定资产累计折旧和无形资产累计摊销的计量，分别有赖于对资产的现行可回收净值或现值、固定资产使用年限和无形资产摊销期限等因素的估计。

（四）资产负债表的分析结论依赖于报表使用者的判断

通过分析资产负债表，可以评估和分析企业的偿债能力、营运能力和盈利能力等多个方面的表现，但是资产负债表本身并不直接披露这些信息，而要靠报表使用者自己进行判断。比如，如果一家企业的货币资金很多，在其总资产中占比很高，有些分析者会认为该企业现金充足，资产质量很高，业务盈利性好，未来发展会比较稳健；但是也会有一些分析者认为该企业货币资金过多，表明该企业找不到足够多的优良投资项目去投放资金，因而未来发展面临障碍和瓶颈。

第二节　资产负债表水平分析

一、资产负债表水平分析的基本步骤

资产负债表的水平分析主要通过编制水平分析表，揭示出资产、负债和所有者权益各个项目的总体变化情况，并分析探寻其变化的原因。主要分析步骤见图 3-1。

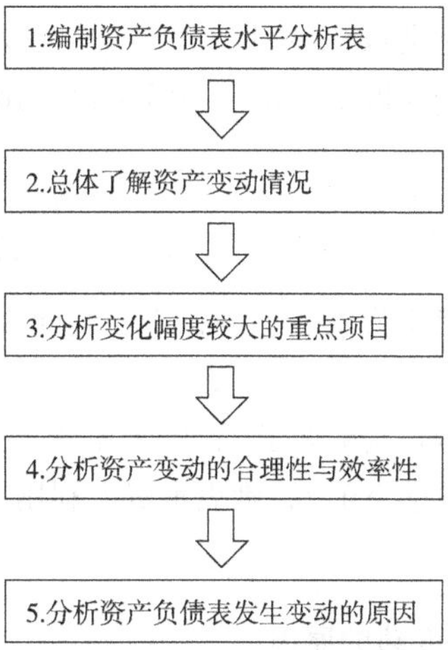

图 3-1　资产负债表水平分析的步骤

（一）编制资产负债表水平分析表

资产负债表水平分析表中，各项目变化情况的计算公式如下：

$$某项目的变动额=该项目实际数-该项目基准值$$

$$某项目变动率=\frac{该项目变动额}{该项目基准值}\times 100\%$$

其中，各项目的标准值根据分析目的的不同而不同。如果分析目的在于分析各项目的实际变动情况及其原因，则基准值应该选择各项目的上年实际数；如果分析目的在于分析资产负债表各项目的预算或计划的执行情况及其影响因素，则基准值应该选择各项目的预算数或计划数。

另外，为了揭示各项目变化对总资产或总负债的影响程度，以便于确定下一步的重点分析项目，还需要计算出各项目变动对总资产（或总负债+所有者权益）的影响程度，计算公式如下：

$$\begin{array}{c}某项目变动对总资产\\(或负债和所有者权益)的影响\end{array}=\frac{该项目变动额}{基期总资产(或负债和所有者权益)}\times 100\%$$

（二）总体了解资产变动情况

分析总资产规模的变动状况以及各类、各项资产的变动状况，揭示出资产变动的程度与主要方面。

（三）分析变化幅度较大的重点项目

选择对总资产变动影响较大（或者对负债与所有者权益总额影响最大的）的项目作为重点分析对象，分析其变化的影响以及发生变化的原因。

（四）分析资产变动的合理性与效率性

通常需要通过资产变动与营业收入变动、利润变动以及经营活动现金流变动相比较，才能对资产变动的合理性和效率性做出评价。通常可以采用的评价指标为资产边际收益率指标，其计算公式如下：

$$资产边际收益率=\frac{收益变动额}{资产变动额}$$

其中收益变动额可以采用营业收入变动额，或者利润变动额，也可以采用经营现金净流量变动额。

如果资产变动使得资产边际收益率大于1，则表示资产利用效率提高，形成资金节约；如果资产变动导致资产边际收益率小于1，则表示资产利用效率下降，可能造成资产闲置与资金浪费。

（五）分析资产负债表发生变动的原因

一般说来，导致资产负债表发生变化的原因可以概括为表3-4所示的四种基本类型。

其中，在第1种和第2种类型中，由于负债变动或投资变动而导致的资产变动与企业资产利用效率以及经营绩效没有直接关系，只是筹资活动的结果，所以，并不能给予明确的正向或负向评价；在第3种类型中，由于企业营业利润的留存而导致的资产变动，这正

表 3-4 资产负债表发生变动的四种基本类型

序号	资产变动类型	资产变动原因	评价意见
1	负债变动型	负债变动	不确定
2	投资变动型	投资人追加投资或收回投资	不确定
3	经营变动型	企业营业利润的留存	正向评价
4	股利分配变动型	股利分配	非负向评价

是企业有效地利用资产获得经营效益的表现，应该给予正向评价；在第 4 种类型中，企业把获得经营成果的一部分作为股利发放出去，导致资产数额的变动，这种情况与企业经营失败导致的资产减少在实质上并不一样，因而并不能说明企业利用资产的效率降低，不能给予负向评价，只是需要结合其他信息来做进一步的评判。

实际上，很难有一个企业资产负债表的变动与上述几种典型情况之一完全一致，但任何一个企业资产负债表的变动都可以通过以上几种类型的组合来说明。

二、FL 公司的资产负债表水平分析

（一）编制 FL 公司的 2020 年度资产负债表水平分析表

根据 FL 公司 2020 年和 2019 年年度报告数据，编制其 2020 年度资产负债表水平分析表见表 3-5。

表 3-5 FL 公司 2020 年度资产负债表水平分析表

项目	年末金额（万元）	年初金额（万元）	变动额（万元）	变动率（%）	对总资产的影响（%）
货币资金	98 125	112 546	-14 421	-12.81	-2.34
交易性金融资产	40 762	90 117	-49 355	-54.77	-7.99
应收票据	14 097	10 944	3 153	28.81	0.51
应收账款	113 423	71 218	42 205	59.26	6.83
预付款项	1 199	785	414	52.74	0.07
应收利息	0	0	0	—	0.00
应收股利	0	0	0	—	0.00
其他应收款	2 019	2 231	-212	-9.50	-0.03
应收出口退税	0	0	0	—	0.00
应收补贴款	0	0	0	—	0.00
应收保证金	0	0	0	—	0.00
内部应收款	0	0	0	—	0.00
存货	73 569	63 734	9 835	15.43	1.59

续表

项目	年末金额（万元）	年初金额（万元）	变动额（万元）	变动率（%）	对总资产的影响（%）
待摊费用	0	0	0	—	0.00
待处理流动资产损益	0	0	0	—	0.00
一年内到期的非流动资产	0	0	0	—	0.00
其他流动资产	17 509	5 250	12 259	233.50	1.99
流动资产合计	360 704	356 824	3 880	1.09	0.63
持有至到期投资	0	0	0	—	0.00
长期应收款	0	0	0	—	0.00
长期股权投资	18 137	18 109	28	0.15	0.00
其他权益工具投资	330 550	145 474	185 076	127.22	29.97
投资性房地产	0	0	0	—	0.00
固定资产原值	176 123	165 793	10 330	6.23	1.67
累计折旧	107 348	102 403	4 945	4.83	0.80
固定资产净值	68 775	63 390	5 385	8.50	0.87
固定资产减值准备	204	407	-203	-49.88	-0.03
固定资产	68 571	62 983	5 588	8.87	0.90
在建工程	50 394	11 903	38 491	323.37	6.23
工程物资	0	0	0	—	0.00
固定资产清理	0	0	0	—	0.00
生产性生物资产	0	0	0	—	0.00
无形资产	17 069	16 783	286	1.70	0.05
开发支出	0	0	0	—	0.00
商誉	0	0	0	—	0.00
长期待摊费用	1 341	773	568	73.48	0.09
股权分置流通权	0	0	0	—	0.00
递延所得税资产	4 025	3 685	340	9.23	0.06
其他非流动资产	1 142	986	156	15.82	0.03
非流动资产合计	491 230	260 696	230 534	88.43	37.33
资产总计	851 934	617 520	234 414	37.96	37.96
短期借款	0	0	0	—	0.00
交易性金融负债	0	0	0	—	0.00
应付票据	48 097	37 467	10 630	28.37	1.72

续表

项目	年末金额（万元）	年初金额（万元）	变动额（万元）	变动率（%）	对总资产的影响（%）
应付账款	105 967	55 902	50 065	89.56	8.11
预收账款	129	5 045	-4 916	-97.44	-0.80
应付职工薪酬	8 249	8 316	-67	-0.81	-0.01
应交税费	1 888	1 721	167	9.70	0.03
应付利息	0	0	0	—	0.00
应付股利	0	0	0	—	0.00
其他应交款	0	0	0	—	0.00
应付保证金	0	0	0	—	0.00
内部应付款	0	0	0	—	0.00
其他应付款	7 667	4 607	3 060	66.42	0.50
预提费用	0	0	0	—	0.00
预计流动负债	0	0	0	—	0.00
递延收益	0	0	0	—	0.00
应付短期债券	0	0	0	—	0.00
一年内到期的非流动负债	0	0	0	—	0.00
其他流动负债	550	0	550	—	0.09
流动负债合计	179 124	113 057	66 067	58.44	10.70
长期借款	0	0	0	—	0.00
应付债券	0	0	0	—	0.00
长期应付款	0	0	0	—	0.00
专项应付款	0	0	0	—	0.00
预计非流动负债	0	0	0	—	0.00
长期递延收益	0	0	0	—	0.00
递延所得税负债	41 467	13 722	27 745	202.19	4.49
其他非流动负债	124	0	124	—	0.02
非流动负债合计	41 591	13 722	27 869	203.10	4.51
负债合计	220 716	126 779	93 937	74.10	15.21
股本	139 935	139 935	0	0.00	0.00
资本公积	1 516	15 861	-14 345	-90.44	-2.32
减：库存股	0	0	0	—	0.00
其他综合收益	234 939	77 626	157 313	202.66	25.47
专项储备	0	0	0	—	0.00

续表

项目	年末金额（万元）	年初金额（万元）	变动额（万元）	变动率（%）	对总资产的影响（%）
盈余公积	74 157	83 656	-9 499	-11.35	-1.54
一般风险准备	0	0	0	—	0.00
未确定的投资损失	0	0	0	—	0.00
未分配利润	175 846	170 996	4 850	2.84	0.79
拟分配现金股利	0	0	0	—	0.00
外币报表折算差额	0	0	0	—	0.00
归属于母公司股东权益合计	626 392	488 074	138 318	28.34	22.40
少数股东权益	4 826	2 667	2 159	80.95	0.35
所有者权益合计	631 218	490 741	140 477	28.63	22.75
负债和所有者权益总计	851 934	617 520	234 414	37.96	37.96

（二）总体了解资产变动情况

通过上述资产负债表水平分析表，总体来看，2020 年 FL 公司的总资产比上年度增长了 23.44 亿元，增长率为 37.96%。总资产的增长，主要是因为非流动资产增长了 23.05 亿元，增长率 88.43%。而与此同时，流动资产仅增长了 0.39 亿元，增长率为 1.09%。

进一步的分析非流动资产的变动，可以发现，非流动资产的大幅度增长主要是由于其他权益工具投资、在建工程以及固定资产的增加的形成的。其中，最主要的是其他权益工具投资的增长，增长了 18.51 亿元，增长率达到了 127.22%。增长幅度居于第二位的是在建工程，增长了 3.85 亿元，增长率为 323.37%。

进一步的分析流动资产的变动，可以发现，流动资产的变化主要是受到货币资金、交易性金融资产、应收账款以及其他流动资产的影响。其中，货币资金减少 1.44 亿元，降低率 12.82%；交易性金融资产减少 4.94 亿元，降低率达到 54.77%；应收账款增长了 4.22 亿元，增长率达到 59.26%；其他流动资产增长了 1.23 亿元，增长率高达 233.50%。

从负债来看，2020 年该公司负债总额增长了 9.39 亿元，增长率达到 74.10%。具体来讲，流动负债增长了 6.61 亿元，增长率达到 58.44%；非流动负债增长了 2.79 亿元，增长率高达 203.10%。可见，流动负债的增长是导致负债总额增长的主要原因。导致流动负债大幅度增长的主要项目是应付账款（增长 5.00 亿元）和应付票据（增长 1.06 亿元），两项合计增长 6.06 亿元。另外，非流动负债的增长主要是由于递延所得税负债增长导致，增长金额 2.77 亿元，增长率 202.19%。

从所有者权益来看，所有者权益增长了 14.05 亿元，增长率为 28.63%，增长率小于负债的增长率。具体来讲，其他综合收益增长了 15.73 亿元（增长率 202.66%），是推动所有者权益增长的主要原因。

（三）分析变化幅度较大的重点项目

1. 资产类项目

在资产类项目中，对总资产变动影响最大的项目是其他权益工具投资，位居第一，其增长金额占基期总资产比例为29.97%；位居第二的是交易性金融资产，其减少金额占基期总资产比例为-7.99%；位居第三的是应收账款，其增长金额占基期总资产的比例为6.83%；位居第四的是在建工程，其增长金额占基期总资产比例为6.23%。变动金额占基期总资产比例超过1%的项目还有货币资金、其他流动资产和存货。

通过查询FL公司财务报表的附注，可以发现：

（1）其他权益工具投资的增长主要是因为所持有的国轩高科和厦门银行的股票期末公允价值大幅上升所致。所持有的两只股票公允价值增长合计18.59亿元，其中，国轩高科贡献11.17亿元，厦门银行贡献7.42亿元。

（2）交易性金融资产的减少主要是因为结构性存款减少了4.32亿元，其余额在2020年年底已经变为0。

（3）关于应收账款的大幅增长，附注中的解释是“部分国内客户信用额度加大和账期较长的出口业务大幅增加所致”。另外，应收账款余额大幅增长的同时，坏账损失也从2019年度的307.67万元增长到2020年度的1 584.14万元。

（4）在建工程的增长主要是因为购建佛山科联大厦所致。为了满足本公司未来办公和研发中心建设需要，FL公司在2020年12月通过100%股权收购湖南科达公司，实现了对其持有的科联大厦的购买。该大厦期初余额2.73亿元，本期账面价值增加1.75亿元。

（5）货币资金的减少主要是因为银行存款减少了1.2亿元；其他流动资产的增长主要是因为大额银行存单增长了0.90亿元；存货的增长主要是因为原材料和自制半成品增长所致，两者合计增长0.74亿元。

2. 负债类项目

在负债类项目中，对负债和所有者权益总额变动影响最大的项目是应付账款，位居第一，增长额为5.00亿元，占基期负债和所有者权益总额的比例为8.11%；位居第二的是递延所得税负债，增长额为2.77亿元，占基期负债和所有者权益总额的比例为4.49%；位居第三的是应付票据，增长额为1.06亿元，占基期负债和所有者权益总额的比例为1.72%。

通过查询FL公司财务报表的附注，可以发现：

（1）导致本年应付账款余额大幅增长的原因，主要是本公司本期加大了采购量以及材料价格上涨。另外，应付账款的账龄都在1年以内。

（2）递延所得税负债大幅增长主要是因为计入其他综合收益的金融资产公允价值变动大幅增加。其中，其他综合收益本年增长金额达到15.73亿元，主要是其他权益工具投资的公允价值增长所致。

（3）应付票据的增长是银行承兑汇票的余额增长所致。同时，本期末已到期未支付的应付票据总额为0。

3. 所有者权益类项目

在所有者权益类项目中，首先对负债和所有者权益总额变动影响最大的项目是其他综合收益，增长额 15.73 亿元，占基期负债和所有者权益总额比例为 25.47%；其次，资本公积减少额 1.43 亿元，占基期负债和所有者权益总额比例为-2.32%。

通过查询 FL 公司财务报表的附注，可以发现：

（1）其他综合收益的增长主要是其他权益工具投资的公允价值增长所致。在资产类项目的分析中已经提到，其他权益工具投资的增长主要是所持有的国轩高科和厦门银行的股票期末公允价值大幅上升所致。

（2）资本公积的较大幅度的减少主要是因为“在报告期内发生同一控制下企业合并，公司将收购湖大科达 100%股权的溢价款冲减了资本溢价”。

（四）分析资产变动的合理性与效率性

计算 FL 公司 2020 年度的资产边际收益率见表 3-6。

表 3-6　FL 公司 2020 年度的资产边际收益率

收益的代表指标 / 计算结果	营业收入	利润总额	经营现金净流量
收益变动额（单位：万元）	36 733.77	2 257.22	-11 506.15
资产边际收益率 $=\frac{收益变动额}{资产变动额}$	0.16	0.01	-0.05

分别用营业收入、利润总额和经营现金流量变动额来计算资产边际收益率，可以发现：

（1）三种方式计算的资产边际收益率都小于 1，说明该公司 2020 年度的资产利用效率下降，可能造成资产闲置或资金浪费；

（2）该公司 2020 年度资产增加，营业收入也增加，但是，经营现金净流量却减少，此时资产边际收益率小于零，说明该公司资产的运用效率比较低，资产周转缓慢，特别是应收账款的周转速度显著下降。

（五）分析资产负债表发生变动的原因

本年度该公司负债与所有者权益发生变动的主要项目是其他综合收益、应付账款和递延所得税负债，所以可以判断该公司资产负债表变动类型是负债变动型和经营变动型两种类型的综合。

但是，结合上述对资产变动合理性与效率性的分析，再考虑到其他综合收益不属于营业活动带来的收益，可以认为，该公司所采取的资产变动策略是低效率的，应该给予负向评价。

第三节　资产负债表垂直分析

一、资产负债表垂直分析的主要步骤

资产负债表的垂直分析主要通过计算资产负债表中各项目占总资产或权益总额的比重，

分析评价企业资产结构和权益结构变动的合理程度。垂直分析的主要步骤见图 3-2：

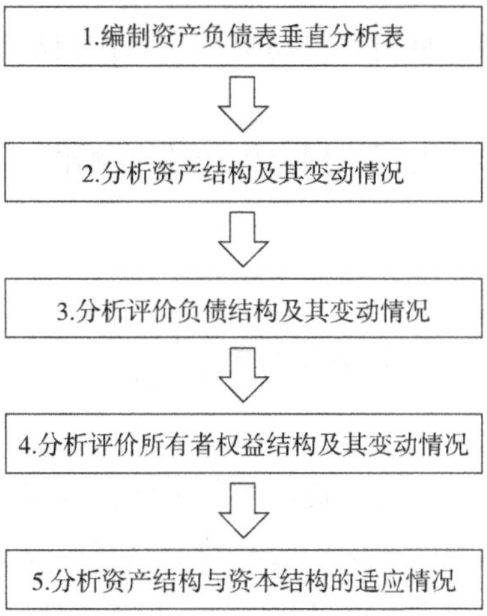

图 3-2 资产负债表垂直分析的主要步骤

（一）编制资产负债表水平分析表

在资产负债表垂直分析表中，各项目占总资产或总权益比重的算公式如下：

$$某项目比重=\frac{该项目金额}{资产总额（或债务与所有者权益总额）}\times 100\%$$

$$某项目比重的差异=该项目期末比重-该项目期初比重$$

按上述公式分别计算两个分析指标之后，一方面可以从静态角度去研究本期总资产或权益总额的实际构成情况；另一方面也可以从动态角度去研究各项目占比的变化程度或者与预算值、行业平均值的偏离程度。

（二）分析评价资产结构及其变动情况

对企业资产结构的具体评价主要包括以下几个方面。

1. 经营资产与非经营资产的比例关系

总资产按照用途可以划分为经营资产和非经营资产两大类。其中，经营资产是指用于企业自身经营的资产，如货币资金、存货、固定资产以及无形资产等。非经营资产是指没有用于企业自身经营的资产，即经营性资产之外的其他资产，如被其他企业所运用的应收账款、应收票据，以及今后将转化为费用的长期待摊费用、开发支出或递延所得税资产等。

如果经营资产占总资产的比重增加，表明企业的实际经营能力是增长的；如果资产总额增加，经营资产占总资产的比重减小，而非经营资产占总资产的比重增加，此时，虽然资产总额提高了，但是企业的实际经营能力并没有实质性增强。

2. 固定资产与流动资产的比例关系

一般情况下，企业的固定资产与流动资产之间只有保持合理的比例结构（简称固流结构），才能形成有效的生产力。否则，可能造成产能闲置或产能不足。概括来说，有三种固流结构政策可供企业选择。

（1）适中的固流结构政策。此时，固流比例保持在平均水平，企业盈利水平适中，风险程度也适中。

（2）保守的固流结构政策。此时，流动资产比例比较高，企业风险程度比较低，同时盈利水平也比较低。

（3）激进的固流结构政策。此时，固定资产的比例比较高，企业盈利水平比较高，同时风险程度也比较高。

固流比例计算公式如下：

$$固流比例=\frac{固定资产}{流动资产}$$

3. 流动资产内部结构

流动资产的内部结构是指组成流动资产的各个项目占流动资产的比重。企业需要首先选择一个比较基准，然后将流动资产结构的变动情况与比较基准相比较，以反映流动资产结构变化的合理性。一般来说，可以选择同行业平均水平或计划目标作为比较基准。

（三）分析评价负债结构及其变化情况

不同类型负债的组合方式，可以形成不同的负债结构。对负债结构的分析，可以从以下几个方面进行分析。

1. 负债期限结构

负债按照本期到期日远近可以分为流动负债和非流动负债。如果流动负债的比重上升，则表明企业短期偿债压力提高，财务风险上升，但是负债资本成本也会降低；如果流动负债比重下降，非流动负债比重上升，则表明企业短期偿债压力下降，财务风险下降，但是负债资本成本上升。

2. 负债方式结构

负债按照取得方式可以分为银行信用、商业信用、债券以及其他负债。一般来说，采用银行信用带来的财务风险高于其他负债方式，采用商业信用的方式带来的资本成本较低。

3. 负债成本结构

由于来源渠道和取得方式不同，不同负债种类带来的资本成本也不同。有些负债，比如应付账款和应付票据为代表的商业信用，其资本成本基本为0；有些负债，比如银行信用中的短期借款，资本成本高于商业信用，但是也属于比较低的水平；其他负债，比如银行信用中的长期借款以及应付债券等，则属于高成本负债。如果资本成本比较低的负债方式占总负债比重上升，则负债资本成本将降低，利息负担将得到减轻。

（四）分析评价所有者权益结构及其变化情况

所有者权益主要包括股本、资本公积、盈余公积以及未分配利润四个项目。其中，股本和资本公积属于投资资本，筹资费用比较高，因而资本成本比较高；盈余公积和未分配利润属于企业内部形成的权益资金，筹资费用比较低，因而资本成本比较低。投资资本占比上升则意味着股权资本成本上升，投资资本占比下降则意味着股权资本成本下降。

（五）分析资产结构与资本结构的适应程度

根据变现能力可以把资产分为两类：变现能力较强的资产为临时性占用流动资产，变现能力较弱的资产包括永久性占用流动资产和非流动资产。这两种资产类型在总资产中的占比形成资产结构。

根据企业使用期限长短可以把资本分为两类：企业使用期限较短的为流动负债，企业使用期限较长的为非流动负债和所有者权益。这两种资本类型在总资本中的占比形成资本结构。

概括来说，资产结构与资本结构的适应形式有以下四种类型。

1. 保守结构

在保守结构形式中，无论资产负债表左方的资产结构如何，资产负债表右方的资金全部源于长期资金，非流动负债与所有者权益的比例高低不影响这种结构形式。其形式见表3-7。

表 3-7 保守结构

<table>
<tr><th colspan="2">资产</th><th>资本</th></tr>
<tr><td rowspan="2">流动资产</td><td>临时性占用流动资产</td><td rowspan="2">非流动负债</td></tr>
<tr><td>永久性占用流动资产</td></tr>
<tr><td colspan="2">非流动资产</td><td>所有者权益</td></tr>
</table>

从表3-7可以看出，保守结构的主要标志是企业全部资产所需的资金依靠长期资本来满足。形成的结果：①企业风险极低。由于资产都源于长期资金，因此到期不能偿付债务的风险是很小的；②资金成本较高。由于长期债务和所有者权益的资本成本，一般而言要高于短期债务的资本成本，因此此种结构的资本成本较高；③筹资结构弹性较弱。由于资金来源全部是长期资本，如果企业产生资金盈余，也不能用来随时偿付债务，想要适时降低负债率并不容易，这意味着筹资结构弹性较弱。

2. 稳健结构

在稳健结构形式中，长期资产的资金需要依靠长期资本解决，短期资产的资金需要则使用长期资本和短期资金共同解决，长期资本和短期资金在满足短期资产的资金需要方面的比例不影响这一形式。其形式见表3-8。

表 3-8 稳健结构

<table>
<tr><th colspan="2">资产</th><th>权益</th></tr>
<tr><td rowspan="2">流动资产</td><td>临时性占用流动资产</td><td>流动负债</td></tr>
<tr><td>永久性占用流动资产</td><td>非流动负债</td></tr>
<tr><td colspan="2">非流动资产</td><td>所有者权益</td></tr>
</table>

从表3-8可以看出，稳健结构的主要标志是用一部分长期资本满足流动资产的资金需

要。其结果：①财务信誉优异。通过流动资产的变现足以满足偿还短期债务的需要，企业风险较小；②资本成本相对较低，具有可调性。企业可以通过调整流动负债与非流动负债的比例，使资本成本达到企业目标标准，相对于保守结构形式而言，这一形式的资本成本相对较低，并具有可调性；③资产结构和资本结构具有一定的弹性。特别是当临时性资产需要降低或消失时，可通过偿还短期债务或进行短期证券投资来调整，一旦临时性资产需要又产生时，则可以通过重新举借债务或出售短期证券来满足其需要。

3. 平衡结构

在平衡结构形式中，以流动负债满足流动资产的资金需要，以非流动负债及所有者权益满足长期资产的资金需要，非流动负债与所有者权益之间的比例不是判断这一结构形式的标志。其形式见表 3-9。

平衡结构的主要标志是流动资产的资金需要全部依靠流动负债来满足。其结果：①同样高的资产变现风险和偿债风险中和后，企业风险总体均衡；②负债结构取决于资产结构；③存在潜在的财务风险。这种结构以资金变现时间和数量与偿债时间和数量基本一致为前提，一旦两者在时间上不再同步或者再数量上出现差异，如营业收入未能按照预期时间取得现金等，则有可能使企业出现资金周转困难。

表 3-9 平衡结构

<table>
<tr><th colspan="2">资产</th><th>权益</th></tr>
<tr><td rowspan="2">流动资产</td><td>临时占用流动资产</td><td rowspan="2">流动负债</td></tr>
<tr><td>永久性占用流动资产</td></tr>
<tr><td colspan="2">非流动资产</td><td>非流动负债
所有者权益</td></tr>
</table>

4. 风险结构

在风险结构形式中，流动负债不仅用于满足流动资产的资金需要，而且还用于满足大部分长期资产的资金需要，这一结构形式不因流动负债在多大程度上满足长期资产的资金需要而改变。其形式见表 3-10。

表 3-10 风险结构

<table>
<tr><th>资产</th><th>权益</th></tr>
<tr><td>流动资产</td><td rowspan="2">流动负债</td></tr>
<tr><td rowspan="2">非流动资产</td></tr>
<tr><td>非流动负债
所有者权益</td></tr>
</table>

风险结构的主要标志是以短期资金满足部分长期资产的资金需要。其结果：①财务风险较大。流动负债与长期资产在流动性上并不对称，难以通过长期资产的变现来偿还短期

内到期的债务，而流动资产在数量上又不足以满足对流动负债的偿还，因而给企业带来沉重的偿债压力；②资本成本最低。相对于长期资本而言，流动负债的资本成本更低；③存在“黑字破产”的潜在危险。即使企业的账面利润是正的，由于企业时刻面临偿债的压力，一旦市场发生变动，或资产变现变缓，就可能引发企业资产经营风险，使企业资金周转不灵而陷入财务困境，造成企业因不能偿还到期债务而“黑字破产”。

这种形式只适用处在发展壮大时期的企业，而且只能在短期内采用。

二、FL 公司的资产负债表垂直分析

（一）编制 FL 公司的 2020 年度资产负债表垂直分析表

根据 FL 的相关资产负债表数据，编制出 FL 公司 2020 年度资产负债表垂直分析表，见表 3-11。

表 3-11　FL 公司 2020 年度资产负债表垂直分析表

项目	年末金额（万元）	年初金额（万元）	年末占比（%）	年初占比（%）	占比变动额（%）
货币资金	98 125	112 546	11.52	18.23	-6.71
交易性金融资产	40 762	90 117	4.78	14.59	-9.81
应收票据	14 097	10 944	1.65	1.77	-0.12
应收账款	113 423	71 218	13.31	11.53	1.78
预付款项	1 199	785	0.14	0.13	0.01
应收利息	0	0	0.00	0.00	0.00
应收股利	0	0	0.00	0.00	0.00
其他应收款	2 019	2 231	0.24	0.36	-0.12
应收出口退税	0	0	0.00	0.00	0.00
应收补贴款	0	0	0.00	0.00	0.00
应收保证金	0	0	0.00	0.00	0.00
内部应收款	0	0	0.00	0.00	0.00
存货	73 569	63 734	8.64	10.32	-1.69
待摊费用	0	0	0.00	0.00	0.00
待处理流动资产损益	0	0	0.00	0.00	0.00
一年内到期的非流动资产	0	0	0.00	0.00	0.00
其他流动资产	17 509	5 250	2.06	0.85	1.21
流动资产合计	360 704	356 824	42.34	57.78	-15.44
债权投资	0	0	0.00	0.00	0.00
长期应收款	0	0	0.00	0.00	0.00

续表

项目	年末金额（万元）	年初金额（万元）	年末占比（%）	年初占比（%）	占比变动额（%）
长期股权投资	18 137	18 109	2.13	2.93	-0.80
其他权益工具投资	330 550	145 474	38.80	23.56	15.24
投资性房地产	0	0	0.00	0.00	0.00
固定资产原值	176 123	165 793	20.67	26.85	-6.17
累计折旧	107 348	102 403	12.60	16.58	-3.98
固定资产净值	68 775	63 390	8.07	10.27	-2.19
固定资产减值准备	204	407	0.02	0.07	-0.05
固定资产	68 571	62 983	8.05	10.20	-2.15
在建工程	50 394	11 903	5.92	1.93	3.99
工程物资	0	0	0.00	0.00	0.00
固定资产清理	0	0	0.00	0.00	0.00
生产性生物资产	0	0	0.00	0.00	0.00
无形资产	17 069	16 783	2.00	2.72	-0.71
开发支出	0	0	0.00	0.00	0.00
商誉	0	0	0.00	0.00	0.00
长期待摊费用	1 341	773	0.16	0.13	0.03
股权分置流通权	0	0	0.00	0.00	0.00
递延所得税资产	4 025	3 685	0.47	0.60	-0.12
其他非流动资产	1 142	986	0.13	0.16	-0.03
非流动资产合计	491 230	260 696	57.66	42.22	15.44
资产总计	851 934	617 520	100.00	100.00	0.00
短期借款	0	0	0.00	0.00	0.00
交易性金融负债	0	0	0.00	0.00	0.00
应付票据	48 097	37 467	5.65	6.07	-0.42
应付账款	105 967	55 902	12.44	9.05	3.39
预收账款	129	5 045	0.02	0.82	-0.80
应付职工薪酬	8 249	8 316	0.97	1.35	-0.38
应交税费	1 888	1 721	0.22	0.28	-0.06
应付利息	0	0	0.00	0.00	0.00
应付股利	0	0	0.00	0.00	0.00
其他应交款	0	0	0.00	0.00	0.00
应付保证金	0	0	0.00	0.00	0.00

续表

项目	年末金额（万元）	年初金额（万元）	年末占比（%）	年初占比（%）	占比变动额（%）
内部应付款	0	0	0.00	0.00	0.00
其他应付款	7 667	4 607	0.90	0.75	0.15
预提费用	0	0	0.00	0.00	0.00
预计流动负债	0	0	0.00	0.00	0.00
递延收益	0	0	0.00	0.00	0.00
应付短期债券	0	0	0.00	0.00	0.00
一年内到期的非流动负债	0	0	0.00	0.00	0.00
其他流动负债	550	0	0.06	0.00	0.06
流动负债合计	179 124	113 057	21.03	18.31	2.72
长期借款	0	0	0.00	0.00	0.00
应付债券	0	0	0.00	0.00	0.00
长期应付款	0	0	0.00	0.00	0.00
专项应付款	0	0	0.00	0.00	0.00
预计非流动负债	0	0	0.00	0.00	0.00
长期递延收益	0	0	0.00	0.00	0.00
递延所得税负债	41 467	13 722	4.87	2.22	2.65
其他非流动负债	124	0	0.01	0.00	0.01
非流动负债合计	41 591	13 722	4.88	2.22	2.66
负债合计	220 716	126 779	25.91	20.53	5.38
股本	139 935	139 935	16.43	22.66	-6.24
资本公积	1 516	15 861	0.18	2.57	-2.39
减：库存股	0	0	0.00	0.00	0.00
其他综合收益	234 939	77 626	27.58	12.57	15.01
专项储备	0	0	0.00	0.00	0.00
盈余公积	74 157	83 656	8.70	13.55	-4.84
一般风险准备	0	0	0.00	0.00	0.00
未确定的投资损失	0	0	0.00	0.00	0.00
未分配利润	175 846	170 996	20.64	27.69	-7.05
拟分配现金股利	0	0	0.00	0.00	0.00
外币报表折算差额	0	0	0.00	0.00	0.00
归属于母公司股东权益合计	626 392	488 074	73.53	79.04	-5.51
少数股东权益	4 826	2 667	0.57	0.43	0.13
所有者权益合计	631 218	490 741	74.09	79.47	-5.38
负债和所有者权益总计	851 934	617 520	100.00	100.00	0.00

注：1. 本表忽略了少数几个金额历年为0的项目。

2. 本表采用2019年报中各个项目的年末金额作为2020年年初金额，没有考虑在2020年度由于会计法规变动而对相关项目年初金额的调整。

观察表 3-11 可以发现，其他权益工具投资占总资产的比例是各项目中最大的，在 2020 年年末占比达到了 38.80%。在 2020 年年末，占比超过 10%的资产项目还有货币资金、应收账款，负债项目有应付账款，所有者权益项目有股本、其他综合收益和未分配利润。

（二）分析评价资产结构及其变动情况

1. 经营资产与非经营资产的比例关系

计算 FL 公司 2020 年与上一年度经营资产与非经营资产比例关系，见表 3-12。

表 3-12　FL 公司 2020 年度经营资产与非经营资产比例关系分析

项目	年末金额（万元）	年初金额（万元）	年末占比（%）	年初占比（%）	占比变动额（%）
经营资产：					
货币资金	98 125	112 546	11.52	18.23	-6.71
存货	73 569	63 734	8.64	10.32	-1.69
固定资产	68 571	62 983	8.05	10.20	-2.15
在建工程	50 394	11 903	5.92	1.93	3.99
无形资产	17 069	16 783	2.00	2.72	-0.71
经营资产合计	307 728	267 949	36.12	43.39	-7.27
非经营资产					
交易性金融资产	40 762	90 117	4.78	14.59	-9.81
应收票据	14 097	10 944	1.65	1.77	-0.12
应收账款	113 423	71 218	13.31	11.53	1.78
预付款项	1 199	785	0.14	0.13	0.01
其他应收款	2 019	2 231	0.24	0.36	-0.12
其他流动资产	17 509	5 250	2.06	0.85	1.21
长期股权投资	18 137	18 109	2.13	2.93	-0.80
其他权益工具投资	330 550	145 474	38.80	23.56	15.24
投资性房地产	0	0	0.00	0.00	0.00
商誉	0	0	0.00	0.00	0.00
长期待摊费用	1 341	773	0.16	0.13	0.03
递延所得税资产	4 025	3 685	0.47	0.60	-0.12
其他非流动资产	1 142	986	0.13	0.16	-0.03
非经营资产合计	544 204	349 572	63.88	56.61	7.27
资产总计	851 934	617 520	100.00	100.00	0.00

通过表 3-12 可以发现，本年度该公司资产总额增加，但是经营资产占总资产的比重从 43.39%降低为 36.12%，而相应的非经营资产占总资产的比重则相应增加，这表明，虽然企业的总资产增加了，但是其实际经营能力并没有实质性增强。

2. 固定资产与流动资产的比例关系

收集相关公司的资产负债表数据，计算 2020 年度 FL 公司及其他三家对比公司的固流比例见表 3-13 和表 3-14。

表 3-13　FL 公司 2020 年度固流比例分析

项目	年末金额（万元）	年初金额（万元）	年末固流比例	年初固流比例	固流比例变动
流动资产合计	360704	356824	0.33	0.21	0.12
固定资产					
固定资产	68571	62983			
在建工程	50394	11903			
工程物资	0	0			
固定资产合计	118965	74886			

注：本表中的固定资产金额为资产负债表中固定资产、在建工程和工程物资的合计数。

表 3-14　FL 公司与三家对比公司 2020 年年末的固流比例对比

公司名称 指标	FL 公司	阳光照明	欧普照明	雪莱特	四家公司平均值
年末固流比例	0.33	0.26	0.14	0.25	0.245
年初固流比例	0.21	0.30	0.17	0.34	0.255
变动	0.12	-0.03	-0.03	-0.09	-0.01

通过表 3-14 的计算结果可以发现，2020 年度，在其他三家公司的固流比例都发生下降的情况下，FL 公司的固流比例却发生了较大幅度的提高，其年末固流比例达到 0.33，为所有四家公司中的最高值，也比四家公司平均值高出很多。这种情况意味着 FL 公司的盈利能力会相对较强，但是风险水平会相对较高。

3. 流动资产内部结构

通过分析流动资产内部各个项目的占比，可以判断分析流动资产的流动性水平和结构合理性。我们以货币资金为例进行分析。货币资金占流动资产比重的计算公式为

$$货币资金占比=\frac{货币资金}{流动资产}$$

计算 FL 公司与三家对比公司的货币资金占比见表 3-15。

表 3-15　FL 公司与三家对比公司 2020 年年末的货币资金占流动资产比重分析

公司名称 指标	FL 公司	阳光照明	欧普照明	雪莱特	四家公司平均值
年末货币资金占比	0.27	0.56	0.04	0.16	0.258
年初货币资金占比	0.32	0.48	0.05	0.13	0.245
变动	-0.05	0.08	-0.01	0.03	0.013

从上述计算结果来看，不论是 2019 年年末还是 2020 年年末，阳光照明的货币资金占比是非常高的，而且还具有逐渐升高的趋势。另外，在这四家公司中，FL 公司的货币资金

占比也是比较高的，这意味着该公司流动资产具有比较高的流动性，该公司具有比较高的偿债能力和支付能力，同时，其资产盈利能力比较低。

（三）分析评价负债结构及其变动情况

不同类型负债之间的组合方式，可以形成不同的负债结构。对负债结构的分析，可以从以下几个方面进行分析。

1. 负债期限结构分析

分析负债期限结构的主要指标为流动负债占比，计算公式为

$$流动负债占比=\frac{流动负债}{负债总额}$$

一般说来，流动负债占比比较大的时候，企业短期内的偿债压力就比较大，但是，债务利息成本会比较低一些。计算 FL 公司与三家对比公司 2020 年度的流动负债占比见表 3-16。

表 3-16　2020 年度 FL 公司与三家对比公司的负债期限结构对比分析

指标 \ 公司名称	FL 公司	阳光照明	欧普照明	雪莱特	四家公司平均值
期末流动负债占比	0.81	0.84	0.99	0.84	0.87
期初流动负债占比	0.89	0.82	0.99	0.86	0.89
变动	+0.08	-0.02	0	+0.02	+0.02

根据表 3-16 的计算结果，可以发现照明行业的这几家代表公司的流动负债占比都很高，而且两年数据变化也很小，这意味着，短期偿债压力都比较高，债务的利息成本比较低。FL 公司的流动负债占比在其中居于平均水平，可以判断该公司承担的短期偿债压力以及债务利息成本并没有特别突出的问题。不过，欧普照明的流动负债占比高达 0.99，存在过于依赖流动负债的问题，承担的短期偿债压力可能比较大，但是明确的结论需要通过进一步具体分析其负债和资产项目才能得出。

2. 负债方式结构分析

企业可以选择通过商业信用、银行借款、发行债券以及融资租赁等方式获取负债资金。其中，银行借款是企业传统的债务融资方式。对于经营良好的企业，拥有适度的银行借款是正常的，而且，可以表明企业的信用资质经过了银行风控委员会的审核，资质是良好的。但是，银行借款的偿还刚性较高，因而过高的银行借款将会带来较高的偿债压力。

在对企业负债方式结构进行分析时，分析的主要指标就是银行信用占总负债比重。银行信用占比的计算公式如下：

$$银行信用占比=\frac{短期借款+长期借款}{负债总额}$$

计算 FL 公司与三家对比公司 2020 年度的银行信用占比见表 3-17。

表 3-17 2020 年度 FL 公司与三家对比公司的银行信用占比分析

指标 \ 公司名称	FL 公司	阳光照明	欧普照明	雪莱特	四家公司平均值
期末银行信用占比	0.00	0.09	0.09	0.46	0.16
期初银行信用占比	0.00	0.11	0.08	0.39	0.15
变动	0	-0.02	0.01	0.07	0.01

根据表 3-17 计算结果，可以发现 FL 公司的银行信用一直为 0，而该指标在 2019 年和 2020 年的行业四家代表企业的平均值分别为 0.15 和 0.16，这意味着，FL 公司没有得到银行信用的支持，没能充分利用银行信用资金，同时，也表明 FL 公司对银行贷款的偿债风险是非常低的。另外，雪莱特的银行信用占比在 2020 年年初达到 39%，到 2020 年年末提高到 46%，这个水平远高于四家公司平均值，所以，其偿债风险值得警惕和进一步分析。

3. 负债成本结构

负债成本结构分析主要分析各种不同成本的负债方式占总负债的比重，进而分析公司负债的资本成本水平高低。企业低成本负债方式主要包括应付账款和应付票据等商业信用负债，构造计算低成本负债占比的公式为

$$低成本负债占比=\frac{应付账款+应付票据}{负债总额}$$

计算 FL 公司与三家对比公司 2020 年度的低成本负债占比见表 3-18。

表 3-18 2020 年度 FL 公司与三家对比公司的低成本负债占比分析

指标 \ 公司名称	FL 公司	阳光照明	欧普照明	雪莱特	四家公司平均值
期末低成本负债占比	0.70	0.56	0.41	0.13	0.45
期初低成本负债占比	0.74	0.58	0.43	0.21	0.49
变动	-0.04	-0.02	-0.02	-0.08	-0.04

根据表 3-18 计算结果，可以发现 FL 公司的低成本负债占比达到 70%以上，远高于行业平均值，在四家企业中也是最高的，因此可以认为 FL 公司的负债成本比较低，利息负担比较轻。另外，雪莱特的低成本负债占比过低，需要进一步分析其原因，并采取措施降低负债成本。

（四）分析评价所有者权益结构及其变化情况

在所有者权益的各个项目中，股本和资本公积属于投资资本，筹资费用比较高，因而资本成本比较高；盈余公积和未分配利润属于内部形成权益资金，筹资费用比较低，因而资本成本比较低。构造投资资本占比指标，计算公式如下：

$$投资资本占比=\frac{股本+资本公积}{所有者权益总额}$$

计算 FL 公司与三家对比公司 2020 年度的投资资本占比见表 3-19。

表 3-19　2020 年度 FL 公司与三家对比公司的投资资本占比分析

指标＼公司名称	FL 公司	阳光照明	欧普照明	雪莱特	四家公司平均值
期末投资资本占比	0. 22	0. 40	0. 28	-38. 22	—
期初投资资本占比	0. 32	0. 43	0. 33	-7. 11	—
变动	-0. 10	-0. 03	-0. 05	—	—

根据表 3-19 计算结果，雪莱特公司的所有者权益为负值，不适合计算投资资本占比，可以视为异常情形，不予考虑。

与其他两家公司相比，2020 年年末 FL 公司的投资资本占比比较低，而且比 2020 年年初下降了 0. 1，这说明 FL 公司的股权资本成本比较低，而且 2020 年比 2019 年进一步下降。投资资本占比下降的原因需要进一步探寻。

（五）分析资产结构与资本结构的适应程度

可以通过流动比率来分析资产结构与资本结构的适应程度。流动比率的指标主要用来分析短期偿债能力，将在第七章中进行详细讨论，本节只讨论通过流动比率来分析资产结构与资本结构的适应程度。流动比率的计算公式如下：

$$流动比率=\frac{流动资产}{流动负债}$$

计算 FL 公司与三家对比公司在 2020 年年末与 2020 年年初的流动比率见表 3-20。

表 3-20　FL 公司与三家对比公司的流动比率分析

指标＼公司名称	FL 公司	阳光照明	欧普照明	雪莱特	四家公司平均值
期末流动比率	2. 01	2. 21	2. 02	0. 41	1. 66
期初流动比率	3. 16	2. 12	2. 05	0. 45	1. 94
变动	-1. 15	0. 09	-0. 03	-0. 04	-0. 28

通过上述计算结果，可以发现 FL 公司的流动比率大于 2，与阳光照明和欧普照明的情况相差不多。一方面，表明这三家公司的流动资产是流动负债的两倍以上，短期偿债能力是充足的，财务信誉较好。另一方面，这三家公司的流动负债不足以为其流动资产提供全部资金，还需要使用一部分长期资本为流动资产提供资金，这表明三家公司在资产结构与资本机构的适应形式方面采用了稳健结构。这种结构对应的偿债风险较低，但是资本成本较高。

第四节 资产负债表项目分析

一、主要资产项目分析

在资产负债表中，需要重点分析的项目主要有货币资金、应收款项、存货、对外长期投资、固定资产与在建工程以及无形资产等。

（一）货币资金

货币资金主要由会计核算中的现金、银行存款以及其他货币资金三个具体科目汇总而成，其优点是流动性最强，其缺点是获利能力最弱。所以，总体来讲，企业持有的货币资金必须与自己的经营规模和财务政策相适应，持有量不能过低，也不能过高。

对货币资金的分析主要包括以下几个方面：

1. 分析货币资金的规模及其占总资产比重是否合理

这项分析属于静态分析，所需要考虑的因素有资产规模、业务规模、企业融资能力、企业运用货币资金的能力以及企业所处的行业特点。其中，资产与业务规模越大，会导致货币资金规模越大；企业运用货币资金的能力越高或者企业融资能力越高，都将导致货币资金规模越小；如果行业平均货币资金持有规模比较大，则企业货币资金规模也会比较大。

2. 分析货币资金规模及其占总资产比重的变动是否合理

这项分析属于动态分析，所需要考虑的因素有资产与业务规模变动、信用政策变动、近期是否有大笔现金支出、资金调度以及近期的筹资活动等。其中，资产与业务规模、信用政策中现销比例以及资金调度中短期证券投资变现的变动都会导致货币资金规模同向变动，另外，近期如果将有大笔现金支出（比如支付利息、支付股利或者或有负债）或近期的筹资金额尚未动用则将会导致货币资金规模的显著增加。

3. 分析货币资金的构成质量

企业的货币资金由本币和外币两种存在方式，其中，如果外币的比例比较高，则外币汇率的变动将导致货币资金整体实际购买力的变动。

关于2020年年末FL公司的货币资金规模及其占总资产的比例，在前边已经分析过，下边分析一下货币资金的构成情况。检索FL公司2020年度报告附注，可以找到一些相关数据见表3-21。

表3-21 FL公司2020年度货币资金构成分析 单位：元

项目	期末余额	期初余额
库存现金	14 800.25	18 281.85
银行存款	883 112 636.02	1 054 542 895.77
其他货币资金	96 541 013.22	70 079 965.12
未收到的利息	1 581 250.00	6 664 378.35

续表

项目	期末余额	期初余额
合计	981 249 699.49	1 131 305 521.09
其中：存放在境外的款项总额	1 127 886.79	1 232 977.34
美元	1 921 982.18	1 725 493.87
欧元	155 787.00	456 386.12

注：本表中，2020年年初的货币资金总额与表3-5、表3-11和表3-12中的数据不一致，这是因为FL公司在2020年度根据新的相关会计准则对报表期初数进行了调整所致。这种调整不影响对相关财务分析原理的阐述，而且此次调整增幅为0.5%，影响比较小。

从货币资金规模来看，与年初相比，FL公司2020年年末货币资金余额减少了1.5亿元，根据报表附注解释，主要原因是2020年度以3.12亿元的总价收购湖南科达新能源投资发展有限公司100%股权。不过，从表3-15四家公司的对比分析来看，FL公司的货币资金并没有因此出现严重不足的情况。

从货币资金的构成来看，FL公司的货币资金以银行存款为主，2020年年末和年初银行存款占比分别为91.48%和93.21%。另外，外币资金的币种有美元和欧元，但是其金额都很少，两种币种金额合计仅占货币资金总额的0.2%，这表明FL公司的货币资金受外币汇率变动的影响很小。

（二）应收款项

应收款项主要包括应收账款、应收票据、预付账款和其他应收款等。由于存在坏账的可能性，因此，应收款项注定要以低于账面的价值量进行收回；应收票据不能收回时转为应收账款，预付账款不能收回时转为其他应收款，因此对应收款项的分析，主要就是对应收账款和其他应收款的分析。

我国会计准则规定，应该对企业的应收账款和其他应收款计提坏账准备，并在附注中披露企业债权的账龄结构。坏账准备尽管一定程度上可以反映债权的贬值程度，但是企业计提坏账准备的方法主要是应收账款余额百分比法和销售收入百分比法。受各种因素的制约，这些坏账计提方法并不能真实反映债权的贬值程度，因为这些方法忽略了决定债权质量的首要方面：特定欠款人的偿还能力。因此，在对应收款项质量进行分析时，仅仅靠披露坏账准备的数字是不够的，还要结合欠款人情况进一步分析。

1. 决定应收账款规模的主要因素

（1）分析企业销售规模变动对应收账款的影响。

（2）分析企业信用政策、收账政策变动对应收账款的影响。

（3）分析企业会计政策、会计估计对应收账款的影响。如确认收入政策的变化，应收账款的入账政策。

（4）企业的经营方式及所处行业的特点。一般来讲，商业零售企业应收款项比较少，工业企业则比较多。

（5）分析企业是否利用应收账款进行利润调节，并关注企业是否有应收账款巨额冲销行为。

2. 应收款项的质量分析

应收账款的质量，是指该项非货币资产转化为货币的质量。具体的分析要点如下：

（1）对应收款项的账龄进行分析，比如是否过信用期，超过多长时间等。

（2）对欠款人的构成进行分析，比如欠款人所处的环境、欠款人的所有制构成、欠款人是否是关联方以及欠款人是否稳定等。

（3）分析应收款项的周转质量。一般可采用应收账款周转率指标来衡量周转质量，如果周转率比较高，则说明应收账款周转质量较好；但是如果应收账款周转率过快，则可能会影响公司的销售，进而影响企业的存货周转速度。

（4）在坏账准备分析时，也要注意分析会计政策变更的影响。比如坏账准备的计提方法、提取比例；坏账准备计提方法、比例的变更以及提取数变动的原因。

3. 其他应收款的质量分析

对其他应收款的分析，主要分析其他应收款的规模及变动情况、其他应收款包括的内容、关联方其他应收款余额及账龄、是否存在违规拆借资金以及分析会计政策变更对其他应收款的影响。

【例 3.1】对 FL 公司 2020 年度的应收款项进行分析。

检索 FL 公司财务报表附注的相关信息，编制 2020 年度的应收款项构成分析表，见表 3-22。

表 3-22　FL 公司 2020 年度应收款项构成分析　　单位：元

项目	期末余额	期初余额
应收票据	140 972 143. 00	109 444 480. 94
应收账款	1 134 233 235. 70	712 175 266. 51
预付账款	11 994 745. 05	7 851 390. 78
其他应收款	20 194 968. 19	24 268 554. 00
合计	1 307 395 091. 94	853 739 692. 23

根据表 3-22 的数据，可以计算出各项应收款项的占比。其中，占比最大的是应收账款，在年末和年初分别占到 86. 75%和 83. 42%。另外，结合营业收入数据可以发现，应收账款余额占营业收入比例，从 2019 年年底的 21. 34%，提高到 2020 年年底的 30. 29%，说明该公司应收账款占用资金的水平有所增加，需要分析其中的原因，并采取相应的应对措施。

为了进一步分析，编制 FL 公司 2020 年和 2019 年度的应收账款账龄分析表，见表 3-23。

表 3-23　FL 公司 2020 年与 2019 年应收账款账龄分析表

金额与占比 / 账龄	2020 年		2019 年	
	账面余额（元）	占比（%）	账面余额（元）	占比（%）
1 年以内（含 1 年）	1 097 460 394. 68	91. 41	663 779 904. 80	86. 86

续表

账龄 \ 金额与占比	2020年		2019年	
	账面余额（元）	占比（%）	账面余额（元）	占比（%）
1—2年	44 704 753. 46	3. 72	58 181 262. 60	7. 61
2—3年	32 964 657. 02	2. 75	22 204 210. 61	2. 91
3年以上	25 470 044. 72	2. 12	19 992 991. 25	2. 62
合计	1 200 599 849. 88	100. 00	764 158 369. 26	100. 00

注：本表中的应收账款数据为账面总额，没有扣减坏账准备。

从表3-23中显示的应收账款账龄情况来看，2020年度账龄在1年及以内的应收账款占比为91. 41%，比2019年的86. 86%有所提升，表明该公司的应收账款质量可能有所提升，坏账风险可能有所降低（见表3-23）。为了进一步为应收账款质量评价提供信息，还需要对欠款人情况进行分析。检索2020年报附注，可以选取相关信息编制出应收账款前五名欠款人分析表，见表3-24。

表3-24　FL公司2020年与2019年应收账款前五名欠款人分析表

单位名称	2020年		2019年	
	占应收账款期末余额的比例（%）	坏账准备期末余额（元）	占应收账款期末余额的比例（%）	坏账准备期末余额（元）
第一名	22. 24	8 009 269. 29	13. 79	3 161 742. 85
第二名	2. 48	892 216. 76	4. 85	1 110 809. 90
第三名	2. 30	828 184. 53	2. 66	610 615. 58
第四名	2. 26	813 213. 81	2. 51	576 512. 12
第五名	2. 05	736 893. 97	2. 34	1 330 554. 10
合计	31. 33		26. 15	

通过表3-24可以发现，2020年度前五名欠款人欠款合计占比为31. 33%，比2019年的26. 15%有所提高。2020年度第一名欠款人对应的欠款占比为22. 24%，比2019年度的13. 79%有明显上升，而且对应的坏账准备余额也有比较大幅度的提高，这说明2020年度应收账款的欠款人集中度有所提高，而且欠款人偿债能力有所下降，这些都是应收账款质量下降的信号。

对于应收票据、预付账款和其他应收款，可以按照与应收账款分析同样的方法进行分析。

（三）存货

存货是企业最重要的流动资产之一，通常占流动资产一半以上。存货核算的准确性对资产负债表和利润表有较大的影响。存货分析包括存货构成分析和变动情况分析。

1. 存货构成

按性质分类，企业存货可以分为原材料存货、在产品存货和库存商品存货。存货构成分析既包括各类存货规模与变动情况分析，也包括各类存货结构与变动情况分析。

（1）存货规模与变动情况分析。一般而言，随着企业销售收入的增加，企业原材料存货和在产品会随之增加，如果这两种存货发生非正常减少，很可能会对企业今后生产的连续性产生负面影响；对于库存商品存货，其进一步可塑性较差，所以应该越少越好。

（2）存货结构与变动情况分析。一般来说，原材料存货、在产品存货与库存商品存货三者之间比例应该保持相对稳定。

2. 存货的计价

存货的计价分析主要包括：①存货计价方法是否合理；②存货的盘存制度对存货数量和价值的影响；③期末存货价值的计价原则对存货项目的影响。

3. 存货质量分析

对于存货质量的分析，主要应当关注存货的增值能力、变现能力以及其物理质量状况。具体如下：

（1）对存货的毛利率的走势进行分析。

（2）对存货的周转以及积压情况进行分析。

（3）存货的物理质量进行分析。存货的物理质量分析主要分析存货自然质量，即存货的自然状态。另外，还需要对存货的品种构成进行分析，比如企业存货多元化程度、现有存货的盈利能力、不同存货的周转状况以及现有存货的市场发展前景等。

（4）存货的时效状况分析。对于利用价值和变现价值等随时间变化而发生显著变化的存货，应该进行时效状况分析。

（5）对存货跌价准备处理的恰当性进行分析，比如存货成本与市价孰低规则运用是否适当。

【例 3.2】对 FL 公司 2020 年度的存货进行分析。

检索 FL 公司财务报表附注的相关信息，编制 2020 年度的存货构成分析表，见表 3-25。

表 3-25　FL 公司 2020 年度的存货构成分析表

存货项目	2020 年年末		2020 年年初	
	账面价值（万元）	占存货比重（%）	账面价值（万元）	占存货比重（%）
原材料	17433.24	23.70	12240.03	19.20
在产品	4096.93	5.57	3286.15	5.16
库存商品	37320.17	50.73	35554.52	55.79
自制半成品	14494.69	19.70	12339.95	19.36
低值易耗品	223.49	0.30	313	0.49
合计	73568.51	100.00	63733.66	100.00

通过表3-25可以发现，对比FL公司2020年年末和年初，原材料、在产品和库存商品等三种存货之间的比例保持了良好的稳定性，其中，库存商品的占比略有下降，这表明该公司的生产连续性能够得到很好的保障，而且存货的结构质量在2020年度得到了改善。

进一步分析存货的跌价准备、存货周转和毛利率情况，见表3-26。

通过表3-26可以发现，一方面FL公司的存货跌价准备余额占存货账面余额的比例在2020年得到了降低，表明存货保值性得到了提高；另一方面，在存货的周转率略有提高的情况下，毛利率却出现了明显的下降，这表明，虽然存货的运营效率得到了提升，但是产品获利能力出现了下降。考虑到阳光照明、欧普照明以及雪莱特三家公司在2020年度的毛利率都在30%以上，可以进一步印证FL公司的产品市场竞争力较弱。

表3-26　FL公司2020年存货跌价准备、存货周转和毛利率分析表

项目	2020年	2019年
期末存货账面余额（万元）	75 359.32	66 675.71
期末存货跌价准备余额（万元）	1 790.81	2 942.06
当年营业成本（万元）	299 627.39	256 051.31
存货跌价准备余额/存货账面余额（%）	2.38	4.41
期末存货账面价值/营业成本（%）	24.55	24.89
毛利率（%）	19.99	23.28

注：1. 期末存货账面价值=期末存货账面余额-期末存货跌价准备余额；

2. 通过分析期末存货账面价值与营业成本的比值，可以判断本期的存货周转率，该比值越小，表示本期存货周转率越高。

（四）对外长期投资

对外长期投资是企业通过对外投资而持有的不准备随时变现、持有期超过一年以上的股权和债权。对于一般工商企业而言，对外长期投资主要包括债权投资、其他债权投资、长期应收款、长期股权投资以及其他权益工具投资等。

与对外短期投资相比，对外长期投资一般占用的资金较多，获利和变现的周期比较长，风险比较大，可能会对公司的业绩和长期发展带来重大的影响。

1. 对外长期股权类投资分析

（1）对外长期股权类投资的构成分析。主要分析长期股权类投资的方向、投资规模、持股比例等。

（2）对外长期股权类投资的质量分析。主要分析企业近年从该投资的获利情况、被投资对象的经营状况、经营效益以及经营风险等。

2. 对外长期债权类投资分析

（1）对外长期债权类投资的构成分析。主要分析不同账龄债权类投资的构成比例。一般来说，对于超过合同约定偿还期的债券投资，逾期时间越长，其可回收性越差，财务风险越高。

（2）对外长期债权类投资的质量分析。主要通过分析债务人的股权结构、负债情况、经营绩效以及前景预期等因素来综合判断债务人的偿债能力。

【例 3.3】对 FL 公司 2020 年度的对外长期投资进行分析。

检索 FL 公司 2020 年度报告的相关数据，编制对外长期投资分析表，见表 3-27。

表 3-27　FL 公司 2020 年与 2019 年对外长期投资分析表

项目	2020 年年末		2019 年年末	
	金额（万元）	占总资产比重（%）	金额（万元）	占总资产比重（%）
债权投资	0	0.00	0	0.00
其他债权投资	0	0.00	0	0.00
长期应收款	0	0.00	0	0.00
长期股权投资	18 136.50	2.13	18 109.37	2.93
其他权益工具投资	330 550.10	38.80	145 474.02	23.56

通过表 3-27 可以发现，FL 公司的对外长期投资主要是长期股权投资和其他权益工具投资，而对债权类投资和长期应收款的投资金额都为 0。需要注意的是，该公司的其他权益工具投资金额特别大，达到 33.06 亿元，占到企业总资产的 38.80%（占非流动资产的比重为 67.29%），加上长期股权投资之后，这个比例将达到 40.93%。进一步对比分析可以发现，2020 年年末，阳光照明、欧普照明的这个比例分别只有 1.35% 和 4.39%。这意味着该公司把过多的资金投放到企业外部，企业自身持有的经营性长期资产则比较少，在主业产品的市场竞争力上缺乏可持续竞争优势。

（五）固定资产与在建工程

固定资产是指使用寿命超过一个会计年度，为企业生产产品、提供劳务、出租或经营管理而持有的，单位价值比较高的有形资产。固定资产反映企业生产经营的技术水平和生产能力，在企业生产经营过程中发挥重要作用，投资金额比较大，投资风险也比较大。

在建工程是指企业固定资产的新建、改建、扩建，或技术改造、设备更新和大修理工程等尚未完工的工程支出以及工程物资。在建工程不属于固定资产，其在进行竣工结算并达到可使用状态之后将转入固定资产。

1. 固定资产规模及变动情况分析

固定资产由于投资投入、自行购建、租入、盘盈等原因增加，由于投资投出、出售、租出以及盘亏等原因减少。具体评价结论需要结合行业特征和企业经营战略等情况得出。用于本部分分析指标主要有固定资产增长率、固定资产占总资产比重以及固定资产与营业收入比值等，这三个指标的计算公式如下。

$$固定资产增长率=\frac{固定资产增加额}{基期固定资产总额}\times 100\%$$

$$固定资产占总资产比重=\frac{固定资产}{总资产}\times100\%$$

$$固定资产与营业收入比值=\frac{固定资产}{营业收入}\times100\%$$

其中，固定资产与营业收入比值可以反映公司对固定资产的使用效率，该比值越低，表示固定资产使用效率越高。

2. 固定资产结构分析

固定资产结构分析，主要包括以下三个方面：

（1）生产用固定资产与非生产用固定资产之间的比例及其变化情况。

（2）未使用和不需用固定资产比率的变化情况。

（3）生产用固定资产内部结构是否合理。

一般而言，生产用固定资产所占比重越大，说明企业固定资产的质量越高。

3. 在建工程分析

对于在建工程的分析，主要包括以下三个方面：

（1）在建工程的规模。在建工程的规模应该与企业的未来发展趋势相协调。一般来说，当企业的营业收入呈现明显的增长趋势时，则应该增加在建工程的规模。

（2）在建工程的结构。一般来说，在建工程中，计划转化成生产用固定资产的在建工程占比应该要大一些。

（3）金额较大的在建工程的工程进度。有些企业会故意延迟把某些在建工程转为固定资产，以此推迟计提折旧和增加资本化的利息支出，减少当期的折旧成本和财务费用，从而美化当期的利润。

【例 3.4】对 FL 公司 2020 年度的固定资产与在建工程进行分析。

检索 FL 公司 2020 年度报告的相关数据，编制固定资产分析表，见表 3.28。

从表 3.28 可以发现，在其他三家公司固定资产都出现明显减少的情况下，FL 公司的固定资产在 2020 年度增长了 8.87%，但是，其固定资产占总资产比重仍然是四家公司中最低的，只有 8.05%。另外，从固定资产与营业收入的比值来看，FL 公司对固定资产的使用效率略好于四家公司的平均水平。以此看来，FL 公司增加固定资产是有必要性的。

表 3-28　2020 年 FL 公司与三家对比公司的固定资产分析表　　单位：%

指标 \ 公司名称	FL 公司	阳光照明	欧普照明	雪莱特	四家公司平均值
固定资产增长率	8.87	-6.81	-12.35	-43.71	-13.50
固定资产占总资产比重	8.05	18.91	10.61	8.87	11.61
固定资产与营业收入比值	18.31	25.42	11.40	18.38	18.38

增加固定资产的主要途径之一是在建工程转入。检索四家公司的相关信息，编制在建工程分析表，见表 3-29。

表 3-29 2020 年 FL 公司与三家对比公司的在建工程分析表

指标 \ 公司名称	FL 公司	阳光照明	欧普照明	雪莱特	四家公司平均值
在建工程余额（万元）	50 394. 11	1 717. 80	893. 92	0. 00	13 251. 46
在建工程增长率（%）	323. 37	67. 15	−58. 27	0. 00	83. 06
在建工程占总资产（%）	5. 92	0. 27	0. 10	0. 00	1. 57

从表 3-29 可以看出，FL 公司在 2020 年年末的在建工程余额远远高于其他三家公司，比 2019 年年末余额增长了 3 倍多，在建工程占总资产比重则达到了 5. 92%。再进一步分析其他信息，可以发现 FL 公司 2020 年年末的在建工程中，金额最大的项目是科联大厦，账面余额达到 4. 49 亿元。根据 FL 公司的相应公告，该大厦将用于办公和研发，并不是用于生产。这表明 FL 公司 2020 年度的在建工程规模过大，结构质量也不够好。

（六）无形资产

无形资产是指企业拥有或者控制的没有实物形态的可辨认非货币性资产。无形资产主要包括专利权、非专利技术、商标权、著作权（主要是软件）、土地使用权、特许权等，有些企业的无形资产还包括客户关系。无形资产被认为是企业的看不见的生产力，对企业的市场竞争力和长期业绩具有重要作用。

对无形资产的分析不要包括以下几个方面：

（1）无形资产的规模分析。一般认为，无形资产占总资产的比重越高，则该企业的市场竞争力越强，利润空间越大。

（2）无形资产的构成分析。体现企业科技竞争力的无形资产是科技型无形资产，具体包括专利权、非专利技术、商标权和著作权。这些无形资产项目的占比越高，表明企业的科技竞争力越强。另外，当期计提的减值准备越高，意味着无形资产的质量变得越低。

（3）无形资产的研发潜力。可以使用资本化率（开发支出／研发费用）来衡量一家企业的研发潜力。资本化率越高，表明企业的研发强力越强，当然，过高的资本化率也意味着研发投入的风险越高。

【例 3. 5】对 FL 公司 2020 年度的无形资产进行分析。

检索 FL 公司 2020 年度报告的相关数据，编制无形资产分析表，见表 3-30。

表 3-30 2020 年 FL 公司与三家对比公司的无形资产分析表

指标 \ 公司名称	FL 公司	阳光照明	欧普照明	雪莱特	四家公司平均值
年末无形资产（万元）	17 069. 39	22 558. 67	34 242. 42	2 110. 89	18 995. 34
无形资产增长率（%）	1. 71	−5. 72	173. 11	−30. 13	34. 74
无形资产占总资产（%）	2. 00	3. 48	4. 00	3. 05	3. 13
科技型无形资产占比（%）	5. 71	43. 53	0. 93	72. 59	30. 69
资本化率（%）	0. 00	0. 00	0. 00	22. 80	—
增加减值准备占比（%）	0. 00	2. 25	0. 00	0. 00	—

从表 3-30 可以看出，FL 公司的无形资产在 2020 年度有了小幅度增长，但是，这次增长都来自外购，内部研发形成的无形资产为 0。与其他三家公司相比，FL 公司无形资产占总资产的比重偏低，科技型无形资产占比也不高。另外，除了阳光照明之外，其他三家公司当期计提的无形资产减值准备都为 0；除了雪莱特之外，其他三家公司的资本化率都为 0。这表明，本行业大多数公司的科技竞争力并不强，自行研发水平也都不理想。

二、负债项目分析

负债项目分析主要包括短期借款分析、应付及预收款项分析以及长期借款分析等。

（一）短期借款分析

短期借款是指企业向银行或其他金融机构借入的期限在一年以下的各种借款。对短期借款的分析，主要包括以下两个方面：

1. 短期借款规模分析

短期借款的利率较低。企业持有适当数量的短期借款，表明企业拥有良好的商业信用，获得了金融机构的有力支持。但是，短期借款规模必须与流动资产规模和企业经营状况相适应，不能过多。如果企业持有的短期借款过多，将带来沉重的偿债压力。

2. 短期借款的构成分析

短期借款可以分为信用借款、保证借款、抵押借款和质押借款。其中，信用借款的占比越高，表明企业的信誉越好，借款能力越强。另外，还有必要分析短期借款的账龄结构，已逾期未归还的短期借款占比越高，则企业承担的财务风险越高。

【例 3.6】对 FL 公司 2020 年度的无形资产进行分析。

检索 FL 公司 2020 年度报告的相关数据，编制无形资产分析表，见表 3-31。

表 3-31　2020 年 FL 公司与三家对比公司的短期借款分析表

公司名称 指标	FL 公司	阳光照明	欧普照明	雪莱特	四家公司平均值
年末短期借款（万元）	0.00	4 705.92	30 865.76	33 158.45	17 182.53
短期借款增长率（%）	0.00	-6.13	18.89	3.39	—
短期借款占流动资产（%）	0.00	1.00	4.67	134.60	35.07
短期借款占营业收入（%）	0.00	0.98	3.87	99.19	26.01
信用借款占比（%）	—	68.21	9.73	0.00	—
已逾期未归还占比（%）	—	0.00	0.00	99.69	—

从表 3-31 可以看出，FL 公司在 2019 年与 2020 年都没有持有短期借款，这表明该公司没能获得资本成本较低的资金来源，其各项资金支出都是来自其他资本成本较高的途径。其他三家公司中，雪莱特明显面临严重的短期偿债危机，欧普照明获得短期借款规模较大，阳光照明获得的短期借款结构较好（信用借款占比较高）。

（二）应付及预收款项分析

应付账款是企业因购买材料、商品和接受劳务而应该支付的款项。应付票据是企业因为购买材料、商品和接受劳务而开出、承兑的汇票。预收账款是指企业按照合同规定向购货单位预收的款项。对这三个项目的分析，主要包括以下内容：

1. 应付及预收款项的规模分析

应付及预收款项是企业对上游和下游各交易方资金的无偿使用，所以，企业应该适当地持有应付及预收款项。一般来说，对于财务状况良好的企业，应付款项越多，表示该企业对上游供应商的谈判能力越强；预收款项越多，表示该企业产品的市场竞争力越强。但是过多的应付及预收款项也会给企业带来偿债压力，所以，应付和预收款项应该适度，各年应该基本保持稳定。

2. 应付及预收款项的构成分析

应付及预收款项的账龄一般都在一年以内。对于账龄超过一年的应付及预收款项，意味着企业资金周转出现困难或者存在盈余管理的嫌疑。所以，正常情况下，超龄超过一年的应付及预收款项的占比应该比较小。

【例 3.7】对 FL 公司 2020 年度的应付及预收款项进行分析。

检索 FL 公司 2020 年度报告的相关数据，编制应付及预收款项分析表，见表 3-32。

表 3-32　2020 年 FL 公司与三家对比公司的应付及预收款项分析表

指标 \ 公司名称	FL 公司	阳光照明	欧普照明	雪莱特	四家公司平均值
应付款项（万元）	154 064. 52	142 858. 5	134 469. 79	9 755. 4	75 637. 05
预收账款（万元）	128. 54	0. 00	0. 00	0. 00	32. 14
应付及预收增长率（%）	56. 68	-9. 43	-6. 61	-50. 00	-37. 55
应付及预收占营收（%）	41. 17	29. 63	16. 87	29. 18	19. 96
账龄超过一年占比（%）	0. 00	0. 50	1. 15	13. 29	3. 74

表 3-32 中，雪莱特在 2020 年度进行了债务重组，导致应付和预收款项出现大幅度下降，属于异常情况。除了雪莱特之外，三家公司的超龄超过一年的应付及预收款项占比都很小，同时，预收款项比 2019 年相比，发生了明显下降，阳光照明和欧普照明的预收账款余额为 0，FL 公司也只有 128. 54 万元，这意味着本行业销售环境逐渐趋向买方市场。需要注意的是，由于 FL 公司在 2020 年度进行了大量采购，同时原材料价格也出现了上涨，所以其应付账款出现大幅度上升，需要进一步判断是否存在偿债危机。

（三）长期借款变动情况分析

长期借款是指企业向银行或其他金融机构借入的期限在一年以上的各项借款。对长期借款的分析，主要包括以下两个方面：

1. 长期借款规模分析

如果企业的长期借款很少，那么，长期的资本投入将主要依靠股权资金，企业将承受比较高的资本成本。企业持有适当数量的长期借款，表明企业拥有良好的商业信用，获得了金融机构的有力支持。同时，长期借款规模必须与企业非流动资产规模和企业经营状况相适应，不能过多。如果企业持有的长期借款过多，将带来沉重的偿债压力。

2. 长期借款的构成分析

短期借款可以分为信用借款、保证借款、抵押借款和质押借款。其中，信用借款的占比越高，表明企业的信誉越好，借款能力越强。

【例 3.8】对 FL 公司 2020 年度的长期借款进行分析。

检索 FL 公司 2020 年度报告的相关数据，编制长期借款分析表，见表 3-33。

表 3-33　2020 年 FL 公司与三家对比公司的长期借款分析表

指标 \ 公司名称	FL 公司	阳光照明	欧普照明	雪莱特	四家公司平均值
长期借款余额（万元）	0	19 300.43	0	0	—
长期借款增长率（%）	0	-19.36	0	0	—
长期借款占总资产（%）	0	2.98	0	0	—
信用借款占比（%）	0	0	0	0	—

从表 3-33 可以看出，FL 公司两年末都没有长期借款，检索其过去的财务报告，也显示其 1995 年以来从来没有借入过长期借款。这说明虽然该公司的长期偿债压力较小，但是其长期资本支出主要来自股权资金，承担的资本成本是比较高的。另外，这四家公司中，有三家公司没有长期借款，所以，这种情况可能跟最近几年的行业发展环境有关。

三、所有者权益项目分析

对于上市公司而言，所有者权益项目主要包括股本（或称实收资本）、资本公积、其他综合收益、盈余公积以及未分配利润等。

关于对所有者权益项目的分析，在本章不再详述，本书将在第六章结合所有者权益变动表进行详细分析。

本章小结

1. 我国会计准则规定的一般企业资产负债表基本格式是账户式的，其中，资产项目按流动性从强到弱排列，负债项目按到期日从近及远排列，所有者权益项目按形成来源分类后，按其留在企业内部的永久程度从长期到短期排列。

2. 资产负债表水平分析是一种动态分析，通过本期和基期数据的比较，分析资产、负债以及所有者权益的变动情况，揭示财务状况的变动趋势，并进而分析变动原因。

3. 资产负债表垂直分析是一种静态分析，通过分析各项目占资产及权益项目的比重，动态地分析结构变化，探索企业资产结构优化、资本结构优化及资产结构与资本结构优化的思路。

4. 资产负债表主要项目分析，就是在资产负债表全面分析的基础上，对资产负债表中资产、负债和所有者权益的主要项目进行深入分析，具体包括会计政策、会计估计变动对相关项目影响的分析。

5. 为了更便捷地分析，还可以把原始的资产负债表进行改造，按照有利于分析的要求，把资产、负债以及所有者权益等部分的各个项目重新分类编排。

本章习题

1. 请画出账户式资产负债表的基本结构。
2. 请自行总结，资产负债表水平分析的要点有哪些？
3. 请自行总结，资产负债表垂直分析的要点有哪些？
4. 资产负债表主要项目分析中，需要分析的主要项目有哪些？
5. 阐述如何对原始的资产负债表进行改造。
6. 选择一家上市公司，对其某年度的资产负债表进行水平分析、垂直分析以及主要项目分析并对原始资产负债表进行改造。

第四章　利润表分析

学习目标

1. 熟悉利润表的基本结构。
2. 了解利润表分析的目标。
3. 掌握利润表增减变动分析与结构变动分析的基本方法。
4. 熟悉对利润表主要项目分析的内容。
5. 掌握主营业务收入与主营业务成本的影响因素分析。
6. 了解利润表其他项目的分析。

利润表是一张动态报表，它反映了企业在一定期间（如年度、季度或月度）内的经营成果。利润表主要反映企业经营业绩的主要来源和构成，例如，企业营业收入是多少，营业成本是多少，营业外收入和营业外支出是多少，所得税费用是多少以及其他综合收益是多少等。

一方面，利润表与资产负债表相联系，因为利润表反映了企业由期初财务状况变为期末财务状况的原因，利润表核算的净利润最终会反映到资产负债表所有者权益项目的变动上；另一方面，利润表与现金流量表相联系，因为利润表所反映的经营成果会影响当期的经营活动现金流状况。因此，分析利润表与其他报表的联系，可以了解企业利润的来龙去脉。

第一节　利润表分析概述

一、利润表的基本结构

编制利润表所依据的基本公式如下：

利润＝收入－成本费用

利润表由表头和表体两个部分组成。其中，表头包括表格名称、编制企业名称、对应的期间和货币单位等要素。表体分别列示本期的各项收入、成本费用、利润等信息。

对于利润表的具体格式，本书的依据是我国财政部发布的《关于修订印发 2019 年度一般企业财务报表格式的通知》，具体格式见表 4-1。

表 4-1　利润表的基本格式

利润表

编制单位：××公司　　××年××月　　单位：元

项目	本期金额	上期金额
一、营业收入		
减：营业成本		
税金及附加		
销售费用		
管理费用		
研发费用		
财务费用		
其中：利息费用		
利息收入		
加：其他收益		
投资收益（损失以“-”号填列）		
其中：对联营企业和合营企业的投资收益		
公允价值变动收益（损失以“-”号填列）		
资产减值损失（损失以“-”号填列）		
资产处置收益（损失以“-”号填列）		
二、营业利润（亏损以“-”号填列）		
加：营业外收入		
减：营业外支出		
三、利润总额（亏损总额以“-”号填列）		
减：所得税费用		
四、净利润（净亏损以“-”号填列）		
（一）持续经营净利润（净亏损以“-”号填列）		
（二）终止经营净利润（净亏损以“-”号填列）		
五、其他综合收益的税收净额		
（一）不能重分类净损益的其他综合收益		
……		
（二）将重分类净损益的其他综合收益		
……		
六、综合收益总额		
七、每股收益：		
（一）基本每股收益		
（二）稀释每股收益		

另外，如果需要编制合并报表，那么，在合并利润表中，企业还应当在净利润项目之下单独列示归属于母公司所有者的损益和归属于少数股东的损益，在综合收益总额项目之下单独列示归属于母公司所有者的综合收益总额和归属于少数股东的综合收益总额。

二、利润表分析的目标

（一）解释、评价和预测企业的经营成果和获利能力

企业经营成果受到企业经营决策和环境因素的影响，采用科学的分析方法，对企业不同环节的利润分析，可以合理地解释和评价企业各个环节的经营成果和获利能力。比如，通过对产品盈利水平的分析，不仅可以说明产品销售利润受哪些因素影响以及各个因素的影响方向和影响程度，还可说明主要影响因素是决策因素还是环境因素。

利润表按照企业经营成果的形成过程，对营业利润、营业外收支和其他综合收益等分别进行列示，这不仅反映了企业利润的形成过程和结果，还反映了企业利润的构成情况。按照企业经营成果的结构层次分别进行分析，有利于为预测企业未来盈利能力及其结构提供重要依据。

对利润表的分析不仅能评价企业过去的经营业绩，而且还能发现企业在经营中存在的问题和不足，为进一步改进企业经营管理指明方向。这有利于促进企业全面改进经营管理，促使企业收益持续不断增长。

（二）为投资者、债权人以及其他利益相关者的决策提供信息

投资者、债权人及其他利益相关者都可以从各自目的出发，通过利润表分析得到自己所需要的信息，从而有利于自己的决策。比如，虽然利润表本身并不直接提供反映企业偿债能力的信息，但是，获利能力对偿债能力也具有重要的影响，如果一家企业长期不能获得足够的利润，那么获取现金流能力将受到影响，从而将逐渐陷入偿债困境。另外，利润表分析也可以为政府部门对企业进行调控管理提供相关参考依据。

（三）有助于衡量企业价值

通过对企业经营成果的水平、结构及其变化进行评价分析，推断出在未来一定时期内可能影响企业价值发生变动的驱动因素，并结合企业资产负债表和现金流量表等其他报表提供的信息，能够提高企业价值计算的准确性。

（四）有助于评价和考核管理人员的绩效

通过比较前后期各利润表中各项收入、费用、成本及收益的增减变动情况，并查找其增减变动的原因，能够客观地评价各职能部门、各生产经营单位的绩效，以及这些部门和人员的绩效与整个企业经营成果的关系，从而评价各部门相关人员的功过得失，及时做出相应调整，使各项活动趋于合理，推动企业可持续发展。

三、利润表分析的内容

（一）利润增减变动分析

利润增减变动分析又称水平分析，是一种动态分析，主要通过本期数据和基期数据的比较，计算出利润的变动额和变动率，分析企业利润额的水平及其变动情况，进而揭示出企业在利润形成过程中的经营绩效及其存在的问题。

（二）利润构成变动分析

利润构成变动分析又成为垂直分析，是一种静态分析，主要通过计算利润表各主要组成部分占营业收入总额的比例及其变动，分析各项利润及成本费用与收入的关系，以反映企业各个环节的利润构成，评价企业利润的质量，并针对需要改进的相关问题提出相应建议。

（三）利润表主要项目分析

本部分内容主要针对利润的主要组成部分进行具体分析，比如营业收入、营业成本、毛利润、营业利润、利润总额、净利润以及每股收益等。这些项目对企业利润的影响比较大，需要结合利润表附注等附加资料，具体分析其变动情况和变动原因，进而为改善相关经营业绩提出对应的措施建议。

四、利润表的局限性

利润表在编制过程中，受到相应会计准则的约束，并不能充分地反映出用于企业经营业绩的所有信息，具有一定的局限性。

（一）利润表不能充分披露非货币信息

根据货币计量原则，利润表主要反映能够用货币计量的经营成果相关信息。但是，也有很多非货币信息对于评价企业的经营绩效具有重要的作用。比如，公司形象的提升以及客户满意度的提高等。

（二）利润表中不能反映经营活动带来的现金流量

根据权责发生制，凡在本期发生应从本期收入中获得补偿的费用，不论是否在本期已实际支付或未付的货币资金，均应作为本期的费用处理；凡在本期发生应归属于本期的收入，不论是否在本期已实际收到或未收到的货币资金，均应作为本期的收入处理。这样，就会导致企业利润和现金流在发生时间上存在错位，可能出现企业账面利润很大，但是相应的现金不能及时收回的情形。

（三）利润表信息不能反映时间价值和风险补偿

利润表根据收入减去费用的方法来计算各个环节的利润，费用主要采用购入时的历史成本计价，而收入采用销售时的现时价值计量，这样，不同时点现金流之间的时间价值和风险补偿被忽略了。

（四）利润表信息受到会计政策和会计估计的影响

在生产经营的很多环节，会计准则允许企业根据自己的实际情况自主选择自己的会计政策，也允许企业在某些情况下对价值进行合理估计。比如，企业发出存货的计价方法，有个别计价法、加权平均法以及先进先出等可以选择。这样，就会导致企业利润受到管理者主观决策的影响，容易产生利润操纵现象，也使得不同企业之间利润的可比性受到影响。

第二节　利润的增减变动分析

一、利润增减变动分析的基本步骤

利润增减变动分析的基本步骤如下：

（一）编制利润表水平分析表

编制水平分析表，重点是计算变动额和变动率两个指标，其计算公式如下：

$$\text{某项目的变动额}=\text{该项目实际数}-\text{该项目基准值}$$

$$\text{某项目变动率}=\frac{\text{该项目变动额}}{\text{该项目基准值}}\times 100\%$$

其中，各项目的标准值根据分析目的的不同而不同。如果分析目的在于分析各项目的实际变动情况及其原因，则基准值应该选择各项目的上年实际数；如果分析目的在于分析利润表各项目的预算或计划的执行情况及其影响因素，则基准值应该选择各项目的本期预算数或本期计划数。

（二）进行水平分析评价

利润表水平分析的主要内容如下：

1. 净利润或税后利润分析

净利润是企业所有者本期最终取得的财务成果，也是可供企业所有者分配或使用的财务成果。通过对净利润的水平分析，可以计算出本期净利润变化的方向和幅度，并分析推动净利润变化的主要原因。

2. 利润总额分析

利润总额是反映企业本期全部财务成果的指标，它不仅反映企业的营业利润，而且反映企业的对外投资收益，以及营业外收支情况等。通过对利润综合的水平分析，可以计算出本期利润总额变化的方向和幅度，并分析推动利润总额变化的主要原因。

3. 营业利润分析

营业利润是指企业营业活动收入与营业活动成本费用之间的差额。它既包括主营业务利润，也包括其他业务利润，还包括投资收益等其他收益。它反映了企业自身生产经营务的财务成果。通过对营业利润的水平分析，可以计算出本期营业利润变化的方向和幅度，并分析推动营业利润变化的主要原因。

4. 主营业务利润分以及毛利润分析

主营业务利润也称基本业务利润，是指企业从事生产经营活动中主营业务所实现的利润，即企业的主营业务收入减去主营业务成本和主营业务税金及附加后的差额。毛利润是营业收入与营业成本的差额。主营业务利润与毛利润并没有在利润表中直接给出，但是这两个层次的利润是企业最终利润的根基和核心，所以有必要单独进行分析。值得注意的是，目前最新的2019年版利润表格式中，不再分列主营业务和其他业务，统一用营业活动表述。所以，如果需要分别分析企业的主营业务和其他业务，需要借助财务报表附注以及日常会计核算资料。

（三）推动利润增减变动的影响因素分析

深入分析影响企业利润的因素，可以探寻推动企业利润变动的主要原因和次要原因，为企业提高盈利能力提供决策支持。按照净利润形成的层次，可以归纳出如下的影响因素：

1. 企业主营业务的发展水平

影响企业主营业务的因素很多，包括企业所处的行业、所选择的竞争战略及企业的管理水平等。这些因素最终都会影响企业的财务业绩。在这里可以借鉴战略分析的思路：①进行外部环境分析，包括宏观环境分析（PEST），行业环境分析（波特的五力模型）以及竞争环境分析等；②进行内部的资源、能力和核心竞争力分析；③分析企业采取的战略，包括总体战略和竞争战略。

2. 企业其他业务的发展水平

如果与企业主营业务不相协调的其他业务占比过大，则表明企业正常的经营活动可能出现了问题，或者可能存在人为操纵利润进行盈余管理的情形。影响其他业务发展水平的发展因素如下：

（1）企业主营业务变化情况。如果企业主营业务发生了较大或根本性的负向变化，导致盈利前景不佳，出现比较多的闲置资源，这时候企业可能会把大量的资源投入其他业务。所以，过高的其他业务水平可能预示着主营业务出现了某种潜在的危机。

（2）企业内部管理水平适应企业正常运营的状况。高水平的企业内部管理可以减少企业其他业务发生较大变动，在良好的企业管理水平下，其他业务占比不应该过大，而且应该保持一定的稳定性。

3. 企业的投资策略

企业的投资策略影响企业未来的发展潜力。企业对外投资的动机各异，投资资金的来源、途径以及投资对企业整体收益的贡献程度也是不同的。如果投资出现失误，可能会严重损害企业的发展实力，甚至可能导致破产。

4. 企业营业外事项

企业营业外事项产生于企业经营业务之外的活动，企业管理当局对其基本不能完全控制。影响营业外事项的因素如下：

（1）企业日常资产运营水平。企业必须科学合理的界定资产占用水平，决定最佳的资产组合，对于与企业经营战略不相关或者贡献很小的资产，要及时使用科学的方法予以处理。

（2）生产经营管理水平。生产经营管理水平的高低决定着生产计划安排的合理性、非常损失发生的概率及生产经营意外情况的影响大小等。

二、FL 公司的利润增减变动分析

（一）编制利润表水平分析表

编制 FL 公司 2020 年度利润表水平分析表，见表 4–2。

表 4–2　FL 公司 2020 年度利润表水平分析表

项目	本期金额（万元）	上期金额（万元）	变动额（万元）	变动率（%）
一、营业总收入	374 491.45	333 757.67	40 733.78	12.20
营业收入	374 491.45	333 757.67	40 733.78	12.20
二、营业总成本	343 875.28	304 339.92	39 535.36	12.99
营业成本	299 627.39	256 051.31	43 576.08	17.02
税金及附加	3 863.18	3 815.59	47.59	1.25
销售费用	14 521.97	24 382.43	−9 860.46	−40.44
管理费用	15 536.54	14 918.65	617.89	4.14
研发费用	10 888.53	7 944.43	2 944.1	37.06
财务费用	−562.33	−2 772.48	2 210.15	−79.72
加：其他收益	2 898.95	1 120.23	1 778.72	158.78
投资收益	4 423.62	6 087.84	−1 664.22	−27.34
其中：对联营企业和合营企业的投资收益	235.17	175.58	59.59	33.94
公允价值变动收益	478.57	202.44	276.13	136.40
信用减值损失	−1 610.96	−385.12	−1 225.84	318.30
资产减值损失	−758.13	−1 667.52	909.39	−54.54
资产处置收益	909.09	0.00	909.09	—
三、营业利润	36 957.30	34 775.62	2 181.68	6.27
加：营业外收入	216.47	307.21	−90.74	−29.54
减：营业外支出	385.44	551.72	−166.28	−30.14
其中：非流动资产处置损失	0.00	0.00	0	0.00
四、利润总额	36 788.33	34 531.11	2 257.22	6.54
减：所得税费用	4 571.47	4 696.36	−124.89	−2.66

续表

项目	本期金额（万元）	上期金额（万元）	变动额（万元）	变动率（%）
五、净利润	32 216.86	29 834.75	2 382.11	7.98
归属于母公司所有者的净利润	31 691.42	29 607.79	2 083.63	7.04
少数股东损益	525.44	226.96	298.48	131.51
六、每股收益			0	—
基本每股收益（元/股）	0.226 5	0.211 6	0.014 9	7.04
稀释每股收益（元/股）	0.226 5	0.211 6	0.014 9	7.04
七、其他综合收益	157 312.82	18 924.08	138 388.74	731.28
八、综合收益总额	189 529.68	48 758.83	140 770.85	288.71
归属于母公司所有者的综合收益总额	189 004.24	48 531.87	140 472.37	289.44
归属于少数股东的综合收益总额	525.44	226.96	298.48	131.51

（二）利润表水平分析评价

1. 净利润（税后利润）变动分析

2020 年，FL 公司实现净利润 3.22 亿元，比 2019 年增长 0.24 亿元，增长幅度为 7.98%。进一步分析该公司过去几年的净利润增长率，可以发现，2017—2019 年，每年净利润都是下降的，到了 2020 年度终于扭转了连续下降的状况，实现了增长。

另外，对比欧普照明和阳光照明，这两家公司 2020 年度净利润与 2019 年都是有所下降的。所以，从净利润变动来看，FL 公司在 2020 年度取得了比同行业公司更好的业绩表现。

根据表 4-2 可以发现推动 FL 公司净利润增长的主要原因是营业利润的增加。营业利润增加额为 2 181.68 万元，占净利润增加额的 91.59%。进一步观察可以发现，推动营业利润增加的主要因素是销售费用的大幅度减少，本年比去年减少金额为 9 860.46 万元。

2. 利润总额变动分析

2020 年，FL 公司实现利润总额 3.68 亿元，比 2019 年增长了 0.23 亿元，增长幅度为 6.54%。与净利润的增长一样，利润总额大幅度增长的主要原因是营业利润的大幅度增长，营业外收入和支出数额都比较小，对利润总额的变动影响不大。

3. 营业利润变动分析

2020 年，FL 公司实现营业利润 36 957.30 万元，比 2019 年增长 2 181.68 万元，增长幅度为 6.27%。根据上述水平分析表，进一步分析可以发现，推动营业利润增长的主要原因是主营业务利润的增加。如果按照“营业总收入-营业总成本”的公式来粗略的计算主营业务利润，可以计算出，在 2020 年度，主营业务利润比 2019 年度增加了 1 198.42 万元，占到营业利润增加额的 54.93%。

另外，对比欧普照明和阳光照明，这两家公司 2020 年度利润总额与营业利润都比 2019

年有所下降的。所以，从利润总额和营业利润的变动来看，FL 公司在 2020 年度取得了比同行业公司更好的业绩表现。

4. 主营业务利润变动分析

在主要经营业务方面，FL 公司 2020 年度营业收入比 2019 年增加了 4.073 4 亿元，营业总成本增加了 3.95 亿元，其中营业成本增加 4.357 6 亿元。已知“毛利润=营业收入-营业成本”，这意味着，2020 年度营业毛利润比 2019 年减少了 0.284 2 亿元。

根据财务报表附注，可以检索计算出 2020 年度 FL 公司主营业务和其他业务的相关数据，编制成表 4-3 如下。

表 4-3　FL 公司 2020 年度主营业务与其他业务分析

项目	本期金额（万元）	上期金额（万元）	变动额（万元）	变动率（%）
一、营业收入	374 491.45	333 757.67	40 733.78	12.20
其中：主营业务收入	369 983.70	329 705.13	40 278.57	12.22
其他业务收入	4 507.75	4 052.55	455.2	11.23
二、营业成本	299 627.39	256 051.31	43 576.08	17.02
其中：主营业务成本	295 765.82	252 559.72	43 206.1	17.11
其他业务成本	3 861.57	3 491.59	369.98	10.60
三、毛利润	74 864.05	77 706.37	-2 842.32	-3.66
其中：主营业务毛利润	74 217.87	77 145.41	-2 927.53	-3.79
其他业务毛利润	646.18	560.96	85.23	15.19

从表 4-3 可以看出，推动 FL 公司本年度毛利润下降的主要原因是主营业务利润下降。主营业务利润下降额为 2 927.53 万元，下降率 3.79%。另外，其他业务利润虽然有所上升，但是其他业务规模太小，起不到什么作用。

进一步分析该公司毛利润减少的原因，主要有两个：

第一，这两年该公司毛利润一直在下降，2019 年比 2018 年下降了 1.02 亿元，下降率为 11.61%，如何推动毛利润增长已经成为该公司的一个长期难题。

第二，2020 年度相关会计准则的改变。根据要求，该公司在 2020 年度首次执行新收入准则，把与合同履约有关的运输费（原来计入销售费用）变更至营业成本核算。2019 年运输费为 0.72 亿元，按此数据估计 2020 年运输费，那么，按照 2019 年度的营业成本核算口径，2020 年毛利润是有所增长的。

5. 主要指标长期变动情况分析

为了更清晰地把握 FL 公司的利润指标变动趋势，一般还需要分析过去多年的各个利润指标的变化特征。查找 FL 公司 2016—2020 年共 5 年的数据进行统计分析研究，具体统计计算结果见表 4-4。

表 4-4　FL 公司 2016—2020 各年主要利润指标统计特征

指标	2020 年	2019 年	2018 年	2017 年	2016 年
净利润增长率（%）	6.17	-19.97	-49.16	-30.51	2 747.99
利润总额增长率（%）	4.48	-21.94	-48.32	-31.45	2 668.32
营业利润增长率（%）	4.23	-21.40	-48.61	-31.54	613.56
毛利润增长率（%）	-3.66	-11.61	2.21	1.39	22.74

从表 4-4 可以发现：

（1）2016 年各个指标的增长幅度特别大，与后边的四年有显著的不同，特别是净利润和利润总额，比 2015 年增长了 27 倍左右，营业利润也增长了 6 倍多。

根据该公司在 2015 年和 2016 年报中披露的信息，带来这样结果的原因主要有两个。①2015 年的公司由于诉讼赔款，导致营业外支出过大；②2016 年不仅销售额出现大幅增长，而且投资收益也比 2015 年增长 8 亿多元，增加额占到 2016 年营业利润的 68.80%。

所以，2016 年度经营业绩的异常增长属于不具有可持续性的特殊情况。

（2）2017—2019 年，这三年的净利润、利润总额和营业利润都是逐年下降的。毛利润也是基本在 0 增长线上徘徊。

根据该公司在 2015 年和 2016 年年报中披露的信息，可以发现其中最主要的原因是这几年的投资收益与 2016 年度差别太大，其中 2017 年投资收益比 2016 年减少 3 亿多元，2018 年进一步减少 4 亿多元。另外，这几年的销售额是增长乏力，导致毛利润得不到良好增长。

综合上述分析，可以发现，自从 2016 年以来，FL 公司正在逐渐摆脱经营业绩对投资收益的依赖，逐渐把工作重心回收到主营业务上，这种改变不仅带来了业绩的增长，而且也提高了业绩的质量和可持续性。

第三节　利润构成变动分析

利润构成变动分析，也称为利润表的垂直分析，主要根据利润表等相关资料，分析同一会计期间利润表各项目的相对增长速度的差异，目的是找出企业经营成果的变动最终是由哪些因素引起的，并且分析这些原因对企业影响的程度，进而在企业的经营活动中发现这些因素变动的原因，判断这些原因对未来企业的财务成果造成怎样的影响，进而对改善经营管理提出对策建议。

一、利润表构成变动分析的基本步骤

（一）垂直分析表的编制

利润构成变动分析采用的主要方法是垂直分析法，即共同百分比分析法。共同百分比分析法的基础是将普通会计报表转化成共同百分比报表。对利润表而言，一般是把营业收入作为 100%（也可以把利润总额作为 100%），其他项目除以该项目得到共同比，进而编

制出共同百分比报表。具体计算公式如下：

$$某项目比重=\frac{该项目金额}{营业收入}\times 100\%$$

$$某项目比重的差异=该项目期末比重-该项目期初比重$$

通过计算各个因素或各种财务成果在营业收入中所占的比重，可以分析说明财务成果的结构及其增减变动的合理程度。

（二）利润表垂直分析评价

1. 利润表垂直分析的基本内容

利润表的垂直分析，分为纵向分析与横向分析两种情况。所谓纵向分析，是指分析某年度利润的结构性数据所表现出的构成比例是否合理；所谓横向分析，是指分析各年度的有关结构性数据所表现出的经营业绩变化趋势，进而推断出是哪些因素导致了这种变化等。

2. 利润业务结构分析

利润的业务结构是将利润直接按业务的性质划分，将同一业务形成的收支归为一类，并相应计算业务利润。利润按照业务类型主要可以划分成主营业务利润、其他业务利润、营业利润、投资收益和营业外收支等，它们也是形成利润总额和净利润的基础。

不同的组成部分具有不同的特性，所以，进行利润的业务结构分析的目的就是通过分析利润的不同来源构成，揭示不同业务的盈利水平和盈利能力，以及对企业总盈利水平的影响方向和影响程度，进而判断企业盈利的可持续性。

利润业务结构分析的主要指标是各个环节的利润在营业收入（或利润总额）中的结构比率，即用各层次利润除以营业收入总额或利润总额，计算结构百分比分析报表。从而分析企业利润结构的特点，找出存在问题的主要方面，确定分析方向。

一般认为，企业不同环节的利润具有不同的特点。一般来说，主营业务利润来自企业核心业务，其所占比重越高，说明企业的盈利质量越高，可持续性越好；而其他业务利润，并不是来自日常经营活动，因而持续性稍差一些，所占比重不应过高；投资收益和营业外收支净额等其他收益则没有持续性可言，所占比重如果过大，或者出现异常变动，应该引起重视。

3. 利润的产品结构分析

利润的产品结构是指各类产品或劳务的利润水平占盈利的比重。为了简化叙述，下文以有形产品的生产与销售为例展开阐述。企业的收入主要是通过出售产品实现的，不同产品具有不同收支水平，形成了各类产品的盈利能力差别。因此，当产品的销售结构发生变化时，就会影响到企业的盈利水平。就财务分析而言，按产品结构进行分析，可以找出影响企业盈利水平和能力的产品因素，并从中发现重点，找出那些对利润创造做出主要贡献的产品以及那些对利润增长形成阻碍的产品，进而揭示出企业盈利水平变动的根本原因。

二、FL 公司的利润表构成变动分析

（一）编制 FL 公司利润表垂直分析表

以营业总收入为基数，编制 FL 公司利润表的垂直分析表，见表 4-5。

表 4-5　FL 公司 2020 年度利润表垂直分析表

项目	本期金额（万元）	上期金额（万元）	本期占比（%）	上期占比（%）	占比变动（%）
一、营业总收入	374 491.45	333 757.67	100.00	100.00	—
营业收入	374 491.45	333 757.67	100.00	100.00	—
二、营业总成本	343 875.28	304 339.92	91.82	91.19	0.64
营业成本	299 627.39	256 051.31	80.01	76.72	3.29
税金及附加	3 863.18	3 815.59	1.03	1.14	-0.11
销售费用	14 521.97	24 382.43	3.88	7.31	-3.43
管理费用	15 536.54	14 918.65	4.15	4.47	-0.32
研发费用	10 888.53	7 944.43	2.91	2.38	0.53
财务费用	-562.33	-2 772.48	-0.15	-0.83	0.68
加：其他收益	2 898.95	1 120.23	0.77	0.34	0.44
投资收益	4 423.62	6 087.84	1.18	1.82	-0.64
公允价值变动收益	478.57	202.44	0.13	0.06	0.07
信用减值损失	-1 610.96	-385.12	-0.43	-0.12	-0.31
资产减值损失	-758.13	-1 667.52	-0.20	-0.50	0.30
资产处置收益	909.09	0.00	0.24	0.00	0.24
三、营业利润	36 957.30	34 775.62	9.87	10.42	-0.55
加：营业外收入	216.47	307.21	0.06	0.09	-0.03
减：营业外支出	385.44	551.72	0.10	0.17	-0.06
四、利润总额	36 788.33	34 531.11	9.82	10.35	-0.52
减：所得税费用	4 571.47	4 696.36	1.22	1.41	-0.19
五、净利润	32 216.86	29 834.75	8.60	8.94	-0.34
七、其他综合收益	157 312.82	18 924.08	42.01	5.67	36.34
八、综合收益总额	189 529.68	48 758.83	50.61	14.61	36.00

（二）FL 公司利润表垂直分析评价

根据表 4-5，占营业总收入比重比较大（超过 1%）的项目有营业成本、税金及附加、销售费用、管理费用、研发费用、投资收益、营业利润、利润总额、所得税费用、净利润以及其他综合收益。

2020 年度，从成本费用的相关项目来看，营业成本占比 80.01%，比 2019 年增长 3.29 个百分点，变化幅度不太大。税金及附加和管理费用的占比波动也不大。相比较而言，销售费用的占比波动比较大，其中 2020 年销售费用占比为 3.88%，比 2019 年降低了 3.43 个百分点。营业成本占比的增加和销售费用占比的减少，主要与会计核算所依据的准则变动有关——根据2020年度首次执行的新会计准则，该公司把2019年度属于销售费用的销售合同运输费项目在2020年度改在营业成本核算。考虑2019年度销售运输费占营业收入的比重为2.16%，参考这个比重，把营业成本换算成统一口径之后，2020年度毛利率大概下降了1个百分点。

另外，研发费用和财务费用占比的变动也比较大，有必要在后边的主要项目具体分析部分中进行单独分析。

从利润相关项目来看，营业利润占比为9.87%，比2019年减低了0.55个百分点；利润总额占比9.82%，比2019年降低了0.53个百分点；净利润占比8.60%，比2019年降低了0.34个百分点。所有利润项目占比都是降低的，说明FL公司的经营活动盈利能力有所降低。

另外，需要注意的是，2020年度FL公司的其他综合收益发生了巨幅增加，占营业收入的比重达到了42.01%，比2019年增长了36.34个百分点。所以，在后边的主要项目具体分析部分，有必要对其他综合收益进行单独分析。

第四节　利润表重要项目分析

一、企业收入分析

（一）企业收入的确认与计量

1. 企业收入的确认分析

我国《企业会计准则第14号——收入》对收入的定义：收入是指企业在日常活动中形成的、会导致所有者权益增加的、与所有者投入资本无关的经济利益的总流入。

其中“日常活动”，是指企业为完成其经营目标所从事的经常性活动以及与之相关的活动。比如，工业企业制造并销售产品、商品流通企业销售商品、保险公司签发保单、咨询公司提供咨询服务、软件企业为客户开发软件、安装公司提供安装服务、商业银行对外贷款、租赁公司出租资产等，均属于企业为完成其经营目标所从事的经常性活动，由此产生的经济利益的总流入构成收入。另外，工业企业转让无形资产使用权、出售不需用原材料等，属于与经常性活动相关的活动，由此产生的经济利益的总流入也构成收入。

企业处置固定资产、无形资产等活动，不是企业为完成其经营目标所从事的经常性活动，也不属于与经常性活动相关的活动，由此产生的经济利益的总流入不构成收入，应当确认为营业外收入。

对企业收入确认的分析，着重应进行以下几方面分析：

（1）收入确认时间的合法性分析。即分析本期收入与前期收入或后期收入的界线是否分清。

（2）特殊情况下企业收入确认的分析。如商品需要安装或检验时收入的确认；买主有退货权时的收入确认等，其收入的确认与一般性收入确认不同。

（3）收入确认方法合理性的分析。如对采用完工百分比法、完成合同法的条件与估计方法是否合理等的分析。

2. 企业收入的确认原则

（1）销售商品。当商品所有权的主要风险和报酬转移给购货方，且企业不再对该商品实施继续管理权和实际有效控制权时，相关的收入已经收到或已经取得了收款凭证，并且与销售该商品相关的已发生或将发生的成本能够可靠的计量时，确认销售收入的实现。

（2）提供劳务。企业在资产负债表日提供劳务交易的结果能够可靠地估计时，应按完工百分比法确认收入的实现；当交易的结果不能可靠估计时，按预计能够获得补偿的劳务成本金额确认收入，并将已发生的成本计入当期损益。

（3）让渡资产使用权。企业因让渡资产使用权而发生的利息收入、使用费收入和现金股利收入等按有关合同或协议规定的收费时间和方法确认。

3. 企业收入计量分析

营业收入的计量分析，关键在于确认销售退回、折扣与折让的计量是否准确。根据会计准则规定，销售退回与折让的计量比较简单，而销售折扣问题相对较复杂，应作为分析重点。分析时应根据商业折扣与现金折扣的特点，分别分析折扣的合理性与准确性以及对企业收入的影响。

无论是收入确认分析，还是收入计量分析，关键在于明确分析的目的是明确收入的正确性；而其正确与否的关键在于分析选择的会计政策、会计方法的准确性与合理性。

（二）收入的构成分析

对企业收入分析不仅要研究其总量，而且应分析其结构及其变动情况，以了解企业的经营方向和会计政策选择。包括企业所处行业与企业主营业务发展的相关性、地区构成分析以及产品构成分析等。

1. 营业收入构成分析

营业收入包括主营业务收入与其他业务收入。对主营业务收入与其他业务收入的构成进行分析，可以了解与评估企业的经营方针、方向及效果，进而可以分析企业的持续发展能力。对于经营良好、业务结构健康的企业，其主营业务收入占比应该比较大而且应逐步上升。

分析 FL 公司 2016—2020 年营业收入结构，见表 4-6。

表 4-6 FL 公司 2016—2020 年度营业收入结构

项目 年度	主营业务收入（万元）	其他业务收入（万元）	主营业务收入占比（%）
2016	333 922. 05	2 723. 44	99. 19
2017	377 296. 68	2 722. 15	99. 28
2018	377 825. 00	2 370. 60	99. 38
2019	329 705. 13	4 052. 55	98. 78
2020	369 983. 70	4 507. 75	98. 80

容易发现，FL公司2016—2020年各年主营业务收入占营业收入的比重保持在98.78%以上，而且非常稳定，说明FL公司的营业收入结构质量良好，预计未来将获得持续发展。

2. 经营收入与非经营收益结构分析

经营收入对应会计准则中企业收入，是指企业在日常活动中形成的、会导致所有者权益增加的、与所有者投入资本无关的经济利益的总流入。经营收入属于企业主要的、经常性的业务收入，是企业赖以生存和发展的根本源泉。

非经营收益，通常在偶发的经济业务中取得，属于那种不经过经营过程就能取得或不曾期望获得的收益，如资产处置收益、资产公允价值变动收益、投资收益、企业接受捐赠或政府补助取得的资产、收取的其他企业的违约罚款等。这些偶发性的收益在分析时不能作为企业的收入重点。

对于FL公司，由表4.5可知，非经营收益占营业总收入的比重非常小，所以，2020年度，FL公司的经营收入占绝对主导地位，说明企业具有比较好的收益结构，具有比较好的持续发展能力。

3. 现销收入与赊销收入结构分析

企业收入中的现销收入和赊销收入构成受到企业的产品适销程度、企业竞争战略以及会计政策选择等多个因素影响。通过对两者结构及其变动情况的分析，可以了解并掌握企业产品销售情况及其战略选择，分析判断其合理性。但是，赊销收入一般被企业看作内部信息，是不会披露的，所以，这种分析方法更适用企业内部分析。

4. 主营业务收入的行业结构（业务分部）与地区结构（地区分部）分析

主营业务收入结构分析主要是确定企业主要业务收入来源的行业，并指明在所涉足的行业中各种主要产品对企业主营业务收入的贡献程度，进而从行业与产品等角度来评价企业收入的结构状况与盈利水平，最终找到企业利润创造的主要业务源泉。该分析方法主要是通过比率分析中的构成比率来进行评价。

（1）主营业务收入的行业分析

一般来说，按行业划分的主营业务收入构成分析不是为了直接分析企业盈利能力的大小，而是正确评估企业产品的行业结构与利润能力之间的相关性，并以此来确定企业所面对的实际与潜在竞争程度，最终找出对企业盈利能力产生重要影响的因素，并以此为线索找出企业下一步财务分析与经营决策的重点。

按照行业分类，多年以来，FL公司的营业收入只来自同一个行业，就是照明器材及灯具行业，行业集中程度是很高的。进一步分析FL公司2016—2020年度主营业务收入的产品结构见表4-7。

从2017年年报开始，FL公司披露的产品结构包括LED产品、传统照明产品、电工产品（2016年未披露此项）和其他业务。依据表4-7容易发现，FL公司2016—2020年各年主营业务收入中，LED产品收入的占比一直非常高，而且一直呈上升趋势，从2016年的60.77%，逐年上升到2020年的77.56%。这说明FL公司的主营业务以LED产品为主，产品集中性很高，多元化程度较低。

（2）主营业务收入的地区构成分析

地区构成也是营业收入结构的一种划分方法。此部分分析的内容主要是对地区构成数

表 4-7 FL 公司 2016—2020 年度主营业务收入的产品结构 单位：%

项目 年份	LED 产品	传统照明产品	电工产品	其他业务
2016	60. 77	38. 42	—	0. 81
2017	69. 19	26. 71	3. 38	0. 72
2018	73. 02	23. 82	2. 54	0. 62
2019	75. 83	20. 55	2. 41	1. 21
2020	77. 56	18. 42	2. 82	1. 20

据进行如下分析：①确定公司内部和外部销售的关系，以判断企业对不同客户具有怎样的依赖程度；②确定每一地区分部对整个公司的相对重要性，及其与整个公司整体盈利能力的关系；③比较不同地区分部的增长率水平、销售水平及利润水平等，以揭示整个企业增长率变动的原因。地区构成分析的目的一般是通过各个销售地区的分部数据分析以评价企业经营和财务风险、利润的来源以及未来的发展前景。分析方法主要采用比率分析法中的构成比率来进行评价。

FL 公司 2016—2020 年度营业收入的地区构成见表 4-8。

表 4-8 FL 公司 2016~2020 年度照明器材及灯具销售收入的地区构成

项目 年份	内销收入 （万元）	外销收入 （万元）	内销收入占比 （%）
2016	214 774. 21	121 871. 29	63. 80
2017	231 110. 35	148 908. 48	60. 82
2018	215 877. 01	164 318. 59	56. 78
2019	198 328. 92	135 428. 75	59. 42
2020	226 437. 30	148 054. 14	60. 47

在报表附注里，FL 公司把营业收入按地区划分为内销收入和外销收入两大类。依据表 4-8 容易发现，FL 公司 2016—2020 年各年营业收入中，内销收入占相对主要地位。但是，外销收入占主营业务收入的比重也很高，每年占比都在 40%左右。另外，查询报表中披露的毛利率数据发现，外销业务的毛利率明显低于内销业务，究其原因主要是外销业务中有一部分是采用 OEM 或 ODM 的方式进行的，这样在设计或制造环节会损失一些收益。

5. 主营业务收入的产品构成分析

主营业务收入的产品构成分析就是从引起主营业务收入变化的产品销售数量变动、产品销售单价变动和产品品种构成变动为起点，分析每种主要产品销售情况发生变化的原因及其对总的营业收入的影响，进而找出主营业务收入变化的主要原因。

FL 公司对其营业收入没有从不同产品品种的销量、单价等方面进行细分披露，因而，如果有必要对此进行分析，则需要进一步搜集内部产品资料进行分析。

6. 主营业务收入的经营策略分析

企业经营策略是公司盈利能力的基础。传统的研究认为成本领先与追求差异两种策略是相互排斥的。如果在两种策略之间犹豫不决，就会“陷在中间”而不会获得中间利润。理由是这类企业可能无法吸引那些重视价格的消费者，因为它们的成本太高。同时，它们的产品又不能提供足够的差异以吸引那些愿意承担高价的消费者。然而，现实中很多企业已经能够把高质量、优良服务和低价格有机结合起来。

若分析企业低成本和追求差异策略进行组合的效果，财务分析通常需要引入价值和功能、价值链和功能链相比较的功能价值分析来实现。基本方法是比较产品功能变化后，产品价值创造受影响的程度。如果有必要对此进行分析，公开披露的财务报告信息是不够的，还需要进一步搜集内部产品资料进行分析。

（三）主营业务收入变动的因素分析

企业主营业务收入的大小主要受产品销售数量和销售单价影响；销售量对营业收入具有重要影响，这个结论无须多言，值得注意的是产品单价。产品单价受到多种因素的制约，经常出现同一产品多种单价的现象，这时应该采用平均单价进行分析。如果单一产品实行按等级品定价的政策，更应该采用平均单价进行分析。

1. 计算营业收入增长额和增长率

$$营业收入增长额=本期实际营业收入-基期营业收入$$

$$营业收入增长率=\frac{营业收入增长额}{基期营业收入}\times 100\%$$

2. 计算销售量变动对收入的影响

$$销售量变动对营业收入的影响=基期营业收入\times 销售量增长率$$

$$销售量增长率=\left(\frac{\sum(产品实际销售量\times 基期单价)}{\sum(产品基期销售量\times 基期单价)}-1\right)\times 100\%$$

3. 计算价格变动对收入的影响

$$价格变动对收入的影响=营业收入增长额-销售量变动对营业收入的影响$$

4. 对主营业务变动原因的进一步分析

通过销售量与价格对收入的影响分析，不仅可以明确企业销售量及价格对收入的影响程度，而且还可以了解企业的竞争战略选择及其效果。需要注意的是，在具体分析过程中，并不是利用因素分析法计算出因销售量变动或单价变动而引起的收入的变化就完成了，这仅仅是开始，很多问题还要做进一步的分析。

比如某产品，销售量增加了，售价下跌了，这时候我们需要分析：

（1）销售量为什么会增加？可能是因为市场需求增加、产品质量提高、产品功能增加、产品外观或包装改变、广告宣传力度加大或者降价的刺激带来的。

（2）售价为什么会下跌？可能是因为市场竞争激烈被迫降价，也可能因为产品成本降低主动降价，还可能因为产品质量问题不得不折价，或者为了招揽新客户而让价等。

【例 4.1】分析 FL 公司 2020 年营业收入变动的影响因素。

FL 公司 2019—2020 年照明器材及灯具销售情况见表 4-9。

表 4-9 FL 公司 2019—2020 年照明器材及灯具销售数据表

年度＼指标	销售量（万只）	营业收入（万元）	平均单价（元/只）
2019	62 609. 09	333 757. 67	5. 330 8
2020	71 650. 62	374 491. 45	5. 226 6

依据表 4-9 数据，以 2019 年为基准期，对影响 FL 公司 2020 年度营业收入变动的因素分析如下：

销售量变动对营业收入的影响 = 基期营业收入 × 销售量增长率

$$= 333\ 757.67 \times \frac{71\ 650.62 - 62\ 609.09}{62\ 609.09}$$

$$= 48\ 198.75 \text{（万元）}$$

价格变动对营业收入的影响 = 营业收入增长额 - 销售量变动对营业收入的影响

$$= (374\ 491.45 - 333\ 757.67) - 48\ 198.75$$

$$= -7\ 464.97 \text{（万元）}$$

从上述计算可以看出，销售量变动对营业收入变动额的影响方向是增加的，并且销量增加带来了营业收入 48 198. 75 万元的增加额，占营业收入增加额的 118. 33%，所以，销售量变动是营业收入变动的最主要的影响因素。对于销售单价因素，由于 2020 年平均销售单价发生了下降，进而导致营业收入下降 7 464. 97 万元。

对于销售单价下降的原因，根据 FL 公司披露的相关信息，可以发现，LED 行业经过 10 多年的快速发展，行业发展已经进入成熟期，目前企业主要依靠价格优势来获取竞争优势和获取市场份额。

二、成本费用分析

成本费用是对营业成本、管理费用、研发费用、销售费用及财务费用的统称。成本费用对财务成果有着十分重要的影响，降低成本费用是增加财务绩效的重要途径。因此，有必要进行成分费用的专门分析。

（一）主营业务成本分析

主营业务成本即为产品销售成本。产品销售成本分析包括全部销售成本分析和单位销售成本分析两部分。

1. 全部销售成本完成情况分析

（1）将本年度全部产品销售总成本与按本年实际销售量计算的上年实际销售总成本进行对比，求出销售成本的增减额和增减率。计算公式：

$$\text{全年销售成本降低额} = \frac{\text{按本年实际销售量计算}}{\text{的上年实际销售总成本}} - \text{本年实际销售总成本}$$

$$\text{全年销售成本降低率}=\frac{\text{全年销售成本降低额}}{\text{按本年实际销售量计算的上年销售成本}}\times100\%$$

（2）计算主要产品和非主要产品的销售成本降低额和降低率，以及对全部销售成本降低率的影响。

$$\begin{matrix}\text{主要产品销售成本降低对}\\\text{全部销售成本降低率的影响}\end{matrix}=\frac{\text{主要产品销售成本降低额}}{\text{按本年实际销售量计算的上年销售成本}}\times100\%$$

$$\begin{matrix}\text{非主要产品销售成本降低对}\\\text{全部销售成本降低率的影响}\end{matrix}=\frac{\text{主要产品销售成本降低额}}{\text{按本年实际销售量计算的上年销售成本}}\times100\%$$

（3）计算各主要产品品种销售成本降低额和降低率，以及它们对全部产品销售总成本降低率的影响程度。计算方法可采用上述全部销售成本降低额和降低率的计算公式，以及主产品销售成本降低对全部销售成本降低率影响的公式，只是产品的口径和范围不同。

由于 FL 公司披露的财务报告中没有包含各个产品品种的单位销售成本详细数据，所以，本书采用虚拟的 ABC 公司的数据进行产品销售成本变动分析。

【例 4.2】ABC 公司最近两年各个产品品种的销售数量和销售成本数据见表 4-10，请分析各个产品品种销售成本的变动及其对总销售成本变动的影响。

表 4-10　ABC 公司销售量与销售成本数据

产品名称	销售量（件）	单位销售成本（元）		销售总成本（元）	
		上年	本年	上年	本年
主要产品				179 000	177 700
其中：甲	250	42	40	10 500	10 000
乙	450	190	186	85 500	83 700
丙	100	830	840	83 000	84 000
非主要产品				17 050	18 080
其中：丁	100	80	82	8 000	8 200
……					
全部产品				196 050	195 780

对表 4-10 所描述的 ABC 公司的各个产品品种的销售量和销售成本数据，进行销售成本变动情况分析见表 4-11。

表 4-11　ABC 公司产品销售成本分析　　单位：元

	全部产品	主要产品	非主要产品	甲产品	乙产品	丙产品
按本年销售量计算的上年销售成本	196 050	179 000	17 050	10 500	85 500	83 000
本年实际销售总成本	195 780	177 700	18 080	10 000	83 700	84 000
成本变动额	−270	−1 300	+1 030	−500	−1 800	1 000

续表

	全部产品	主要产品	非主要产品	甲产品	乙产品	丙产品
成本变动率（%）	-0.14	-0.73	6.04	-4.76	-2.11	1.20
销售成本变动对全部销售成本变动率的影响（%）	—	-0.67	0.53	-0.26	-0.92	0.51

通过表 4-11 的计算可以看出，ABC 公司本年销售成本变动率为-0.14%，其中主要产品贡献的份额为-0.67%，非主要产品贡献的份额为 0.53%，所以，未来的销售成本控制和管理中，应该重点分析和降低非主要产品销售成本；进一步分析主要产品，可以发现甲产品和乙产品的销售成本都是降低的，分别贡献了总销售成本降低率中的 0.26%和 0.92%，而丙产品销售成本有所上升，贡献了总销售成本变动率的份额为 0.51%，所以，未来销售成本控制管理中，应该重点分析和降低丙产品的销售成本。

2. 单位销售成本分析

单位销售成本与单位生产成本之间的关系，可以通过以下公式反映出来：

某产品单位销售成本=某产品销售总成本÷该产品销售量

某产品销售总成本=本期生产总成本+期初结存成本-期末结存成本

某产品单位生产成本=该产品本期生产总成本÷当期生产量

可见，当期单位销售成本与单位生产成本的差异主要受到期初和期末结存成本变动的影响。如果当期生产的产品全部销售，则当期单位销售成本与当期单位生产成本一般是相同的。这时，可以用生产成本资料对单位销售成本的变动进行分析。

【例 4.3】假定上例中的 ABC 公司的丙产品单位生产成本构成见表 4-12，该品种期初库存量和期末库存量都是 0。请分析丙产品各个成本项目的变动及其对丙产品单位销售成本变动的影响。

首先，分别计算直接材料、直接人工和制造费用等项目的变动额和变动率；其次计算每个项目的变动对单位生产成本的影响水平。计算结果填入表 4-12。

表 4-12　ABC 公司丙产品单位成本构成变动分析表

成本项目	上年实际成本（元）	本年实际成本（元）	增减变动		本项目变动对单位成本的影响（%）
			变动额（元）	变动率（%）	
直接材料	516	594	+78	+15.12	+9.40
直接人工	120	162	+42	+35.00	+5.06
制造费用	194	84	-110	-56.70	-13.25
合计	830	840	+10	+1.20	+1.20

从表 4-12 可以看出，本年度丙产品单位生产成本增加了 10 元，增长率为 10%。导致单位生产成本增长的主要因素是直接材料和直接人工的增长，这两个项目分别推动单位生产成本增长 9.40%和 5.06%。另外，本年度制造费用则出现了下降，并且推动单位生产成

本下降13.25%。所以，为了有效减少丙产品的生产成本，未来应该重点分析直接材料和直接人工的增长原因，并采取相应措施进行控制和削减。

（二）各项期间费用分析

在利润表中，与财务成果直接相关的费用包括销售费用、管理费用、研发费用和财务费用。

1. 各项期间费用的变化分析

对各项期间费用的分析方法可以采用水平分析法和垂直分析法。运用水平分析法将各项费用的实际数与上期费用或预算数进行对比，可以揭示各项费用的消耗情况及其与基准值存在差异的原因。运用垂直分析法可以分析各项费用的构成变动，进而找出未来对各项费用进行管理控制的相应对策。

【例4.4】分析FL公司2020年度各项期间费用的变化情况。

检索FL财务报告的相关信息，编制各项期间费用变动分析表见表4-13。

表4-13 FL公司2020年度各项期间费用变动分析表

项目	费用金额（万元）			各项费用占总费用比重（%）		
	2019年	2020年	变动率（%）	2019年	2020年	变动率（%）
销售费用	14 521.97	24 382.43	-40.44	35.96	54.83	-18.87
管理费用	15 536.54	14 918.65	4.14	38.47	33.55	4.93
财务费用	-562.33	-2 772.48	79.72	-1.39	-6.23	4.84
研发费用	10 888.53	7 944.43	37.06	26.96	17.86	9.10
合计	40 384.71	44 473.03	-9.19	100.00	100.00	0.00

与2019年相比，2020年四项期间费用总额减少了9.19%，导致四项费用总额下降的原因是销售费用发生了大幅度下降。上文已经分析，这是FL公司在2020年度首次采用新的收入确认准则，把2019年度计入销售费用的与合同履约有关的运输费改为计入营业成本所致。

财务费用、研发费用和管理费用都发生上升，其中财务费用和研发费用上升幅度比较大。财务费用之所以发生较大幅度上升，主要是该公司出口收入增加同时人民币升值导致汇兑损失增加所致，研发费用的上升是该公司加强了研发力度导致的。

2. 各项期间费用的性态分析

各项期间费用按照性态可以分为变动性期间费用、固定性期间费用以及混合性期间费用。费用项目的性态不同，分析的方法和重点也不同。

（1）固定性期间费用，是指与企业的实际业务活动没有直接联系，即其发生的金额不随业务量的变动而变动的费用。一定会计期间的工资费用、固定资产折旧费都属于这种性态的费用。这部分期间费用的分析方法主要是与预算金额或计划金额进行对比，找出导致费用变化的原因。

（2）变动性期间费用，是指在一定的业务量范围内，发生的金额和业务量之间保持正比例关系的期间费用。如企业一定会计期间发生的包装费、运输费等，其金额都随业务量的增加而基本呈正比例增长。这部分期间费用的分析方法主要是比率分析法，据以判断费用的金额是否与企业业务量保持同步以及占比是否发生显著变化，所使用的比率主要是营业收入期间费用率。

(3) 混合性费用，是指随着业务量的增减变动而适当变动的期间费用。如一定会计期间内机器设备的日常维修费用。对这部分期间费用中表现出固定性特征的部分，分析其绝对额的变动及其合理性；对显现变动性特征的部分，分析其相对比率的变动及其合理性。

三、主营业务利润的影响因素分析

主营业务利润，也称产品销售利润，是综合反映企业主营业务最终财务成果的指标，直接反映了企业生产经营状况和经济效益状况的最主要方面，因此对主营业务利润进行因素分析具有非常重要的意义。

进行主营业务利润因素分析，一般需要按照以下的顺序进行：首先，找出影响主营业务利润的因素；其次，确定各因素变动对主营业务利润的影响程度；最后，对主营业务利润完成情况进行分析评价，并提出进一步的改进措施。

（一）影响主营业务利润的因素

主营业务利润的计算公式：

$$\text{主营业务利润} = \sum[\text{产品销售量} \times (\text{产品单价} - \text{单位销售成本})]$$

根据上述计算公式，可以找出单一产品企业主营业务利润的主要影响因素是产品销售量、产品单价和单位销售成本。在生产多种产品的企业，它还受产品销售品种构成的影响；在生产多等级产品的企业，由于优质优价、低质低价，它又受产品等级结构的影响。

（二）主营业务利润的因素分析方法

1. 销售量变动对主营业务利润的影响

$$\frac{\text{销售量变动对主营}}{\text{业务利润的影响}} = \frac{\text{主营业务利润}}{\text{基期数}} \times \left(\frac{\text{产品销售量}}{\text{变化率}} - 1\right)$$

$$\text{产品销售量变化率} = \frac{\sum[\text{产品实际销售量} \times \text{基期单价(或单位成本)}]}{\sum[\text{产品基期销售量} \times \text{基期单价(或单位成本)}]} \times 100\%$$

产品销售量完成率主要考察销售量的完成情况，因此，在只生产一种产品时，可直接用实物量进行计算，但在生产多种产品时，实物量不能直接相加，通常需要分析各个品种的销售金额或销售成本。

2. 销售品种构成变动对利润的影响分析

产品品种构成，是指某种产品的产量或销售量在全部产品产量或销售量中所占的比重。由于各种产品的利润率高低不同，则产品品种构成的变动就会引起利润额的变动。确定品种构成变动对利润额影响的方法较多，且各有利弊，下面就几种主要方法进行说明：

方法一：

$$\text{品种构成变动对利润的影响}=\sum(\text{产品实际销售量}\times\text{产品基期单位利润})-\text{基期产品销售利润}\times\text{产品销售量变化率}$$

方法二：

$$\text{品种构成变动对利润的影响}=\sum\left[\sum\left(\text{产品实际销售量}\times\text{产品基期单价}\right)\times\left(\text{实际品种构成}-\text{基期品种构成}\right)\times\text{基期销售利润率}\right]$$

方法三：

$$\text{品种构成变动对利润的影响}=\sum\left[\sum\left(\text{产品实际销售量}\times\text{产品基期单价}\right)\times\left(\text{实际品种构成}-\text{基期品种构成}\right)\times\left(\text{基期销售利润率}-\text{基期综合销售利润率}\right)\right]$$

方法四：

$$\text{品种构成对利润的影响}=\text{实际产品销售利润}-\text{基期产品销售利润}-\text{其他各因素变动对销售利润的影响}$$

上述四个方法计算的品种构成变动对利润的影响程度应该是一样的。方法一和方法四都可以计算出品种构成变动对利润影响的总额，但不能分别说明各产品的变动情况；方法二和方法三则既能说明影响总额，又能说明各产品的影响额。

方法三比方法二更能准确反映产品品种构成对利润的影响程度，但是，方法三比方法二要复杂一些。

方法一和方法四比方法二和方法三更简单，其中，方法四是最简单的。

在实践中，应根据分析目的和条件，选择相应的分析方法。

3. 销售价格变动对利润的影响分析

销售价格是影响主营业务销售利润的重要因素。销售价格变动对利润的影响一般可以用下式计算：

$$\text{价格变动对销售利润的影响}=\sum\left[\text{产品实际销售量}\times\left(\text{实际销售价格}-\text{基期销售价格}\right)\right]$$

价格变动包括质量差价和供求差价或政策差价两种情况，关于供求差价和政策差价最终都体现在价格上，因此可以直接利用上面的公式进行计算；而质量差价，可以采用等级品的构成对单价的影响表示出来。

4. 产品等级构成变动对利润的影响分析

产品等级构成是指在等级产品总产销量中，各等级品产销量所占的比重，它是反映等级品质量的重要指标。确定等级品质量变动对利润的影响，可用下式计算：

$$\text{质量变动对销售利润的影响}=\sum\left[\text{等级产品实际销售量}\times\left(\text{实际等级基期平均单价}-\text{基期等级基期平均单价}\right)\right]$$

其中：等级产品实际销售量为各个等级产品的实际销售量直接相加之和。

$$\text{基期等级基期平均单价}=\frac{\sum(\text{各等级基期销售量}\times\text{该等级基期单价})}{\text{各等级基期销售量之和}}$$

需要注意的是，上述计算公式仅适用等级品质量变动；对于一般产品的优质优价，应该先计算出质量变动对单价的影响，然后套用价格变动公式进行计算分析。

5. 单位销售成本变动对利润影响分析

单位销售成本变动对利润有着重要影响，在其他因素不变情况下，单位销售成本降低幅度越大，则利润的增加幅度越大，即销售成本与利润成反向相关关系。计算成本变动对利润的影响的公式：

$$\begin{matrix}\text{成本变动对销售}\\ \text{利润的影响}\end{matrix} = \sum\left[\begin{matrix}\text{产品实际}\\ \text{销售量}\end{matrix} \times \left(\begin{matrix}\text{单位产品}\\ \text{基期成本}\end{matrix} - \begin{matrix}\text{单位产品}\\ \text{实际成本}\end{matrix}\right)\right]$$

6. 消费税率变动对利润影响分析

（1）如果企业实行从价定率法计算消费税，则消费税率变动对产品销售利润影响的计算公式：

$$\begin{matrix}\text{消费税率变动}\\ \text{对利润的影响}\end{matrix} = \sum\left[\begin{matrix}\text{产品实际}\\ \text{销售收入}\end{matrix} \times \left(\begin{matrix}\text{基期消费}\\ \text{税率}\end{matrix} - \begin{matrix}\text{实际消费}\\ \text{税率}\end{matrix}\right)\right]$$

（2）如果企业实行从量定额法计算消费税额，则单位消费税额变动对利润影响的计算公式：

$$\begin{matrix}\text{消费税额变动}\\ \text{对利润的影响}\end{matrix} = \sum\left[\begin{matrix}\text{产品实际}\\ \text{销售量}\end{matrix} \times \left(\begin{matrix}\text{单位产品基期}\\ \text{消费税额}\end{matrix} - \begin{matrix}\text{单位产品实际}\\ \text{消费税额}\end{matrix}\right)\right]$$

需要注意的是，在实行从价定率的方法计征消费税时，前述价格和质量变动对利润影响的计算公式后都应乘以（1-基期消费税率）。

（三）主营业务利润完成情况评价

在确定各因素对主营业务利润影响程度的基础上，需要对主营业务利润的完成情况进行分析：首先，分析影响主营业务利润的有利因素与不利因素；其次，找出影响产品销售利润的主观因素与客观因素；最后，评价生产经营过程中出现的成绩与问题，并提出改进建议。

【例 4.5】XYZ 公司 2019 年与 2020 年的主营业务利润明细表见表 4-14，请为 XYZ 公司进行主营业务利润影响因素分析。

表 4-14 XYZ 公司 2011 年与 2012 年主营业务利润明细表 单位：元

	产品名称	销售数量（件）	单位产品销售价格	单位产品销售成本	单位产品销售利润	产品销售利润
2020 年	甲	250	50	40	10	2 500
	乙	450	248	186	62	27 900
	丙	100	1 200	840	360	36 000
	合计	—	—	—	—	66 400
2019 年	甲	200	50	42	8	1 600
	乙	500	240	190	50	25 000
	丙	80	1 200	830	370	29 600
	合计	—	—	—	—	56 200

对 XYZ 公司主营业务利润的因素分析过程如下：

1. 首先确定分析对象主营业务利润变动额

主营业务利润变动额=66 400−56 200=10 200（元）

2. 各因素对主营业务利润变动的影响分析

（1）销售量变动对利润的影响

$$产品销售量变化率=\frac{250\times50+450\times248+100\times1\ 200}{200\times50+500\times240+80\times1\ 200}\times100\%=108\%$$

销售量变动对主营业务利润的影响=56 200 ×（108%−1）= 4496（元）

（2）产品品种构成变动对主营业务利润的影响

产品品种构成变动对利润的影响=250×8+450×50+100×370−56 200×108%

=804（元）

（3）变动对主营业务利润的影响

变动对主营业务利润的影响=250×（42−40）+450×（190−186）+100×（830−840）

=1300（元）

可见，企业主要产品销售利润比 2019 年增加 1020 元，品种结构变动也给利润增长带来了有利影响。

假如上述乙产品是等级产品，有关补充资料见表 4-15。

表 4-15　XYZ 公司乙产品的等级结构变动对销售利润的影响分析

等级产品	2019 年		2020 年	
	销售数量（件）	销售单价（元）	销售数量（件）	销售单价（元）
一等品	350	249	360	252
二等品	150	219	90	232
合计	500	—	450	

产品等级构成变动对乙产品销售利润的影响分析如下：

按照 2019 年等级构成计算的 2019 年平均单价=（350×249+150×219）÷ 500

=240（元/件）

按照 2020 年等级构成计算的 2019 年平均单价=（360×249+90×219）÷ 450

=243（元/件）

按照 2020 年等级构成计算的 2020 年平均单价=（350×252+150×232）÷ 500

=248（元/件）

所以，

等价品价格变动对乙产品销售利润的影响额=450 ×（248−243）= 2 250（元）；

等级构成变动对乙产品销售利润的影响=450 ×（243−240）= 1 350（元）。

四、其他业务分析

其他业务属于企业经营活动的一种类型，其他业务收入与其他业务成本也是通过销售商品、提供劳务或者让渡资产使用权发生的。但是，与主营业务相比，其他业务不经常发生，通常情况下其他业务收入占营业收入的比例也比较小。所以，在进行财务分析时，如果发现其他业务收入的占比提升很大，那么就要进一步分析这种情况长期存在的可持续性。

另外，税收法规和税收政策中有些关于税收优惠的条款，对企业的主营业务收入占比有要求。比如财政部 2020 年发布了《关于支持新型冠状病毒感染的肺炎疫情防控有关税收政策的公告》，其中规定“受疫情影响较大的困难行业企业 2020 年度发生的亏损，最长结转年限由 5 年延长至 8 年”，同时要求“困难行业企业 2020 年度主营业务收入须占收入总额（剔除不征税收入和投资收益）的 50%以上”。财政部 2020 年还发布了《关于延续西部大开发企业所得税政策的公告》，自 2021 年 1 月 1 日至 2030 年 12 月 31 日，对设在西部地区的鼓励类产业企业减按 15%的税率征收企业所得税。其中也要求申请收税优惠的企业的主营业务收入占比要达到 60%以上。

五、非经常性收益分析

非经常性损益包括两部分：一是与经营业务无直接关系的收支；二是虽与经营业务相关，但由于其性质、金额或发生频率等方面的原因，影响了真实公允地反映公司正常盈利能力的各项收支。通常，非经常性损益包括了政府各种补助、企业固定资产或长期资产的处置收益或损失、金融资产的处理收益或损失以及其他与经营无直接关系的营业外收入或支出。

根据现行会计准则，利润表中没有单独列报非经常性损益项目，但是要求上市公司在年度报告的附注中进行披露。非经常性损益可能出现在多个不同的会计科目之中，涉及的项目有“营业外收入”“营业外支出”“投资收益”“资产减值损失”“公允价值变动损益”“管理费用”“财务费用”“主营业务收入”以及“主营业务支出”等。其中，主要出现在前四个科目中。

由于非经常性损益要么与经营业务关系不大，要么不经常发生，所以，在评价企业经营业绩时，一般要把这部分损益的影响排除在外。如果某年度非经常性收益占比过高，就可以判断该企业经营业绩质量较低。

六、其他综合收益分析

其他综合收益是指企业根据会计准则规定未在损益中确认的各项利得和损失扣除所得税影响后的净额，其实质是在本期确认但将在未来实现的收益。“其他综合收益”不仅需要在利润表中列示，也需要在资产负债表中列示。在利润表中，其他综合收益不影响当期净利润，只是在净利润下方披露其他综合收益。另外，在附注中也会对其他综合收益进行分类披露。

其他综合收益分为两类：一是“以后会计期间不能重分类进损益的其他综合收益”，在其实现时一般转入留存收益；二是“以后会计期间可以重分类进损益的其他综合收益”，在其实现时一般转入投资收益或者其他业务成本。

其他综合收益虽然属于未在当期实现的收益，也不纳入计税范围，更不会带来实际的现金流量，但可能在未来会影响企业的经营成果，其中的“以后会计期间可以重分类进损益的其他综合收益”对未来经营业绩有一定预测价值。但是另一方面，其他综合收益不是来自主营业务经营活动，而且将来可转入利润的其他综合收益的存在，将为企业管理层进行盈余管理提供条件，也可能会对不熟悉企业利润构成的外部利益相关者带来迷惑或误导。所以，其他综合收益与净利润的比值不宜太高。

【例 4.6】FL 公司的非经常性损益和其他综合收益分析

查阅对应年份的财务报告，编制 FL 公司 2016—2020 年的非经常性损益和其他综合收益分析表，见表 4-16。

表 4-16 FL 公司非经常性损益和其他综合收益分析

指标 \ 年度	2020	2019	2018	2017	2016
非经常损益/净利润（%）	12.66	4.16	5.34	52.24	67.25
其他综合收益当年转入损益金额/当年净利润（%）	0.00	0.00	0.00	41.92	84.03
上年末可重分类进损益的其他综合收益余额（万元）	1.74	29 767.29	71 660.81	113 397.14	221 298.92

从非经常性损益来看，FL 公司在 2016 年和 2017 年产生了大量的非经常损益，但是，从 2018 年开始，非经常性损益就很少了，这说明其净利润质量有所提升；从其他综合收益来看，FL 公司在 2015 年年末和 2016 年年末累计了大量的其他综合收益，并且对应在 2016 年和 2017 年把比较多的其他综合收益转入当期损益，当期转入损益金额与当期净利润的比值分别达到了 84.03%和 41.92%。不过，由于证券市场行情变化，导致该公司 2017 年以来“可重分类进损益的其他综合收益”余额逐年锐减，这几年将其他综合收益转入损益的机会减少。

七、所得税费用分析

首先计算“所得税费用率=所得税费用/利润总额”，若计算出的所得税费用率大于名义税率，说明导致企业所得税税负增加的原因在于存在不允许所得税前列支的费用，因此防止所得税税负增加的方法也就在于有效控制不允许所得税前列支的费用的发生，而要做到这一点，必须精通于所得税有关的法律法规，树立纳税意识，在费用开支之前就要预见到其与所得税之间的关系，还要掌握各种合理避税的技巧。

【例 4.7】对 FL 公司 2020 年度的所得税费用进行分析。

检索所得税费用相关数据，编制所得税费用分析表，见表 4-17。

表 4-17　FL 公司 2020 年度的所得税费用分析

项目 \ 年份	2020 年	2019 年
所得税费用（万元）	4 571.47	4 696.36
利润总额（万元）	36 788.33	34 531.11
所得税费用率（%）	12.43	13.60

由于 FL 公司 2020 年继续被认定为高新技术企业，从 2020 年起，三年内减按 15%的税率缴纳所得税。根据表 4.17 的计算结果，2020 年度所得税费用率为 12.43%，比 2019 年度有所下降，而且两年都小于 15%，所以，可以认为 FL 公司对于所得税进行了很好的筹划。

本章小结

1. 目前通行于世界各国的利润表有两种格式：一是单步式利润表，二是多步式利润表。我国会计准则指定的利润表格式为多步式的。

2. 利润表分析的目标：评价企业经营成果和获利能力、为相关决策者提供正确信息、有助于判断企业价值大小以及考评企业管理人员绩效等。

3. 利润增减变动分析，也就是利润表的水平分析，通过与利润表各项目上年实际数的比较，分析各项目的实际变动情况及其原因；通过与利润表各项目预算或计划数的比较，分析各项目预算或计划的执行情况及其原因。

4. 利润构成变动分析，也就是利润表的垂直分析，主要分析同一会计期间利润表各项目的相对增长速度的差异，目的是找出企业经营成果的变动最终是由哪些因素引起的，并分析这些原因对企业影响的程度。

5. 在利润表主要项目分析中，主要进行收入与成本项目的构成与影响因素分析，另外也需要进行其他业务利润、营业外收支、投资收益以及所得税分析。

本章习题

1. 请通过制表的方式描述利润表的基本结构。
2. 利润表分析的主要目标有哪几个？
3. 请自行总结，利润增减变动分析的要点有哪些？
4. 请自行总结，利润构成变动分析的要点有哪些？
5. 选择一家上市公司，对其某年度的利润表进行相关分析。

第五章　现金流量表分析

学习目标

1. 熟悉一般企业现金流量表的基本结构。
2. 了解现金流量表分析的主要目的。
3. 掌握现金流量表一般分析、水平分析和结构分析的基本方法。
4. 熟悉对现金流量表主要项目的分析。
5. 了解现金流量表的综合分析模型。

现金流量表是以收付实现制为基础编制的，反映企业一定时期的现金及现金等价物的流入和流出信息的动态报表，收付实现制的编制基础与资产负债表和利润表采用的权责发生制有着根本区别。

现金流量表是《企业会计准则》要求企业必须编制并披露的基本报表之一，它反映企业现金的来源和使用。现金流量表按照企业的三大主要活动——经营活动、投资活动和筹资活动分别来反映现金和现金等价物的流入和流出。

第一节　现金流量表分析概述

一、现金和现金流量

现金流量表中的现金概念与我们日常生活中所指的现金有所不同。

这里的现金是指广义的现金，不仅包括库存现金，还包括银行存款、其他货币资金以及现金等价物等。银行存款是企业存在金融机构可随时用于支付的存款，对不能随时支取的定期存款不作为现金流量表中的现金，但提前通知金融机构便可支取的定期存款包括在现金流量表的现金范围内。其他货币资金是企业存在金融机构有特定用途的资金，如外埠存款、银行汇票存款、银行本票存款、信用证保证金存款、信用卡存款等。

现金等价物，是指企业持有的期限短、流动性强、易于转换为已知金额现金、价值变动风险很小的投资。所谓期限短，一般是指从购买日起 3 个月内到期。现金等价物通常包括 3 个月内到期的债券投资等，如企业购买的长期债券投资还有 3 个月就到期，此时该笔债券投资可视为现金。权益性投资变现的金额通常不确定，因而不属于现金等价物。企业应当根据具体情况，确定现金等价物的范围，一经确定不得随意变更。

现金流量是指一定时期内企业现金和现金等价物的流入和流出。对于企业从银行提取现金、用现金购买国库券等现金和现金等价物之间的转换则不属于现金流量。

二、现金流量表的基本格式

现金流量表有一般企业和金融企业两种格式。一般企业现金流量表格式遵循财政部2019年发布的《财政部关于修订印发2019年度一般企业财务报表格式的通知》；金融企业现金流量表格式遵循财政部2018年发布的《财政部关于修订印发2018年度金融企业财务报表格式的通知》。企业应当根据其所处的行业和经营活动的性质，确定本企业适用的现金流量表格式。

本书以一般企业的现金流量表格式为例进行分析。按现行会计准则的要求，一般企业的现金流量表和补充资料基本格式见表5-1和表5-2。

表5-1 一般企业的现金流量表

现金流量表

编制单位： ____年____月 单位：元

项目	本期金额	上期金额
一、经营活动产生的现金流量：		
销售商品、提供劳务收到的现金		
收到的税费返还		
收到的其他与经营活动有关的现金		
经营活动现金流入小计		
购买商品、接受劳务支付的现金		
支付给职工以及为职工支付的现金		
支付的各项税费		
支付的其他与经营活动有关的现金		
经营活动现金流出小计		
经营活动产生的现金流量净额		
二、投资活动产生的现金流量：		
收回投资收到的现金		
取得投资收益所收到的现金		
处置固定资产、无形资产和其他长期资产收回的现金净额		
处置子公司及其他营业单位收到的现金净额		
收到其他与投资活动有关的现金		
投资活动现金流入小计		
购建固定资产、无形资产和其他长期资产支付的现金		
投资支付的现金		
取得子公司及其他营业单位支付的现金净额		

续表

项目	本期金额	上期金额
支付其他与投资活动有关的现金		
投资活动现金流出小计		
投资活动产生的现金流量净额		
三、筹资活动产生的现金流量：		
吸收投资收到的现金		
取得借款收到的现金		
收到其他与筹资活动有关的现金		
筹资活动现金流入小计		
偿还债务支付的现金		
分配股利、利润或偿付利息支付的现金		
支付的其他与筹资活动有关的现金		
筹资活动现金流出小计		
筹资活动产生的现金流量净额		
四、汇率变动对现金及现金等价物的影响		
五、现金及现金等价物净增加额		
加：期初现金及现金等价物余额		
六、期末现金及现金等价物余额		

表 5-2　现金流量表补充资料

补充资料	本期金额	上期金额
1. 将净利润调节为经营活动的现金流量		
净利润		
加：资产减值准备		
固定资产折旧、油气资源折耗、生产性生物资产折旧		
使用权资产折旧		
无形资产摊销		
长期待摊费用的摊销		
处置固定资产、无形资产和其他长期资产的损失		
固定资产报废损失（收益以“-”号填列）		
公允价值变动损失（收益以“-”号填列）		
财务费用（收益以“-”号填列）		
投资损失（收益以“-”号填列）		
递延所得税资产减少（收益以“-”号填列）		

续表

补充资料	本期金额	上期金额
递延所得税负债增加（收益以“-”号填列）		
存货的减少（收益以“-”号填列）		
经营性应收项目的减少（收益以“-”号填列）		
经营性应付项目的增加（收益以“-”号填列）		
其他		
经营活动产生的现金流量净额		
2. 不涉及现金收支的投资和筹资活动：		
债务转为资本		
一年内到期的可转换公司债券		
融资租赁固定资产		
3. 现金及现金等价物净变动情况：		
现金的期末余额		
减：现金的期初余额		
加：现金等价物的期末余额		
减：现金等价物的期初余额		
现金及现金等价物净增加额		

根据相应会计准则，现金流量表应当分别列报经营活动、投资活动和筹资活动对应的现金流量。

经营活动产生的现金流量，是指企业除投资活动和筹资活动以外的其他所有交易或事项所产生的现金流量，如购销商品、提供或接受劳务、缴纳税款、支付工资与营销费用等行为中所涉及的现金流量。

投资活动产生的现金流量是指企业长期资产的构建以及不包括在现金等价物的投资以及处置活动中所涉及的现金流量，如股权与债权投资、收到股息与利息、收回股权与债权、购建或处置固定资产、无形资产等。

筹资活动产生的现金流量则是指所有与导致企业资本与债务规模和构成发生变化的活动所涉及的现金流量，如借款、发行股票与债券、融资租赁、偿还债务本金与利息、支付股息等。

三、现金流量表分析的目的

现金流量表反映了企业在一定时期内收到和支付的现金数额，揭示了在一定时期内现金流动的状况，通过分析现金流量表，可以达到以下目的。

（一）动态地了解企业现金变动情况和变动原因

资产负债表中的货币资金项目期末余额和期初余额的差额可以反映企业一定时期内现

金变动的结果，但是只能从总体上反映现金存量的变动。只有通过现金流量表的分析，才能从动态的角度说明现金存量变动的具体途径和原因。

（二）评价企业获取现金的能力

货币资金的余额是企业现金流动的结果，并不表明现金流量的大小，通过对现金流量表的分析，能够对企业获取现金的能力做出判断，进而可以预测企业未来偿债、投资和派发现金股利的能力。

（三）评价企业利润的质量

通常现金和利润是同步变动的，高收益一般会导致现金流入，但是，利润是按权责发生制计算的，用于反映当期的财务成果，它不一定都是已经实现的收益，账面上的利润不一定对应同样多的现金流。因此，盈利企业仍然有可能发生财务危机，高质量的盈利必须有相应的现金流入做保证。

（四）评价经营决策

现金流量表可以反映出企业的运营活动、筹资活动和投资活动带来的现金流入和流出情况，利益相关者可以据此分析企业的各项经营决策的效果、存在的问题以及找出改进的方向。

四、现金流量表分析的内容

（一）现金流量表一般分析

现金流量一般分析是分析现金及现金等价物净增加额总额的变动情况，然后分别对经营活动、投资活动和筹资活动现金流量进行分析评价，找出引起变动的主要原因以及未来的改进措施。

（二）现金流量表水平分析

现金流量水平分析主要是通过对比不同时期的各项现金流量变动情况，揭示出在不同时期的企业现金流量水平及其变动情况，反映企业现金流量管理的水平与特点。

（三）现金流量表结构分析

现金流量结构分析是通过计算企业各项现金流入量占现金总流入量的比重，以及各项现金流出量占现金总流出量的比重，揭示出企业经营活动、投资活动和筹资活动的特点及其对现金净流量的影响方向和程度。

（四）现金流量与利润表、资产负债表的综合分析

现金流量表与资产负债表和利润表都存在着紧密的联系。对于资产负债表，现金的流入与流出可能对应货币资金、非现金资产负债以及所有者权益的相应变动；对于利润表，经营活动会带来收入和利润，也会产生相应的现金流入和流出。通过三张报表结合起来进行分析，可以结合企业财务状况和经营成果，更加全面地分析企业地现金流情况。

五、现金流量表的局限

（一）对现金等价物的定义并不统一

对于现金等价物的概念，我国会计准则只对其中的“期限短”做出了相应解释，对其他三个条件没有解释。这不仅增加了企业编制报表的难度，而且可能导致企业管理层主观臆断，或是无所适从，甚至通过“适当判断”进行报表粉饰，谋求对自己有利的结果。

（二）现金流量表信息的可比性存在局限

现金流量表主要是根据历史数据进行编制的，而且不同企业所采取的会计政策、会计估计以及会计处理方法可能存在一定的差异，这些因素都会影响现金流量表信息的实效性、可比性和可靠性。

（三）需要考虑处于不同生命周期阶段的差异

企业生命周期一般可以分为初创期、成长期、成熟期和衰退期四个阶段，不同阶段的企业资金运营方式不一样，其现金流量也呈现不同的特点。所以，需要结合企业所处的生命周期阶段进行对应分析。

第二节　现金流量表的基本分析

一、现金流量表的一般分析

现金流量表的一般分析，就是根据现金流量表的数据，对企业现金流量的情况进行初步的分析和评价，不需要对现金流量表的信息做进一步的加工，直接分析现金流量表所呈现的数据。

首先，分析现金以及现金等价物的净增加额以及经营活动、投资活动和融资活动三大类现金净流量；其次，分析各项现金流量的变化额和变化率，分析现金流变化的原因。

对于一个健康的正在成长的公司来说，经营活动现金流量应是正数，投资活动的现金流量是负数，筹资活动的现金流量应是随着时间推移正负相间的。

【例 5. 1】 FL 公司 2020 年度现金流量表的一般分析。

FL 公司 2020 年度的现金流量表见表 5-3，财务报告中披露现金流量表补充资料见表 5-4。

表 5-3　FL 公司 2020 年度现金流量表

项目	本期金额（万元）	上期金额（万元）
一、经营活动产生的现金流量：		
销售商品、提供劳务收到的现金	334 241.02	351 274.26
收到的税费返还	11 233.38	8 343.15
收到的其他与经营活动有关的现金	119 66.62	12 071.96
经营活动现金流入小计	357 441.02	371 689.37
购买商品、接受劳务支付的现金	207 788.78	216 702.80
支付给职工以及为职工支付的现金	69 083.74	61 889.93
支付的各项税费	20 308.71	19 258.82
支付的其他与经营活动有关的现金	20 776.95	23 029.34
经营活动现金流出小计	317 958.19	320 880.90
经营活动产生的现金流量净额	39 482.83	50 808.48
二、投资活动产生的现金流量：		
收回投资所收到的现金	40 500.00	1 955.00
取得投资收益所收到的现金	5 239.77	5 117.34
处置固定资产、无形资产和其他长期资产所收回的现金净额	981.47	4.08
处置子公司及其他营业单位收到的现金净额	0.00	0.00
收到的其他与投资活动有关的现金	0.00	0.00
投资活动现金流入小计	46 721.23	7 076.43
购建固定资产、无形资产和其他长期资产所支付的现金	23 267.82	5 347.62
投资支付的现金	31 162.84	5 500.00
取得子公司及其他营业单位支付的现金净额	0.00	0.00
支付的其他与投资活动有关的现金	0.00	0.00
投资活动现金流出小计	54 430.66	10 847.62
投资活动产生的现金流量净额	−7 709.43	−3 771.19
三、筹资活动产生的现金流量		
吸收投资收到的现金	30.00	235.00
其中：子公司吸收少数股东投资收到的现金	30.00	235.00
取得借款收到的现金	4 800.00	0.00
发行债券收到的现金	0.00	0.00
收到其他与筹资活动有关的现金	0.00	0.00
筹资活动现金流入小计	4 830.00	235.00
偿还债务支付的现金	27 780.77	0.00

续表

项目	本期金额（万元）	上期金额（万元）
分配股利、利润或偿付利息所支付的现金	25 887.90	21 829.80
其中：子公司支付给少数股东的股利、利润	0.00	0.00
支付其他与筹资活动有关的现金	0.00	0.00
筹资活动现金流出小计	53 668.68	21 829.80
筹资活动产生的现金流量净额	-48 838.68	-21 594.80
四、汇率变动对现金及现金等价物的影响	-469.81	12.30
五、现金及现金等价物净增加额	-17 535.08	25 454.78
加：期初现金及现金等价物余额	105 107.90	79 528.58
六、期末现金及现金等价物余额	87 572.82	104 983.36

表 5-4　FL 公司 2020 年度现金流量表补充资料

补充资料	本期金额（万元）	上期金额（万元）
1. 将净利润调节为经营活动现金流量		
净利润	32 216.86	30 345.25
加：资产减值准备	2 369.09	2 036.89
固定资产折旧、油气资产折耗、生产性物资折旧	7 676.26	6 478.59
无形资产摊销	503.64	489.88
长期待摊费用摊销	802.44	656.20
待摊费用的减少	0.00	0.00
预提费用的增加	0.00	0.00
处置固定资产、无形资产和其他长期资产的损失	-909.09	0.00
固定资产报废损失（收益以“-”号填列）	162.41	41.33
公允价值变动损失（收益以“-”号填列）	-478.57	-202.44
财务费用（收益以“-”号填列）	0.00	0.00
投资损失（收益以“-”号填列）	-4 423.62	-6 087.84
递延所得税资产减少（增加以“-”号填列）	-24.64	98.46
递延所得税负债增加（减少以“-”号填列）	71.79	23.21
存货的减少（增加以“-”号填列）	-10 592.98	11 513.69
经营性应收项目的减少（增加以“-”号填列）	8 670.49	26 113.52
经营性应付项目的增加（减少以“-”号填列）	3 438.77	-20 698.25
其他	0.00	0.00

续表

补充资料	本期金额（万元）	上期金额（万元）
经营活动产生现金流量净额	39 482.83	50 808.48
2. 不涉及现金收支的投资和筹资活动：	0.00	0.00
债务转为资本	0.00	0.00
一年内到期的可转换公司债券	0.00	0.00
融资租入固定资产	0.00	0.00
3. 现金及现金等价物净变动情况	0.00	0.00
现金的期末余额	87 572.82	104 983.36
减：现金的期初余额	105 107.90	79 528.58
加：现金等价物的期末余额	0.00	0.00
减：现金等价物的期初余额	0.00	0.00
现金及现金等价物的净增加额	-17 535.08	25 454.78

根据上述表格，可以得到如下的一般性分析结果：

第一，该公司2020年度现金及现金等价物总变动额为-17 535.08万元，其中，经营活动产生现金流量净额为39 482.83万元，投资活动产生的现金流量净额为-7 709.43万元，筹资活动产生的现金流量净额为-48 838.68万元，汇率变动产生的现金流量净额为-469.81万元。这意味着该公司2020年由于偿还债务、分配股利以及长期投资消耗了大量的资金，但是营业活动却 没能提供足够的资金支持。

第二，该公司本年经营活动现金流量中，销售商品、提供劳务收到的现金为334 241.02万元，购买商品、接受劳务所支付的现金为207 788.78万元，经营活动现金净流量为39 482.83万元。对比当年利润总额为36 788.33万元，反映出该公司通过经营活动获取现金的能力比较强。

第三，投资活动产生的现金流入最大的项目是收回投资所收到的现金，对应的现金流入额为40 500.00万元。查阅现金流量表补充资料可知，这是该公司到期收回银行理财资金所致，这说明该公司在剥离与主业无关的资产，有利于集中资源，增强主业的发展；本期投资支付的现金主要是由于对湖南科达新能源投资发展有限公司进行100%股权收购，并且对原湖南科达持有的科联大厦（在建工程）进行追加投资所致。

第四，筹资活动现金流量最大的项目是偿还债务支付的现金27 780.77万元，此为本期代佛山科联清偿华建集团的借款所致。另外，分配股利支付的现金为25 887万元，现金流出金额也很大。相比较而言，筹资活动现金流入量比较少，主要的筹资现金流入是取得的金额为4 800万元的借款。

二、现金流量表水平分析

现金流量表的一般分析只说明了本期发生的各个层次的现金流量的总体规模，不能揭示本期现金流量与前期或预计现金流量的差异。为了解决这个问题，需要采用水平分析法对现金流量表进行分析。

在水平分析过程中，首先需要编制现金流量表水平分析表；其次，进一步分析总现金流净额与三项现金流净额的变化及其原因，分析变化幅度比较大的重点项目，进而对本期现金流的状况合理性与效率性进行评价，并对未来改善现金流量管理提出对策建议。

【例 5.2】 对 FL 公司 2020 年度现金流量表进行水平分析。

编制 FL 公司 2020 年度现金流量表见表 5-5。

表 5-5　FL 公司 2012 年度现金流量表的水平分析表

项目	本期金额（万元）	上期金额（万元）	变动额（万元）	变动率（%）
一、经营活动产生的现金流量				
销售商品、提供劳务收到的现金	334 241.02	351 274.26	-17 033.25	-4.85
收到的税费返还	11 233.38	8 343.15	2 890.24	34.64
收到的其他与经营活动有关的现金	11 966.62	12 071.96	-105.34	-0.87
经营活动现金流入小计	357 441.02	371 689.37	-14 248.35	-3.83
购买商品、接受劳务支付的现金	207 788.78	216 702.80	-8 914.02	-4.11
支付给职工以及为职工支付的现金	69 083.74	61 889.93	7 193.81	11.62
支付的各项税费	20 308.71	19 258.82	1 049.89	5.45
支付的其他与经营活动有关的现金	20 776.95	23 029.34	-2 252.39	-9.78
经营活动现金流出小计	317 958.19	320 880.90	-2 922.71	-0.91
经营活动产生的现金流量净额	39 482.83	50 808.48	-11 325.64	-22.29
二、投资活动产生的现金流量				
收回投资所收到的现金	40 500.00	1 955.00	38 545.00	1 971.61
取得投资收益所收到的现金	5 239.77	5 117.34	122.42	2.39
处置固定资产、无形资产和其他长期资产收回的现金	981.47	4.08	977.38	23 935.54
处置子公司及其他营业单位收到的现金净额	0.00	0.00	0.00	0.00
收到的其他与投资活动有关的现金	0.00	0.00	0.00	0.00
投资活动现金流入小计	46 721.23	7 076.43	39 644.81	560.24
购建固定资产、无形资产和其他长期资产所支付的现金	23 267.82	5 347.62	17 920.20	335.11
投资所支付的现金	31 162.84	5 500.00	25 662.84	466.60
取得子公司及其他营业单位支付的现金净额	0.00	0.00	0.00	0.00
支付的其他与投资活动有关的现金	0.00	0.00	0.00	0.00
投资活动现金流出小计	54 430.66	10 847.62	43 583.05	401.78

续表

项目	本期金额（万元）	上期金额（万元）	变动额（万元）	变动率（%）
投资活动产生的现金流量净额	-7 709. 43	-3 771. 19	-3 938. 24	-104. 43
三、筹资活动产生的现金流量	0. 00	0. 00	0. 00	0. 00
吸收投资收到的现金	30. 00	235. 00	-205. 00	-87. 23
其中：子公司吸收少数股东投资收到的现金	30. 00	235. 00	-205. 00	-87. 23
取得借款收到的现金	4 800. 00	0. 00	4 800. 00	—
发行债券收到的现金	0. 00	0. 00	0. 00	0. 00
收到其他与筹资活动有关的现金	0. 00	0. 00	0. 00	0. 00
筹资活动现金流入小计	4 830. 00	235. 00	4 595. 00	1 955. 32
偿还债务支付的现金	27 780. 77	0. 00	27 780. 77	—
分配股利、利润或偿付利息所支付的现金	25 887. 90	21 829. 80	4 058. 10	18. 59
其中：子公司支付给少数股东的股利、利润	0. 00	0. 00	0. 00	0. 00
支付其他与筹资活动有关的现金	0. 00	0. 00	0. 00	0. 00
筹资活动现金流出小计	53 668. 68	21 829. 80	31 838. 88	145. 85
筹资活动产生的现金流量净额	-48 838. 68	-21 594. 80	-27 243. 88	-126. 16
四、汇率变动对现金及现金等价物的影响	-469. 81	12. 30	-482. 10	-3 921. 10
五、现金及现金等价物净增加额	-17 535. 08	25 454. 78	-42 989. 86	-168. 89
加：期初现金及现金等价物余额	105 107. 90	79 528. 58	25 579. 33	32. 16
六、期末现金及现金等价物余额	87 572. 82	104 983. 36	-17 410. 53	-16. 58

根据第 FL 公司 2020 年度现金流量表的水平分析表，可以得到如下的主要分析结果：

第一，FL 公司 2020 年度现金及现金等价物的净增加额为-17 535. 08 元，而 2019 年度增加额为 25 454. 78 万元，2020 年比 2019 年降低幅度非常大，降低率达到 168. 80%；其中，三大活动现金净流量都比 2019 年有所下降。下降幅度最大的是筹资活动现金净流量，降低率为 126. 16%；其次是投资活动现金净流量，降低率为 104. 34%；经营活动现金净流量也下降了 22. 29%。这意味着 FL 公司经营获取现金能力和筹资获取现金水平都有所下降，投资规模也有所减少。

第二，本年度经营活动现金净流量的减少主要是因为销售商品、提供劳务收到的现金出现大幅度下降，其下降金额 17 033. 25 万元，降低率 4. 85%。结合前文对营业收入的分析，该公司 2020 年的营业收入是增长的，所以，可以判断该公司的赊销和收账管理水平下降，被应收账款占用的资金明显增加。

第三，投资活动现金净流量的减少主要是因为收购湖南科达公司导致的。此项收购，在股权投资方面和在建工程两个方面都消耗了 FL 公司大量的现金。尽管同时 FL 公司投资的银行理财产品到期，把对应的 40 500 万元现金收回，也填补了这个大型投资项目产生的现金流出。

第四，筹资活动现金净流量的减少主要是因为偿还债务和分配股利。其中偿还债务是由于100%股权收购湖南科达而承担其债务清偿而产生的。值得注意的是，在2020年度现金水平如此紧张的情况下，FL公司进行了总规模为25 887.90亿元的现金分红，这在一定程度上反映出公司缺乏良好的投资机会，管理层对本公司的发展前景没有足够的信心。

三、现金流量表的垂直分析

所谓垂直分析，是指通过对现金流量表中不同项目间的比较，分析企业现金流入的主要来源和现金流出的主要方向，并评价现金流入流出对净现金流量的影响，其目的在于揭示现金流入量和现金流出量的结构情况，从而找出企业现金流量管理的重点。

垂直分析通常使用的分析资料是使用直接法编制的现金流量表，然后根据分析的目的，进一步设计编制出对应的现金流量表垂直分析表。使用现金流量表垂直分析表，主要可以分析以下三种现金流量结构。

（一）现金流入结构分析

现金流入结构分为总流入结构和内部流入结构。总流入结构反映企业经营活动的现金流入量、投资活动的现金流入量和筹资活动的现金流入量分别占现金总流入量的比重；内部流入结构反映的是经营活动、投资活动和筹资活动等各项业务活动现金流入中具体项目的构成情况。现金流入结构分析的目的是明确企业的现金究竟来自何方，现金流入管理应该在哪些方面采取措施等。如果公司经营现金流量的结构百分比具有代表性，比如体现了三年或五年以来的长期稳定特点，那么可以根据这些百分比和计划销售额来预测未来的经营现金流入量。

对于现金流入结构分析，常用的基本评价标准总结如下：

（1）总体来说，对于运行良好的企业，经营活动的现金流入量应当占据相当大的比例，特别是销售商品、提供劳务收到的现金应该明显高于其他经营活动流入的现金。当然，至于具体应该是多高的比例，应该结合企业所处行业、业务性质和经营战略而进行合理判断。

（2）经营活动现金流入流出比越大越好；投资活动现金流入流出比在企业发展时期应该比较小，在衰退时期应该比较大；筹资活动的现金流入流出比在企业发展时期应该比较大，在衰退时期应该比较小。

（3）对企业现金流入和流出结构进行历史比较和同业比较，据以发现对于生产经营和财务管理具有意义的其他信息。

【例5.3】对FL公司2020年度的现金流量表进行流入结构分析。

编制FL公司2020年度现金流量表的流入结构分析表，见表5-6。

根据表5-6，对FL公司2020年度现金流入结构分析的基本分析结论如下：

第一，在FL公司2020年的现金总流入结构中，经营活动现金流入量占比为87.40%，虽然比2019年的98.07%有所下降，但是经营活动仍然是企业现金的最主要来源。2020年经营活动现金流入占比之所以下降，主要原因是投资活动现金流入出现了较大幅度的增加，其占现金总流入的比重从2019年的1.87%，提高到2020年的11.42%。筹资活动现金流入

表 5-6　FL 公司 2020 年现金流入结构分析表

项目	内部结构（%）		总流入结构（%）	
	2020 年	2019 年	2020 年	2019 年
一、经营活动产生的现金流量				
销售商品、提供劳务收到的现金	93.51	94.51		
收到的税费返还	3.14	2.24		
收到的其他与经营活动有关的现金	3.35	3.25		
经营活动现金流入小计	100.00	100.00	87.40	98.07
二、投资活动产生的现金流量				
收回投资所收到的现金	86.68	27.63		
取得投资收益所收到的现金	11.21	72.32		
处置固定资产、无形资产和其他长期资产收回的现金	2.10	0.06		
处置子公司及其他营业单位收到的现金净额	0.00	0.00		
收到的其他与投资活动有关的现金	0.00	0.00		
投资活动现金流入小计	100.00	100.00	11.42	1.87
三、筹资活动产生的现金流量				
吸收投资收到的现金	0.62	100.00		
其中：子公司吸收少数股东投资收到的现金	0.62	100.00		
取得借款收到的现金	99.38	0.00		
发行债券收到的现金	0.00	0.00		
收到其他与筹资活动有关的现金	0.00	0.00		
筹资活动现金流入小计	100.00	100.00	1.18	0.06
三大活动现金流入合计			100.00	100.00

占总现金流入比重很小，说明企业从外部融资的需求很小或者融资面临困难。

第二，在 FL 公司的经营活动现金流入内部结构中，2020 年销售商品、提供劳务所收到的现金占比最高，为 93.51%，与 2019 年度基本持平，这是合理的，表明企业经营活动现金流质量是良好的。

第三，在投资活动现金流入结构中，2020 年收回投资收到的现金占比出现较大幅度的上升，达到 86.68%；取得投资收益收到的现金占比出现较大幅度的下降，仅占 11.21%。这说明 2020 年该公司投资活动实现的收益水平出现了明显下降，对外投资规模也呈现萎缩态势。

第四，在 2019 年和 2020 年，该公司都没有较大规模的筹资活动，无现金流入发生，这两年仅收到少量的少数股东投资和借款。这说明该公司对外部资金的需求很小或者筹资困难，主要依靠内源资金满足公司运转或发展的需要。

（二）现金流出结构分析

现金流出结构分为总流出结构和内部流出结构。总流出结构反映企业经营活动现金流出量、投资活动现金流出量和筹资活动现金流出量分别占现金总流出量的比重及其变化情况；内部流出结构反映的是经营活动、投资活动和筹资活动等各项业务活动现金流出中具体项目的构成及其变化情况。

现金流出结构分析的目的是明确企业的现金究竟流向何方，节约现金流出应该在哪些方面采取措施等。如果公司经营现金流量的结构百分比具有代表性，比如体现了三年或五年以来的长期稳定特点，财务分析人员还可根据这些百分比和计划销售额来预测未来的经营现金流出量。

对于现金流出结构分析，常用的基本评价标准总结如下：

（1）总体来说，对于运行良好的企业，经营活动的现金流出量以及购买商品、接受劳务所支出的现金往往要占到较大的比重。投资活动和筹资活动的现金支出则因为企业投资政策和筹资政策不同而存在很大的差异，需要把多方面因素结合起来一起分析。

（2）分析比较现金流出结构的实际值与基准值的差异，可以据此发现对于生产经营和财务管理具有意义的其他信息。基准值可以是以前年度历史数值，也可以采用预算数值。

【例 5.4】对 FL 公司 2020 年度的现金表进行流出结构分析。

编制 FL 公司 2020 年度现金流量表的流出结构分析表，见表 5-7。

表 5-7　FL 公司 2012 年度现金流量表的流出结构分析表

项目	内部结构（%）		总流出结构（%）	
	2020 年	2019 年	2020 年	2019 年
一、经营活动产生的现金流量：				
购买商品、接受劳务支付的现金	65.35	67.53		
支付给职工以及为职工支付的现金	21.73	19.29		
支付的各项税费	6.39	6.00		
支付的其他与经营活动有关的现金	6.53	7.18		
经营活动现金流出小计	100.00	100.00	74.63	90.76
二、投资活动产生的现金流量：				
购建固定资产、无形资产和其他长期资产所支付的现金	42.75	49.30		
投资支付的现金	57.25	50.70		
取得子公司及其他营业单位支付的现金净额	0.00	0.00		
支付的其他与投资活动有关的现金	0.00	0.00		
投资活动现金流出小计	100.00	100.00	12.78	3.07
三、筹资活动产生的现金流量				

续表

项目	内部结构（%）		总流出结构（%）	
	2020 年	2019 年	2020 年	2019 年
偿还债务支付的现金	51.76	0.00		
分配股利、利润或偿付利息所支付的现金	48.24	100.00		
其中：子公司支付给少数股东的股利、利润	0.00	0.00		
支付其他与筹资活动有关的现金	0.00	0.00		
筹资活动现金流出小计	100.00	100.00	12.60	6.17
三大活动现金流出量合计			100.00	100.00

根据表 5-7，可以得出对 FL 公司现金流出结构分析的基本结论如下：

第一，在 FL 公司 2020 年的现金总流出结构中，经营活动现金流出量占比为 74.63%，虽然比 2019 年的 90.76%出现了比较大幅度的下降，但是经营活动仍然是企业现金流出的主要活动。2020 年经营活动现金流出占比之所以显著下降，主要原因是投资活动和筹资活动的现金流出都出现了较大幅度的增加。投资活动和投资活动现金流出占比从 2019 年的 3.07%和 6.17%，大幅度上升到 2020 年的 12.78%和 12.60%。这意味着该公司进行投资活动需要消耗大量的资金，同时筹资活动在进行债务的偿还和股利的发放，这可能将导致企业资金紧张，财务风险增大。

第二，在 FL 公司的经营活动现金流出结构中，2020 年购买商品、接受劳务支出的现金占比最大，比重为 65.35%。而且，各项现金流出的占比与 2019 年相比都变化不大，这意味着该企业的生产经营现金流出结构很稳定，质量比较好。

第三，在投资活动现金流出结构中，购置固定资产、无形资产和其他长期资产所支付的现金占比有所下降，投资支付的现金占比有所上升，这两项占比的变化幅度虽然都不大，仍然可以看出该公司在投资领域加快了资源投入，而在经营性资产上的投资并没有得到有力支持。

第四，在筹资活动现金流出结构中，FL 在 2020 年发生了两项现金流出，而在 2019 年只发生了一项。这是因为 FL 公司在 2020 年收购了湖南科达公司，并承担了该公司的债务偿还。回顾 FL 公司多年以来的负债结构和现金流出结构，可以发现，该公司多年都没有短期借款、长期借款以及应付债券，负债率非常低，所以，一般不需要偿还债务本金，主要负担是支付现金股利。

（三）现金流入与流出比例分析

现金流入流出比例反映的是企业现金总流入量与流出量之比以及三大活动的现金流入量与对应的现金流出量之比。

现金流入流出比例分析的目的是揭示各个层次现金流的流入流出量之比，以此来分析经营活动、投资活动以及融资活动等多方面的现金管理效率，为企业进一步加强或改善现金管理提出可行性建议。

现金流入流出比例分析的基本评价标准如下：

（1）对于一家经营良好的企业，经营活动现金流入流出之比应该越大越好。

（2）对于投资活动现金流入流出之比，一般而言，处于发展时期的公司此值比较小，而处于衰退期或缺少投资机会时此值较大。

（3）对于筹资活动流入流出之比，随着企业的筹资策略不同而不同。如果企业本期进行了新一轮融资，则该比值会比较大；如果企业本期进行了大规模的债务本息偿还或股利派发，则该比值会比较小。

【例 5.5】对 FL 公司 2020 年度现金流量表进行现金流入流出比例分析。

编制 FL 公司 2020 年度现金流量表的金流入流出比例分析表，见表 5-8。

表 5-8　FL 公司 2020 年度现金流量表的流出结构分析表

项目	流入流出比	
	2020 年	2019 年
经营活动产生的现金流量	1. 12	1. 16
投资活动产生的现金流量	0. 86	0. 65
筹资活动产生的现金流量	0. 09	0. 01
三大活动现金流量合计	0. 96	1. 07

根据表 5-8，对 FL 公司 2012 年度现金流入流出比例分析的基本结论如下：

第一，该公司 2020 年和 2019 年的经营活动现金流入流出比分别为 1. 12 和 1. 16，表明经营活动中 1 元的现金流出可换回 1. 12 元和 1. 16 元的现金流入，营业活动获取现金能力比较好。

第二，该公司 2020 年的投资活动的现金流入流出比为 0. 86，比 2011 年的 0. 65 有所提高，这是因为公司在 2020 年进行了比较大规模的投资。但是，这些主要是其他权益工具投资，并不能为将来业务规模的扩大奠定良好基础。

第三，该公司 2020 年与 2019 年的筹资活动现金流入流出比都很小，这说明该公司只依靠内源资金满足运营和投资需要，并且通过分配股利把大量资金发放到公司外部。这意味着公司主营业务投资机会贫乏，未来发展前景不乐观。

第三节　现金流量表的重点项目分析

由于现金流量表是基于收付实现制编制的，即是以现金及现金等价物的收付时间为入账时间标准：凡是当期收到或付出的款项，不论其相关具体业务行为的归属期间如何，一律作为当期的现金流入或流出量列示在现金流量表中，因此，现金流量表虽然编制比较烦琐，但阅读起来比较简单易懂。企业的现金流量产生于多种多样的经济业务。不同经济业务的性质不同，对现金流量的数量和质量的影响也有所不同。

一、经营活动现金流量

经营活动产生的现金流量，是企业在营业活动中从事销售商品、提供劳务以及让渡资产使用权等经营业务所产生的现金流量，包括物资的采购、商品的销售、提供或接受劳务、缴纳税款、支付工资、发生相关经营销售费用等行为中所涉及的现金流量。在持续经营的会计基本前提之下，经营活动现金流量反映的是企业经常性的、持续性的现金流入和流出。

（一）销售商品、提供劳务收到的现金

该项目反映企业从事正常经营活动所获得的、与销售商品或提供劳务等业务收入相关的现金收入（含在业务发生时向客户收取的增值税额等）。具体包括在本期发生的业务并在本期收到的现金收入、在以前会计期间发生但在本期收到款项的业务收入以及至今尚未发生但在本期已经预收了业务款项的现金收入等。

在正常情况下，企业获得现金，主要依赖于其日常经营业务，而销售商品、提供劳务收到的现金，反映了企业日常经营活动中所能提供的具有可持续性的主要现金流入。

FL公司2020年度销售商品、提供劳务收到的现金占经营活动现金收入的93.51%，比2019年稍有下降。从过去5年的数据来看，该占比一直保持在93%以上，比较稳定，而且，与同行业平均占比也基本相当。这可以说明FL公司的经营活动现金流入结构是合理的。

（二）收到的税费返还

这一部分现金流入主要披露企业当期收到的各种税费返还款，包括收到的增值税返还、消费税返还、所得税返还，以及教育费附加返还等，体现了企业在税收方面享受政策优惠所获得的已缴税金的回流金额。

在相关税法法规一直没有更改的情况，企业收到的税费返还占经营活动现金流入的比例应该比较低，而且各年很稳定。FL公司2016—2020年收到的税费返还占经营活动现金流入的比例稳定在2.19%~3.72%。

（三）收到的其他与经营活动有关的现金

该项目反映企业除了销售商品、提供劳务收到的现金，以及收到的税费返还之外，所收到的其他与经营活动有关的现金流入，如罚款收入、流动资产损失中由个人赔偿的收入等。这部分资金来源在企业“经营活动现金流入量”中所占比重很小，通常带有一定程度上的偶然性因素。

FL公司于2020年度收到的其他与经营活动有关的现金包括存款利息3 894.62万元，政府补助2 932.36万元，废品1 851.07万元以及收到的保证金1 224.00万元等，合计11 966.22万元，占当年经营活动现金流入的3.35%，2016—2020年该占比最低值为1.62%，最高值为3.35%。

（四）购买商品、接受劳务支付的现金

这一项目反映企业在正常经营活动过程中所支付的、与购买物资及接受劳务等业务活

动相关的现金流出（包括在业务发生时向客户一起支付的增值税进项税额等）。具体包括本期发生同时在本期支付的现金，在以前会计期间发生但在本期才支付款项的业务金额，以及至今尚未发生但在本期已经预付了相关业务款项的现金支出等。

与（一）中所述内容相对应，“购买商品、接受劳务支付的现金”是维持企业正常运营、保证企业经常性生产对劳务与物资需求的资金流出，也是企业获得经营业务收入的物质基础与劳务保证。

FL公司购买商品、接受劳务支付的现金占经营现金流出量的比重在2016—2020年为65.35%~68.44%，比较稳定，而且，与同行业其他公司的平均占比也基本相当。

（五）支付给职工以及为职工支付的现金

本项目是指企业当期实际支付给从事生产经营活动的在职职工的工资、奖金、津贴和补贴，以及为这些职工支付的诸如养老保险、失业保险、商业保险、住房公积、困难补助等其他各有关方面的现金等。

职工是企业生产经营活动中不可或缺的人力资源。支付给职工以及为职工支付的现金是保证劳动者自身生存及其再生产的必要开支，因此也属于企业持续性的现金支出项目。为了保障职工的利益和企业生产经营的稳定，此项现金流占经营活动现金流出的比重应该在各个年度比较稳定，长期呈现稳中有升的趋势。

FL公司2020年度“支付给职工以及为职工支付的现金”占经营活动现金流出的比重为21.73%，比2019年略有增长，并且略高于过去5年的平均值20.15%，这说明FL公司职工获得的现金回报稳中有升。

（六）支付的各项税费

本项目反映企业按规定支付的各种税费，包括企业本期发生并支付的税费，以及本期支付以前各期发生的税费和本期预交的税费，包括所得税、增值税、消费税、印花税、房产税、土地增值税、车船税、教育费附加、矿产资源补偿费等，但不包括计入固定资产价值、实际支付的耕地占用税，也不包括本期退回的增值税、所得税。本期退回的增值税、所得税在“收到的税费返还”项目反映。

本项目反映了企业所实际承担的税费负担。在相应税收法规没有出现重大变动的情况下，支付的各项税费产生的现金流出占经营活动现金流出的应该保持较好的稳定性。

FL公司2020年度支付的各项税费现金流出占经营活动现金流出的比重为6.39%，比2019年略有增长，并且略低于过去5年的平均值6.68%，这说明FL公司承担的经营活动税负有所下降。

（七）支付的其他与经营活动有关的现金

该项目反映企业除了上述购买商品、接受劳务所付出的现金，以及支付给职工以及为职工支付的现金和支付的各项税费之外，所发生的其他与经营活动有关的现金流出额，如支付给离退休人员的各项费用，以及企业支付罚款支出、差旅费与业务招待费支出、保险费支出、办公费用及营销费用支出等。这部分资金来源在企业“经营活动现金流入量”中所占比重比较小，在没有重大罚款支出的情况下，通常带有一定程度上的稳定性。

FL公司在2020年度支付的其他与经营活动有关的现金主要包括用现金支付的管理费用5 168.31万元，用现金支付的销售费用13 989.65万元，用现金支付的财务费用50.94万元以及退回的保证金893.38万元等，合计20 776.95万元，占经营活动现金流出量的6.53%，这个比值与2016—2020年的平均值6.43%基本相当。另外，由于支付诉讼案件罚款，2015年该比值曾达到过13.80%。

二、投资活动现金流量

此处的投资活动是指企业对外进行股权或债权投资，以及对内进行非货币性长期资产（如固定资产、无形资产及其他长期资产等）投资的活动。而“投资活动现金流量”便是反映企业在股权与债权投资中，以及与非货币性长期资产的增减变动相关的活动中所产生的现金收付金额。

企业对外进行股权或债权投资，并不直接影响其当期的经营活动，但是其日后将通过这些投资进行转让或收回，因此将对未来现金流量产生一定的影响。此外，股权投资可能带来对被投资方的控股或重大影响，也有可能对企业未来获得经营物资或打开销售渠道提供潜在的帮助。

至于企业购建或处置固定资产、无形资产及其他长期资产等非货币性资产，则会在很大程度上影响企业未来的经营规模与生产能力，甚至在一定程度上还会改变企业的资产结构与经营方向。购建这类非货币性长期资产对应的现金流出，可能意味着企业未来营运规模的扩大、生产技能的提高或者经营策略的调整；而处置这类非货币性长期资产对应的现金流入，也可能预示着企业压缩经营规模，或出于转变经营方向的需要而大量处置原有设备等长期资产。

（一）收回投资所收到的现金

这是指企业在当期收回其所持有的对外股权或债权投资所收到的现金，包括出售、转让长期股权投资和不属于现金等价物的短期股权投资所收到的现金，以及出售、转让各类债权投资所收到的现金和持有至到期投资到期收回的本金等。由于对外投资的收回与企业自身的生产经营活动没有什么联系，所以这部分现金流入规模在各年并不稳定，具有一定的波动性。

FL公司2020年度收回投资收到的现金流量为40 500万元，是当年到期收回的银行理财产品投资，这个金额占投资活动现金流入量的比重为86.68%，为过去五年的最大占比。过去五年，这个比重最小值为2016年的6.53%。

（二）取得投资收益所收到的现金

这一项目是指企业基于各种对外投资而在当期获得的现金股利、利息，以及由于被投资方分配利润而收到的现金等。由于企业持有的对外投资规模在各年度波动可能比较大，而且对外股权投资的分红也不一定稳定，所以，一般来说，这部分现金流入并不具有稳定性。

FL 公司 2020 年度取得投资收益收到的现金流量为 5 329.77 万元，由银行理财投资收益与其他权益工具投资分红构成，这个金额占投资活动现金流入量的比重为 11.21%，为过去五年的最小占比。过去五年，这个比重最大值为 2016 年的 93.46%。

（三）处置固定资产、无形资产和其他长期资产收回的现金净额

该项目主要是指企业在当期由于处置固定资产、无形资产和其他长期资产时，收到的现金扣除由于处置行为而产生的现金支付之后的净现金流入量，以及由于自然灾害造成企业该类长期资产损失而获得的保险赔偿所收到的现金等。

该项目的现金流入量与企业的日常运营没有直接的必然联系，通常在投资活动现金流入量的占比不会太大，也不具有持续性。因此，在分析考虑企业未来获取现金的能力时，对该项指标不应过多考虑。然而，如果该项现金流入量的金额过大，可能意味着企业会通过大量处置现有的固定资产以及无形资产来压缩生产经营规模，或者为转变经营方向进行相应的调整。此时虽然对当期的经营活动没有明显的影响，但有可能对企业未来的经营活动规模以及相应的经营性现金流量水平产生显著影响。

FL 公司 2020 年度处置固定资产、无形资产和其他长期资产收回的现金净额为 981.47 万元，这个金额占投资活动现金流入量的比重为 2.10%，为过去五年的最大占比。过去五年，这个比重最小值为 2016 年的 0.012%。

（四）处置子公司及其他营业单位收到的现金净额

该项目反映企业处置子公司及其他营业单位所取得的现金减去相关处置费用、以及子公司及其他营业单位持有的现金和现金等价物的净额。正常情况下，企业处置子公司及其他营业单位不会很频繁，因而这项现金流在各个年度的规模一般很小，偶尔在某个年度会产生一个较大数值。

在 2016—2020 年，FL 公司的这项指标都为 0。

（五）收到的其他与投资活动有关的现金

这是反映企业除前面四项内容之外所收到的其他与投资活动有关的现金流入，例如企业在进行购买股票、债券等证券投资时，所支付价款中包含了已宣告发放但尚未发放的股息、或者已到付息期但尚未领取的利息，则在投资之后收到这些股息或利息时在本项目中进行反映。这一项目金额通常不大或很少出现，对企业资金流量的总体影响也相对较小。

在 2016—2020 年，FL 公司的这项指标都为 0。

（六）购建固定资产、无形资产和其他长期资产支付的现金

本项目包括企业在当期由于购置或自行建造固定资产、获取无形资产和其他长期资产而发生的直接的现金支付金额，如购置该类固定资产所支付的买价、税金、运杂费、安装调试费等，以及建造该类资产所产生的人员开支等。这项现金支出与企业当期的日常经营没有必然联系。然而，该现金流出量的发生，预示着企业未来某些方面生产经营规模将发生调整与扩大，从而对企业未来经营活动所需资金流出以及相应的经营成果的资金流入量

都产生较大的影响。

FL公司2020年度这项现金流出额为23 267.82万元，这个金额占投资活动现金流出量的比重为42.75%。过去五年，这个比重最小值为2016年的13.82%，最大值为2017年的67.82%。另外，考虑到2020年度购建的固定资产支付的现金主要用于科联大厦的建设，科联大厦将用于行政管理和研究开发，所以，推断企业未来的日常经营水平不会因此产生明显变化。

（七）投资所支付的现金

此项目反映企业当期在购买股票、债券等各项对外投资中支付的交易或投资价格对应的现金支出，既包括企业购买股票、债券等直接发生的交易或投资价格的现金支出，也包括因此而支付的佣金、手续费等相关附加费用对应的现金流出。此项现金流出的增加，意味着企业未来获得股息、利息、利润以及转让或出售投资所得的现金流入的机会也会增加。但是，这种投资对企业经营业务一般没有直接帮助，所以，投资所支付的现金规模在各年一般不具有稳定性。

FL公司2020年投资所支付的现金为31 162.84万元，占投资活动现金流出的比重为57.25%，主要投资项目是收购湖南科达公司，获取科联大厦的所有权。科联大厦将来的用途之一是科研开发，这表明企业计划在将加大对研发的投入，其产品科技含量和市场竞争力将可能得以提升。

（八）支付的其他与投资活动有关的现金

本项目包括企业发生的不属于“购建固定资产、无形资产和其他长期资产支付的现金”，也不属于“投资所支付的现金”项目的其他与投资活动有关的现金流出，如企业购买股票、债券时暂时垫付的被投资方已宣告发放但尚未发放的股息及已到付息期但尚未领取的利息等。这类支出金额一般很小或者没有，在各年度也不具有稳定性，所以其对企业现金流的影响非常微弱。

FL公司在2020年度发生的该项现金流出金额为0。在过去5年，除了2016年发生了3.99万元之后，其他年份的发生额也都是0。

三、筹资活动现金流量

在正常情况下，企业经营活动中的资金需求主要由其经营活动中的资金流入量来满足。然而，如果生产经营活动的现金回收管理出现问题，可能会造成企业短期内资金周转不畅，出现现金短缺现象；或者企业出于战略调整、规模扩大等需要而对现金需求量提出更高的要求等，此时，企业就需要借助筹资活动从外部筹措所需资金。

筹资活动现金流量，反映了企业出于各种资金需求而进行的各种资金筹措活动所产生的现金流入以及流出金额。对这类现金流量的分析，关键在于理解企业所筹资金的来源渠道及其规模大小、推测企业所筹资金的用途或动机，以及可能在未来产生的资金管理问题等。

（一）吸收投资所收到的现金

本项目是指企业以发行股票、发行债券等方式所获得的投资者投入的现金总量，扣除佣金和发行费用的支出之后的净现金所得。

企业以发行股票方式筹集资金，在带来可供其长期使用的股权资金的同时，由于在一定程度上降低了资产负债比率，从而提高了企业对债权人利益的保障程度，也为企业日后的债务筹资提供了更多机会。

企业若以发行债券方式筹集资金，则在带来目前可供使用的债务资金的同时，也造成了企业日后按期还本付息的资金压力。因此，如果该项现金来源金额过大，在进行分析时就应充分考虑该企业未来获取现金、偿付本息的能力，以及将来偿还债务导致的大量资金流出给企业正常经营所可能带来的负面影响。

（二）取得借款所收到的现金

本项目是指企业在当期向银行或非银行金融机构举借各种长期或短期借款所收到的现金。企业在向银行或非金融机构举借借款、获得目前可供使用资金的同时，也会承受日后按期还本付息的资金压力。

（三）收到的其他与筹资活动有关的现金

本项目是指企业除吸收投资以及借款所收到的现金之外，在其他归并于筹资活动的有关项目上所收到的现金，如企业接受的现金捐赠等。这类现金流入通常在企业筹资活动现金流入量中所占比重很小，有时甚至不会出现。

（四）偿还债务所支付的现金

企业在以往筹资活动中，以发行债券的方式或向银行及非银行金融机构借款的方式筹措的资金，无论期限多长，都需要在未来一定期限内还本付息。“偿还债务所支付的现金”便是反映企业在当期偿还已经到期的各项债务本金所产生的现金支出金额。

（五）分配股利、利润或偿付利息所支付的现金

企业以吸收投资或借款的方式获得对投资者或债权人资金的占有和使用权，自然也需要付出相应的使用代价，这种使用代价的现金表现便是以现金形式支付给股东的股利、利润，以及支付给债权人的借款利息或债券利息等。

（六）支付的其他与筹资活动有关的现金

该项目反映了除偿还债务所支付的现金以及分配股利、利润或偿付利息所支付的现金之外，因其他与筹资活动有关的情况而发生的现金流出金额。例如，企业为发行股票而支付的审计费、咨询费及企业对外捐出现金，企业为购建固定资产、无形资产等而发生的可以资本化的借款利息支出，以及因为租入固定资产而发生的租赁费开支等。

筹资活动现金流量的最大特点在于它的现时现金流量与未来现金流量在一定程度上存

在对应性：即目前该类现金流入的发生，在一定程度上意味着未来存在相应的现金流出量；而目前该类现金流出量的存在，是以往相应的现金流入量所引起的必然结果。

对于FL公司，2016—2020年的筹资活动现金流入都很少，在2017年和2018年筹资活动现金流入量都为0，其他年度也比较少，2020年最多，也只有4 830万元。与此形成鲜明对比的是，这5年间该公司“分配股利、利润或偿付利息所支付的现金”保持很高的水平，除了2016年此项目为1 590万元之外，其他年度都在2亿元以上，其中2020年为2.59亿元，2017年则达到5.40亿元。结合FL公司的投资状况，可以发现FL公司近几年在主营业务上没有计划进行大规模投资，对资金的需求并不大，因而该公司进行了比较多的金融投资，并且把通过经营活动、投资活动赚取的现金大部分通过发放股利的形式支付到企业外部。

四、现金流量表的补充资料

现金流量表的补充资料，以净利润为起点，通过对影响利润或现金流量的一些相关项目金额的调整，倒推出经营活动现金净流量。一方面与正表中经营活动现金净流量相对应；另一方面也反映了企业当期所发生的不涉及现金收支活动的投资、筹资活动信息。这些活动在当期不涉及现金收支，但对企业未来各期的现金流量可能会产生比较大的影响。

这种编制现金流量表的方法叫作间接法，又称调节法。间接法相对于直接法能更好地显示净利润和经营活动的现金流量之间的关系，具体的调整方法如下：

经营活动的现金流量净额=净利润+不影响经营活动现金流量但减少净利润的项目-不影响经营活动现金流量但增加净利润的项目+与净利润无关但增加经营活动现金流量的项目-与净利润无关但减少经营活动现金流量的项目。

在现金流量表的补充资料中，调整的项目如下：

（一）当期没有实际收到或付出现金的经营活动事项

这类事项包括赊购物资、赊销商品、摊销费用、计提资产减值准备等。这些项目虽然构成了企业的当期收入或费用，影响着企业的当期利润，但没有形成企业的现金流入或流出，自然也不会影响现金净流量。

（二）不属于经营活动的损益项目

这类项目包括当期发生的利息费用、固定资产处置净损益等。这些项目的产生，与企业的筹资与投资活动息息相关，却不属于企业日常生产经营活动项目，也不构成企业经营活动的现金净流量。

（三）经营性应收、应付项目的变动

经营性应收项目包括应收账款，应收票据、其他应收款、预收账款、应付职工薪酬以及应交税费等；经营性应付项目包括应付账款、应付票据、其他应付款、预收账款、应付职工薪酬等，且在计算时要扣除非经营活动的影响。这些项目的变动，可能并不影响企业的当期利润，但对当期的现金流量有直接的影响。

通过分析现金流量表的补充材料，可以评价企业获取经营活动现金流量的能力，找出影响经营活动现金流量的主要影响因素，进而对未来的经营管理提出相应对策建议。对于一个经营较为良好的企业，正常的经营情况下，经营活动现金流量净额应该大于净利润，或者说，净利润占经营活动现金净流量的比重应该小于1。

【例5.6】分析FL公司2020年度的现金流量表补充资料，评价其经营活动获取现金的能力。

以经营活动现金净流量为基准，设为100%，分别计算相关项目的占比，编制出FL公司2020年度现金流量表补充资料分析表，见表5-9。

表5-9　FL公司2020年度现金流量表补充资料分析表　　单位：%

补充资料	本期占比	上期占比	占比变动
净利润	81.60	59.72	21.87
加：资产减值准备	6.00	4.01	1.99
固定资产折旧、油气资产折耗、生产性物资折旧	19.44	12.75	6.69
无形资产摊销	1.28	0.96	0.31
长期待摊费用摊销	2.03	1.29	0.74
待摊费用的减少	0.00	0.00	0.00
预提费用的增加	0.00	0.00	0.00
处置固定资产、无形资产和其他长期资产的损失	-2.30	0.00	-2.30
固定资产报废损失（收益以“-”号填列）	0.41	0.08	0.33
公允价值变动损失（收益以“-”号填列）	-1.21	-0.40	-0.81
财务费用（收益以“-”号填列）	0.00	0.00	0.00
投资损失（收益以“-”号填列）	-11.20	-11.98	0.78
递延所得税资产减少（增加以“-”号填列）	-0.06	0.19	-0.26
递延所得税负债增加（减少以“-”号填列）	0.18	0.05	0.14
存货的减少（增加以“-”号填列）	-26.83	22.66	-49.49
经营性应收项目的减少（增加以“-”号填列）	21.96	51.40	-29.44
经营性应付项目的增加（减少以“-”号填列）	8.71	-40.74	49.45
其他	0.00	0.00	0.00
经营活动产生现金流量净额	100.00	100.00	—

从表5-9可以看出，在2020年经营活动现金净流量中，净利润的占比为81.60%，比2019年出现了显著上升，这说明该企业通过经营活动获取现金的能力有所下降。表5-9中，2020年比2019年占比变动比较大的项目包括存货的减少、经营性应收项目的减少以及经营性应付项目的增加。其中，经营性应收项目出现了较大幅度的减少，存货出现较大幅度的上升，这两种情况是导致2020年度经营活动获取现金能力下降的主要原因。另外，经营性应付项目呈现较大幅度的增加，这是推动经营活动现金流量增加的正向因素，但是，

不足以涵盖上边两个负向因素带来的影响。

本章小结

1. 根据我国会计准则，现金流量表格式分为一般企业、商业银行、保险公司、证券公司等企业类型。企业应当根据其经营活动的性质，确定本企业适用的现金流量表格式。企业还应当采用间接法在现金流量表附注中披露将净利润调节为经营活动现金流量的信息。

2. 现金流量表的分析目的包括了解企业现金变动情况及其原因、评价企业获取现金的能力、评价企业利润的质量以及评价经营决策等。

3. 现金流量表的一般分析，就是根据现金流量表的数据，对企业现金流量的情况进行初步的分析和评价，不需要对现金流量表的信息做进一步的加工，直接分析现金流量表所呈现的数据。

4. 在现金流量表水平过程中，首先需要编制现金流量表水平分析表；其次可以分析总现金流净额与三项现金流净额的变化及其原因，也可以分析变化幅度比较大的重点项目；最后可以对本期现金流的状况的合理性与效率性进行评价。

5. 现金流量表的垂直分析通过对现金流量表中不同项目间的比较，分析企业现金流入的主要来源和现金流出的方向，并评价现金流入流出对净现金流量的影响，其目的在于揭示现金流入量和现金流出量的结构情况，从而抓住企业现金管理的重点。

6. 现金流量表分析还需要对经营活动现金流量、投资活动现金流量以及筹资活动的现金流量等的主要项目进行具体分析。

7. 以一个简化的资产负债表为基础，可以构建一个现金流量综合分析模型。

本章习题

1. 请通过制表的方式描述一般企业现金流量表的基本结构。
2. 现金流量表分析的主要目标有哪几个？
3. 请自行总结，现金流量表一般分析的要点有哪些？
4. 请自行总结，现金流量水平分析与垂直分析的要点有哪些？
5. 现金流量表中，应该进一步深入的分析的具体项目有哪些？
6. 选择一家上市公司，对其某年度的现金流量表进行相关分析。

第六章　所有者权益变动表分析

学习目标

1. 熟悉我国企业所有者权益变动表的基本格式。
2. 了解所有者权益变动表分析的主要目的。
3. 掌握所有者权益变动一般分析、水平分析以及垂直分析的基本方法。
4. 熟悉所有者权益变动表的主要项目分析。
5. 掌握利润分配对所有者权益变动表的主要影响分析。

所有者权益是指企业资产扣除负债后由股东享有的剩余权益，也称为净资产或股东权益。它是股东投资资本与经营过程中形成的留存收益的集合，是股东投资和公司发展实力的资本体现。所有者权益变动表是反映公司本期（年度或中期）内截至期末所有者权益变动情况的报表。

第一节　所有者权益变动表分析概述

一、所有者权益变动表的基本格式

根据《企业会计准则第30号——财务报表列报》，所有者权益变动表应当反映构成所有者权益的各组成部分当期的增减变动情况。当期损益、直接计入所有者权益的利得和损失、以及与所有者（或股东）的资本交易导致的所有者权益的变动，应当分别列示。

所有者权益变动表至少应该单独列示反映下列信息的项目：

（1）综合收益总额，在合并所有者权益变动表中还应单独列示归属于母公司所有者的综合收益总额和归属于少数股东的综合收益总额。

（2）会计政策变更和前期差错更正的累积影响金额。

（3）所有者投入资本和向所有者分配利润等。

（4）按照规定提取的盈余公积。

（5）所有者权益各组成部分的期初和期末余额及其调节情况。

所有者权益变动的具体格式见表6-1。

表 6-1　所有者权益变动表

____年度

编制单位：　　　　　　　　　　　　　　　　　　　　　　　　　　　　　单位：元

项目	本年金额						上年金额					
	实收资本	资本公积	减：库存股	盈余公积	未分配利润	所有者权益合计	实收资本	资本公积	减：库存股	盈余公积	未分配利润	所有者权益合计
一、上年年末余额												
加：会计政策变更												
前期差错更正												
二、本年年初余额												
三、本年增减变动金额（减少以“–”号填列）												
（一）净利润												
（二）直接计入所有者权益的利得和损失												
（三）所有者投入资本和减少资本												
（四）利润分配												
（五）所有者权益内部结转												
四、本年年末余额												

二、所有者权益变动表分析的目的

所有者权益变动表分析，是通过分析所有者权益的来源及其变动情况，了解某个会计期间内影响所有者权益增减变动的主要因素，判断构成所有者权益各个项目变动的合法性与合理性，为报表使用者提供更加便于理解的所有者权益总额及其变动信息。

所有者权益变动表分析的具体目的如下：

（1）更加清晰地呈现出某个会计期间构成所有者权益各个项目的变动规模与结构。

（2）进一步从全面收益角度呈现出更加全面、更加有用的财务业绩信息，以满足报表使用者进行相关决策的需要。

（3）反映出某个会计期间会计政策变更的合理性以及会计差错更正的幅度，呈现由于会计政策变更和会计差错更正对所有者权益的影响程度。

（4）反映出由于经营成果、股东分配政策、再筹资方案等财务政策对所有者权益的影响。

三、所有者权益变动表的分析内容

（1）通过水平分析，揭示所有者权益各个项目的本期数与基准数的差异。

（2）通过垂直分析，揭示所有者权益各个项目的占比及其变动情况。

（3）对所有者权益各个主要项目的金额及其变动原因进行单独分析。

（4）分析管理层的相关决策对所有者权益的影响。

四、所有者权益变动表与其他报表的关联关系

所有者权益变动表是资产负债表中的所有者权益部分的变动情况体现。在实收资本（或股本）资本公积、专项储备、盈余公积、未分配利润、归属于母公司股东权益合计、少数股东权益、负债和所有者权益（或股东权益）总计等多个科目的金额上，所有者权益变动与资产负债表保持一致。

利润表中的净利润和综合收益会影响所有者权益中的未分配利润金额。未分配利润属于所有者权益的一个组成部分。企业当期获取的综合收益（由净利润和其他综合收益加总而成），将转入未分配利润，使得当期的未分配利润发生相应的增减变动。

第二节 所有者权益变动表的一般分析

一、所有者权益变动表的水平分析

所有者权益表的水平分析是指将所有者权益各个项目的本期数与基准数进行对比，揭示公司当期所有者权益各个项目的水平及其变动情况，解释公司净资产的变动原因，借以进行相关决策的过程。其中基准数一般采用上期数。

【例 6.1】对 FL 公司 2020 年度的所有者权益变动表进行水平分析。

以 2019 年度的数据为基准数，编制 FL 公司 2020 年度所有者权益变动表水平分析表见

表6-2。

表6-2 FL公司2020年度所有者权益变动表水平分析表

项目	2020年（万元）	2019年（万元）	变动额（万元）	变动率（%）
一、上年期末余额	497 087.57	434 131.43	62 956.14	14.50
加：会计政策变更	0.00	28 935.17	-28 935.17	-100.00
前期差错更正	0.00	0.00	0.00	—
同一控制下企业合并	0.00	6 856.94	-6 856.94	-100.00
其他	0.00	0.00	0.00	—
二、本年期初余额	497 087.57	469 923.54	27 164.03	5.78
三、本期增减变动金额（减少以“-”号填列）	134 130.45	27 164.03	106 966.42	393.78
（一）综合收益总额	189 529.68	48 758.83	140 770.85	288.71
（二）所有者投入和减少资本	-29 511.33	235.00	-29 746.33	-12 658.01
1. 所有者投入的普通股	1 633.00	235.00	1 398.00	594.89
2. 其他权益工具持有者投入资本	0.00	0.00	0.00	—
3. 股份支付计入所有者权益的金额	0.00	0.00	0.00	—
4. 其他	-31 144.33	0.00	-31 144.33	—
（三）利润分配	-25 887.90	-21 829.80	-4 058.10	18.59
1. 提取盈余公积	0.00	0.00	0.00	—
2. 提取一般风险准备	0.00	0.00	0.00	—
3. 对所有者（或股东）的分配	-25 887.90	-21 829.80	-4 058.10	18.59
4. 其他	0.00	0.00	0.00	—
（四）所有者权益内部结转	0.00	0.00	0.00	—
1. 资本公积转增资本（或股本）	0.00	0.00	0.00	—
2. 盈余公积转增资本（或股本）	0.00	0.00	0.00	—
3. 盈余公积弥补亏损	0.00	0.00	0.00	—
4. 设定受益计划变动额结转留存收益	0.00	0.00	0.00	—
5. 其他综合收益结转留存收益	0.00	0.00	0.00	—
6. 其他	0.00	0.00	0.00	—
（五）专项储备	0.00	0.00	0.00	—
1. 本期提取	0.00	0.00	0.00	—
2. 本期使用	0.00	0.00	0.00	—
（六）其他	0.00	0.00	0.00	—
四、本期期末余额	631 218.01	497 087.57	134 130.45	26.98

根据 FL 公司 2020 年所有者权益变动表水平分析表，可以得到以下主要结论：

第一，2020 年年末所有者权益比 2019 年增加 134 130.45 万元，增长幅度为 26.98%，而 2019 年只增长了 14.5%，所以 2020 年的增长幅度是比较大的。

第二，2020 年所有者权益增长的主要原因是综合收益的增长，增长额 140 770.85 万元，增长率 288.71%。需要注意的是，根据前文对利润表的分析，在本年的综合收益增长额中，净利润只贡献了其中的 2 382.11 万元，其他大部分来自权益投资工具公允价值的增长，这意味着企业经营业绩贡献的占比很低。

第三，其他变动幅度较大的会计政策变更影响额（比 2019 年减少 28 935.17 万元）以及同一控制下企业合并导致资本公积和盈余公积的减少额（比 2019 年增加 31 144.33 万元）。这两项来自会计政策变更和企业合并，跟企业经营方面的业绩没有关系。

第四，2020 年度对所有者（股东）分配的金额比上一年度增加了 4 058.10 万元，增长率为 18.59%。

二、所有者权益变动表的垂直分析

所有者权益表的垂直分析是将所有者权益各个子项目变动占所有者权益变动的比重予以计算，并进行分析评价，揭示出公司当期所有者权益各个项目的比重及其变动情况，解释公司净资产构成的变动原因，进而为相关决策提供参考。

【例 6.2】对 FL 公司 2020 年度所有者权益变动表进行垂直分析。

以 2020 年度所有者权益总变动额为基准数，设为 100%，计算各项目变动额占比，编制 FL 公司 2020 年度所有者权益变动表垂直分析表见表 6-3。

其中，项目变动额占比的计算公式如下：

$$某项目变动额占比=\frac{该项目变动额}{所有者权益总变动额}\times 100\%$$

表 6-3　FL 公司 2020 年度所有者权益变动表垂直分析表

项目	2020 年（万元）	变动额占比（%）
一、上年期末余额	497 087.57	—
加：会计政策变更	0.00	0.00
前期差错更正	0.00	0.00
同一控制下企业合并	0.00	0.00
其他	0.00	0.00
二、本年期初余额	497 087.57	—
三、本期增减变动金额（减少以“-”号填列）	134 130.45	100.00
（一）综合收益总额	189 529.68	141.30
（二）所有者投入和减少资本	-29 511.33	-22.00
1. 所有者投入的普通股	1 633.00	1.22

续表

项目	2020年（万元）	变动额占比（%）
2. 其他权益工具持有者投入资本	0.00	0.00
3. 股份支付计入所有者权益的金额	0.00	0.00
4. 其他	-31 144.33	-23.22
（三）利润分配	-25 887.90	-19.30
1. 提取盈余公积	0.00	0.00
2. 提取一般风险准备	0.00	0.00
3. 对所有者（或股东）的分配	-25 887.90	-19.30
4. 其他	0.00	0.00
（四）所有者权益内部结转	0.00	0.00
1. 资本公积转增资本（或股本）	0.00	0.00
2. 盈余公积转增资本（或股本）	0.00	0.00
3. 盈余公积弥补亏损	0.00	0.00
4. 设定受益计划变动额结转留存收益	0.00	0.00
5. 其他综合收益结转留存收益	0.00	0.00
6. 其他	0.00	0.00
（五）专项储备	0.00	0.00
1. 本期提取	0.00	0.00
2. 本期使用	0.00	0.00
（六）其他	0.00	0.00
四、本期期末余额	631 218.01	—
本期总变动额	134 130.45	100.00

根据FL公司2020年度的所有者权益变动表垂直分析表，可以得到以下主要结论：

第一，2020年变动额占比最大的项目是综合收益，本期获得的综合收益占本期所有者权益变动总额的141.30%。

第二，2020年度“所有者投入和减少资本”的占比也比较大。本年FL公司进行了一项同一控制下企业合并，冲减了盈余公积和资本公积，导致所有者权益减少，对应减少额占所有者权益变动总额的23.22%。

第三，2020年度向股东分配利润25 887.90万元，导致所有者权益减少，对应减少额占所有者权益变动总额的19.30%。

三、所有者权益变动表主要项目的分析

所有者权益变动表的主要项目分析是指将所有者权益的主要组成项目进行具体深入剖

析和对比分析，分析其变动程度和变动原因，并做出相应的评价。

（一）实收资本（股本）分析

实收资本，也称股本，是指企业按照章程规定或合同、协议约定，接受投资者投入企业的资本。实收资本的构成比例（即投资者的出资比例或股东的股权比例）是确定所有者在企业所有者权益中份额的基础，也是企业进行利润分配或股利分配的重要依据。

1. 股份按持有者分类

在中国证券市场，股权投资者可以分为国家持股、国有法人持股、其他内资持股以及外资持股四类：

国家持股是指有权代表国家投资的机构或部门（如国有资产授权投资机构）持有的上市公司股份。

国有法人持股是指国有企业、国有独资公司、事业单位以及第一大股东为国有及国有控股企业且国有股权比例合计超过50%的有限责任公司或股份有限公司持有的上市公司股份。

其他内资持股是指境内非国有及国有控股单位（包括民营企业、中外合资企业、外商独资企业等）及境内自然人持有的上市公司股份。

外资持股是指境外股东持有的上市公司股份。

大型机构的信息分析能力较强，所以，国家持股或大型机构持股比例越高，表示该公司前景越被看好，就越应该在该公司财务分析结论中增加正向评价。

控股股东持股比例越低，股权越分散，有利于产生权力制衡，有利于民主决策；但是，容易降低公司的反应速度，很可能错失机会，降低工作效率。

2. 股份按是否有限售条件分类

按照是否有限售条件，股份可以分为有限售条件的股份和无限售条件的股份。

有限售条件股份是指股份持有人依照法律、法规规定或按承诺有转让限制的股份，包括因股权分置改革暂时锁定的股份、内部职工股、机构投资者配售股份、董事、监事、高级管理人员持有股份等。有限售条件股份的限制期一般为一年到三年，在限制期满后，这部分股票就可以解禁并上市流通了。

无限售条件股份则没有转让限制，可以自由买卖流通。

3. 实收资本（股本）的变动途径

（1）实收资本（或股本）增加的途径

实收资本（或股本）增加的主要途径：①所有者增加投入或企业增发新股；②资本公积转增资本；③盈余公积转增资本；④利润分配转入，即股份公司通过发放股票股利的方法增资；⑤可转换公司债券持有人行使转换权利，将其持有的债券转换成股票。

一般情况下，实收资本（股本）增加，意味着企业获得更多的股权资金或者保留了更多股权资金，将增强公司的信誉和借债能力。

（2）实收资本（或股本）减少的途径

实收资本（或股本）减少的途径主要是股票回购。股份有限公司如果以收购本公司股票方式减资的，按注销股票的面值总额减少股本，购回股票支付的价款超过面值的部分，依次冲减“资本公积”“盈余公积”和“利润分配——未分配利润”等科目；购回股票支付的价款低于面值的部分，则增加“资本公积”。

一般情况下，股份回购将导致公司拥有的股权资金减少，意味着公司未来的投资机会减少，将对于公司财务分析评价结论带来负面影响。

【例 6.3】对 FL 公司 2020 的股本进行分析。

根据 FL 公司 2020 年度报告，该公司 2020 年度股本构成及其变动见表 6-4。

表 6-4　FL 公司 2020 年度股本构成及其变动

	本次变动前		本次变动增减					变动后	
	数量（股）	比例（%）	新股（股）	送股（股）	公积金转股（股）	其他（股）	小计（股）	数量（股）	比例（%）
一、有限售条件股份	13 653 051	0. 98				-483 855	-483 855	13 169 196	0. 94
1. 国家持股									
2. 国有法人持股	1	0. 00						1	0. 00
3. 其他内资持股	4 725 418	0. 34				-483 855	-483 855	4 241 563	0. 30
其中：境内法人持股	3 753 972	0. 27					0	3 753 972	0. 27
境内自然人持股	971 446	0. 07				-483 855	-483 855	487 591	0. 03
4. 外资持股	8 927 632	0. 64					0	8 927 632	0. 64
境外自然人持股	8 927 632	0. 64					0	8 927 632	0. 64
二、无限售条件股份	1 385 693 103	99. 02				483 855	483 855	1 386 176 958	99. 06
1. 人民币普通股	1 072 554 652	76. 65				483 855	483 855	1 073 038 507	76. 68
2. 境内上市的外资股	313 138 451	22. 38					0	313 138 451	22. 38
三、股份总数	1 399 346 154	100. 00					0	1 399 346 154	100. 00

在表 6-4 中，FL 公司在 2020 年年末的股份总数为 1 399 346 154 股，与上一年度相比，没有发生变动。其中，无限售条件的股份数为 1 386 176 958 股，占股份总数的比重为 99. 06%；由于本年度部分董事和高管离任，他们持有的有限售条件的股份在本年度解禁，解禁股份数为 483 855 股，使得有限售条件的股份降低为 13 169 196 股，其占股份总数的比重从 2019 年年末的 0. 98%降低为 0. 94%。

在年末无限售条件的股份中，人民币普通股占总股份比重为 76. 68%，境内上市的外资股占总股份比重为 22. 38%。

FL公司2020年年末前10名股东持股情况，见表6-5。

表6-5　FL公司2020年年末前10名股东持股情况

股东名称	股东性质	持股比例（%）	报告期末持股数量（股）	报告期内增减变动情况（股）	持有有限售条件的股份数量（股）	持有无限售条件的股份数量（股）	质押或冻结情况	
							股份状态	数量（股）
中国香港华晟控股有限公司	境外法人	13.47	188 496 430	0	0	188 496 430	质押	92 363 251
佑昌灯光器材有限公司	境外法人	10.50	146 934 857	0	0	146 934 857		
广东省电子信息产业集团有限公司	国有法人	8.77	122 694 246	56 300 745	0	122 694 246	质押	32 532 815
深圳市广晟投资发展有限公司	国有法人	5.12	71 696 136	0	0	71 696 136	质押	35 800 000
中央汇金资产管理有限公司	国有法人	2.42	33 878 900	0	0	33 878 900		
安信国际证券（香港）有限公司	境外法人	2.36	33 050 128	2 041 215	0	33 050 128		
广晟投资发展有限公司	境外法人	1.82	25 482 252	0	0	25 482 252		
DBS VICKERS（HONG KONG）LTD A/C CLIENTS	境外法人	1.33	18 637 655	-3 364 482	0	18 637 655		
招商证券香港有限公司	境外法人	1.00	13 963 394	1 803 158	0	13 963 394		
庄坚毅	境外自然人	0.85	11 903 509	0	8 927 632	2 975 877		

表6-5中的我国的香港华晟控股有限公司、广东省电子信息产业集团有限公司、深圳市广晟投资发展公司和广晟投资发展有限公司等四家公司共同为一致行动人，构成FL公司的控股股东，持股合计占比29.18%。可以看出，FL公司股权比较分散，有利于权力制衡，但是也会造成决策效率低下等问题。

（二）库存股分析

1. 库存股的概念

库存股又称库藏股，是指公司收回已发行的且尚未转让或注销的股票。公司持有库存股，可以用于注销股本、再出售或用于对员工的股权激励。

2. 库存股对公司所有者权益的影响

（1）库存股不是公司的一项资产，而是所有者权益的抵减项目。

（2）库存股的变动不影响损益，只影响权益。

（3）库存股的权力受限。库存股既不分配股利，也不具有投票权。

3. 库存股的分析方法

如果公司回购股票的目的是注销股本，这将减少所有者权益，降低偿债能力，并且有可能意味着公司管理层对于未来的股东回报期望不高，从而对进一步负债融资和股东期望产生不利影响。

如果公司回购股票的目的是用于股权激励或将来再出售，那么，通常意味着公司管理层对于公司前景和将来股票价格比较有信心，是一个正向信号。

2020 年以前，FL 公司一直没有进行过股票回购。2020 年 12 月 18 日，该公司发布了股票回购公告，计划在发布公告起一年之内回购 A 股 2 347. 41 万股至 4107. 98 万股，回购 B 股 2604. 16 万股至 5208. 33 万股。其中，回购的 A 股计划用于股权激励，回购的 B 股计划予以注销。FL 公司的股权结构是 A 股占大多数，所以在财务分析中，这次回购可以看作一个正向信号。

（三）资本公积分析

资本公积是指企业在经营过程中由于接受捐赠、股本溢价以及法定财产重估增值等原因而形成的公积金，是投资者或他人投入企业资本，所有权归属于投资者，并且投入金额超过法定资本部分的资本。

在会计核算中，资本公积包括资本溢价、接受捐赠非现金资产准备、股权投资准备、拨款转入、外币资本折算差额、关联交易差价和其他资本公积七项内容，其中其他资本公积包括现金捐赠、债务重组、资本公积准备转入、确实无法支付的应付款项等。

资本公积主要有两个用途：用于转增资本或者在溢价收购其他企业时被收购溢价所冲减。可以用于转增资本的资本公积包括资本（或股本）溢价、接受现金捐赠、拨款转入、外币资本折算差额和其他资本公积等。根据相关法规，资本公积也有一部分不能用于转增资本，这些部分包括接受捐赠非现金资产准备和股权投资准备等。

资本公积是所有者权益的一部分，所以，在对这个项目进行分析的时候，一般认为，资本公积越高，表示公司资本实力越强。

【例 6. 4】对 FL 公司 2020 年度的资本公积及其变动进行分析

FL 公司在 2006 年、2007 年、2008 年、2014 年及 2017 年进行了资本公积向全体股东转增股本，使得其注册资本增加为 13. 99 亿元人民币。之后各年度没有再进行资本公积转增股本的行为，见表 6-6。

表 6-6 FL 公司 2020 年度资本公积及其变动分析

项目	期初余额	本期增加	本期减少	期末余额
资本溢价（股本溢价）（万元）	22 436.22		21 645.07	791.15
其他资本公积（万元）	724.60			724.60
合计（万元）	23 160.82		21 645.07	1 515.75

表 6-6 显示，2020 年度 FL 公司的资本公积基本已经被消耗殆尽，其原因是本年度同一控制下股权收购湖南科达公司，收购溢价冲减资本公积。这样，意味着 FL 未来的资本实力发生显著下降。

（四）盈余公积分析

盈余公积是指企业按照有关规定从净利润中提取的积累资金。公司制企业的盈余公积包括法定盈余公积和任意盈余公积。公司分配当年税后利润时，应当提取税后利润的 10%列入法定盈余公积，当法定盈余公积累计额为公司注册资本的 50%以上的，可以不再提取。任意盈余公积是指企业按照股东会或股东大会决议提取的盈余公积。

企业提取的盈余公积可用于弥补亏损、扩大生产经营、转增资本或分配股利等。在溢价收购其他企业时，收购溢价部分首先冲减收购方的资本公积，如果资本公积不足冲减，将依次冲减盈余公积和未分配利润。

盈余公积是所有者权益的一部分，在对其进行分析的时候，一般认为，盈余公积越多，该公司资本实力越强，可以抵御一定的风险冲击。

【例 6.5】 对 FL 公司 2020 年度的盈余公积及其变动进行分析。

编制 FL 公司 2020 年度盈余公积变动分析表，见表 6-7。

表 6-7 FL 公司 2020 年度资本公积及其变动分析

项目	期初余额	本期增加	本期减少	期末余额
法定盈余公积（万元）	69 967.31	0.00		69 967.31
任意盈余公积（万元）	13 688.66	0.00	9 499.26	4 189.40
合计（万元）	83 655.96	0.00	9 499.26	74 156.70

表 6-7 显示，2020 年 FL 公司任意盈余公积减少 9，499.26 万元，原因是本年度收购湖南科达公司，收购溢价在冲减资本公积后，由于资本公积不足冲减，进一步冲减了盈余公积。考虑到湖南科达公司原本没有实质性业务，主要资产是一座大厦，所以，可以认为本次收购未导致 FL 公司资本实力的降低。

（五）期初未分配利润调整分析

导致期初未分配利润需要调整的原因包括首次执行修改过的新企业会计准则、会计政策变更、会计估计变更、重大会计差错更正、合并报表的合并范围发生变更等。其中，首次执行修改过的新企业会计准则属于客观因素，一般不会对财务分析评价产生明显影响。

除此之外的其他因素，都与企业管理层的管理决策有关系，所以应该作为财务分析的关注因素。

对于期初未分配利润调整，可以从以下两方面去分析：

（1）判断公司在年报附注中对会计政策变更、会计估计变更、重大会计差错更正以及合并报表的合并范围是否及时进行了明确合理的披露。

（2）结合公司的背景判断管理层是否有粉饰财务报表的动机。在公司期初未分配利润被调整的会计期间，如果公司利润出现扭亏为盈或者从上期的较低水平出现显著提升，则需要进一步分析该公司对期初未分配利润进行调整的理由是否合理，是否存在粉饰利润的动机。

【例 6.6】对 FL 公司 2020 年度的期初未分配利润调整进行分析。

根据 FL 公司披露的相关资料，FL 公司对 2020 年年初未分配利润的调整进行了比较充分的披露，变动情况见表 6-8。

表 6-8　FL 公司 2020 年年初未分配利润调整情况

项目	本期	上期
调整前上期末未分配利润（万元）	170 042.69	165 418.10
调整期初未分配利润合计数（调增+，调减-）（万元）		-443.06
调整后期初未分配利润（万元）	170 042.69	164 975.04

调整期初未分配利润明细：

1. 由于《企业会计准则》及其相关新规定进行追溯调整，影响期初未分配利润 0.00 元。
2. 由于会计政策变更，影响期初未分配利润 0.00 元。
3. 由于重大会计差错更正，影响期初未分配利润 0.00 元。
4. 由于同一控制导致的合并范围变更，影响期初未分配利润-4 430 583.69 元。
5. 其他调整合计影响期初未分配利润 0.00 元

通过表 6-8 可见，FL 公司对本期初未分配利润的调整金额和调整原因进行了充分的披露。另外，引起本年期初未分配利润进行调整的原因只有一个，就是由于同一控制下收购湖南科达公司而导致合并报表合并范围的变更，而且该原因引起期初未分配利润调减 443.06 万元，这表明此次调整背后基本不存在粉饰报表的动机。但是，FL 为什么要收购一家亏损的企业，其真正的原因有必要结合其他非财务信息进行分析。

第三节　利润分配对所有者权益变动的影响分析

利润分配分析，主要是依据所有者权益变动表以及报表附注等资料，分析企业的净利润是如何在企业和投资者之间以及企业内部各权益项目之间分配的，结合对企业利润分配政策影响因素的分析，判断导致企业利润分配变动的原因，进而确定企业利润分配政策的合理性。

Miller 和 Modigliani（1961）开创性地研究了理想条件下股利政策与公司价值的关系，

即 M-M 股利无关性定理：在理想市场等前提条件下，如果公司的投资策略既定，那么，公司的现金股利政策与公司价值无关。

但是，现实资本市场并不是理想市场，存在着信息不对称等情形，因而不同的股利政策可能会对公司股价产生影响。

一、利润分配的程序

企业本年可供分配利润计算公式为

本年可供分配利润=本年净利润+年初未分配利润（或减年初未弥补亏损）+其他转入

企业本年可分配利润，除法律、法规另有规定外，应按照如下顺序分配：

（一）计算可供分配的利润

如果可供分配利润为负数，则不能进行后续分配；如果可供分配利润为正数，则可以进行后续分配。

（二）提取法定盈余公积金

在不存在年初累计亏损的前提下，法定盈余公积金按照税后利润的 10% 提取。法定盈余公积金已经达到注册资本的 50%时可以不再提取。所提取的法定盈余公积金用于弥补以前年度亏损或转增资本金，但转增资本金后留存的法定盈余公积金不得低于注册资本的 25%。

（三）提取任意盈余公积金

任意盈余公积金提取标准由股东大会确定，如确因需要，经股东大会同意后，也可用于分配。

（四）向投资者分配利润

其中，盈余公积经过批准之后，也可以用于弥补亏损、转增资本、发放现金股利或利润等。

二、利润分配分析的内容

（一）利润分配规模、分配结构及变动趋势的分析

利润分配规模、分配结构及变动趋势的分析，是对企业本期可供分配利润进行分配的实际数与前期实际数进行对比，以揭示各项目的分配额增减变动情况，确定增减变动的原因，判断变动的合理性。这种分析是以利润分配表、相关报表的辅助说明资料为主，主要从绝对额增减变化与相对值的增减值变化两个角度采用对比分析法和比率分析法进行分析。

（二）股份支付的方式与结构分析

股利支付方式是指企业采用怎样的形式分配利润，可供选择的方式是现金利润、股票

股利、现金以外的资产分配股利、公司债股利及股票回购等。股利支付结构是指股利支付方式的组合形式，即采用单一方式还是多种形式并存。

股利支付方式的分析思路主要是企业所采用的股利形式是否与企业的财务状况相吻合，哪些因素决定了股利形式。总体上看，我国现阶段上市公司利润分配政策中较少使用财产股利和负债股利，而股票回购的限制条件较高，采用的风险也较高，企业通常是以现金和股票作为股利的支付方式。

我国上市公司股利分配的主要形式有现金股利和股票股利，它们对公司财务状况的影响是不同的。现金股利会导致公司资产和所有者权益同时减少，股东手中的现金增加；股票股利并不减少公司资产和所有者权益，而是使得流通在外的股份数增加，每股净资产和每股收益减少。

1. 现金股利对所有者权益和股东财富的影响

现金股利会导致公司现金流出，公司的资产和所有者权益规模同时会相应地减少，进而资产负债率将升高。也就是说，现金股利不仅影响所有者权益内部结构，也影响整体资本结构。

但是，现金股利的发放会给股东们带来现金收益，而且会让股东们对公司的未来前景更加看好，所以，通常会带来股价市价的提高。一般情况下，公司现金股利水平提高，会增加股东财富。

2. 股票股利对所有者权益的影响

股票股利是一种比较特殊的股利形式，它不直接增加股东的财富，不会导致企业资产的流出或负债的增加，不影响公司的资产、负债及所有者权益总额的变化，所影响的只是所有者权益内部各个项目及其结构的变化，即将未分配利润转为股本（面值）或资本公积（超面值溢价）。

发放股票股利，会增加公司所发行的股票总量，因而，在公司整体价值一定的情况下，会使得每股市价降低，进而能够吸引到更多资金较少的投资者。另外，公司发放股票股利还可能被认为该公司内部有很多优质投资项目需要资金，因而通过发放股票股利的方式，避免发放大量现金股利，把资金留在公司内部用于投资，这样，发放股票股利往往会带来股票市价的上涨。

三、影响企业利润分配的因素

企业利润的分配活动，不仅受到外部的宏观经济政策的影响，而且受到企业内部经营政策及财务战略等多因素的影响，因此，在进行利润分配合理性分析时，必须确定哪些因素在影响企业利润分配行为。概括起来这些因素主要包括法律因素、资本结构因素、未来投资前景、契约性债务合约因素、企业财务状况因素。企业利润分配政策的制定是一个综合决策的过程，单独考虑任何一个影响因素都不能制定出合理的分配政策。

具体分析利润分配政策合理与否应考虑的主要内容如下：

（一）投资机会

一般来说，股利支付率是投资机会收益率的函数。如果一家企业拥有充裕的现金而可行的投资项目又少，那么企业股东将希望实施高股利分配政策，这也同时减少了企业管理人员在不良项目上投资的风险；反之亦然。

（二）资本成本与财务风险

公司在确定股利政策时，应全面考虑各个筹资渠道资金来源的数量大小和成本高低，使股利政策与公司理想的资本结构和资本成本相一致。另外，公司在确定股利分配水平时，还要考虑现金股利分配对公司偿债能力的影响，保证在现金股利分配之后仍能保持较强的偿债能力，以维护公司的信誉和借贷能力。

（三）分配政策要权衡税收因素

股东获取投资收益的方式有两种，包括直接获得现金股利和由于股价上升而获得资本利得。大多数国家的投资者获得资本利得不需要缴纳所得税，但是，获得现金股利时的税收规定并不一视同仁。在获得现金股利时，有的投资群体需要缴纳所得税，也有的群体不需要缴纳所得税。不同税收负担的投资者对企业利润分配政策的关注程度是不同的，企业在制定股利分配政策时，应考虑对不同税收偏好投资者的影响。

（四）企业拥有的资产类型

对于资产具有高度流动性的企业来说，企业持有比较多的现金，可以不经过资产变现过程就可以发放大量现金股利。对于持有现金水平不算充沛，资产流动性也不高的企业来说，发放大量的现金股利将比较困难。

（五）法律法规因素

2020 年 10 月 9 日，国务院发布《关于进一步提高上市公司质量的意见》鼓励上市公司通过现金分红、股份回购等方式回报投资者，切实履行社会责任。《中华人民共和国证券法》明确规定，上市公司应当在章程中明确现金股利的具体安排和决策程序，依法保障股东的资产收益权。

中国证券监督管理委员会 2016 年修订的《上市公司章程指引》规定“公司应当在公司章程中明确现金分红相对于股票股利在利润分配方式中的优先顺序，并载明公司董事会、股东大会对利润分配尤其是现金分红事项的决策程序和机制以及公司的利润分配政策尤其是现金分红政策的具体内容”。

2020 年修订的《上市公司证券发行管理办法》规定，上市公司发行新股须符合“最近三年以现金或股票方式累计分配的利润不少于最近三年实现的年均可分配利润的 30%”。

2021 年修订的《公开发行证券的公司信息披露内容与格式准则第 2 号——年度报告的内容与格式》第三十六条规定“公司应当披露报告期内利润分配政策，特别是现金分红政策的制定、执行或调整情况，说明利润分配政策是否符合公司章程及审议程序的规定，是否充分保护中小投资者的合法权益，是否由独立董事发表意见，是否有明确的分红标准和分红比例；以及利润分配政策调整或变更的条件和程序是否合规、透明”。

（六）信息不对称

很多学者认为，公司内外部不同主体之间存在信息不对称。公司内部管理层掌握更多关于公司的内部信息，因而能够对公司未来发展前景做出更准确的评价；而公司外部的利益相关者处于信息劣势，很难掌握公司内部信息。所以，很多时候外部的利益相关者会根据公司管理层对外披露的某些决策来推测背后所反映的内部信息。比如，如果公司本期发放的现金股利水平比上期有所增加，那么外部投资者就会认为该公司经理层对公司未来发展很有信心，因而该公司股价会上升；相反，如果公司股利水平比上期有所下降，那么外部投资者就会认为公司管理层对公司未来发展没有信心，因而该公司股价会下降。

由于公司的经营业绩总是呈现一定的波动性，每家公司都做不到让经营业绩持续稳定上升。所以，公司管理层们都尽量避免提升股利水平，从而避免在将来业绩下降时被迫下降股利水平，引发股价滑坡。也就是说，很多公司会尽量保持各期的股利水平保持平稳，稳中有升。

四、股利政策的类型

（一）剩余股利政策

按照剩余股利政策的主张，企业的盈余应该首先用于新投资项目的资金需要。在满足了新投资项目的资金需要之后，若还有剩余，企业才能将剩余部分作为现金股利发放给股东。

采用剩余股利政策时，应遵循以下四个步骤：

（1）设定目标资本结构，即确定权益资本与债务资本的目标比率，在此资本结构下，加权平均资本成本将达到最低水平。

（2）确定目标资本结构下投资所需的权益资本数额。

（3）最大限度地使用保留盈余来满足新投资项目所需的权益资本数额。

（4）新投资项目所需权益资本已经满足后，可分配利润若还有剩余，再将其作为股利发放给股东。。

主张该种股利政策的主要理由是保持理想的资本结构，使得企业得加权平均资本成本最低。

（二）固定股利支付率政策

股利支付率是指当期发放的现金股利占当期净利润的比重。固定股利支付率政策认为，企业应当首先确定一个理想的股利支付率，并长期按此比率支付股利的政策。在这一股利政策下，各年的现金股利水平随企业经营的好坏而上下波动，获得较多盈余的年份股利水平较高，反之，获得盈余较少的年份股利额较低。

主张实行固定股利支付率的主要理由是能够使股利与企业盈余紧密结合，以体现多盈多分、少盈少分、不盈不分的原则。

适用该股利政策的公司类型主要为盈利比较稳定或正处于成长期、信誉一般的公司。

（三）稳定性股利支付政策

稳定股利政策是每年发放的每股现金股利固定在一定的水平上，并在较长时间内保持不变，只有当公司认为未来盈余将会显著的、不可逆转的增长时，才提高股利发放额。

主张该种股利政策的理由如下：

（1）稳定股利可以消除投资者内心的不确定性。

（2）许多依靠固定股利收入生活的股东更喜欢稳定的股利支付方式。

（3）具有稳定股利的股票有利于吸引机构投资者购买。

（四）低正常股利加额外股利政策

低正常股利加额外股利政策是指在一般情况下，企业每年只支付较低的正常股利，只有在企业经营非常好时，才支付正常股利之外的额外股利。

在这种政策下，企业每年按照固定的数额向股东支付正常股利，当企业年景好、盈利有较大幅度增加时，再根据实际情况，向股东临时发放一些额外股利。

主张这一股利政策的理由如下：

（1）向股东发放稳定的正常股利，可以增强股东对企业的信心。

（2）给企业以较大的弹性。当企业盈利比较少时，发放较低水平的正常股利即可；而当企业盈利较多时，则可以给股东发放额外较多股利。

五、案例公司股利政策分析

【例 6.7】对 FL 公司的股利分配政策进行分析

在 2018 年，FL 公司召开股东大会，修改了《公司章程》中有关分红的规定，明确规定了分红条件、最低分红比例、决策程序等内容；制定了《利润分配管理制度》《未来三年股东回报规划（2018—2020 年）》，明确了各期分红的具体安排和形式、现金分红规划及其期间间隔，进一步完善和健全公司分红的决策和监督程序。

选择 2012—2020 年度时间段，对 FL 公司的股利分配政策进行分析，相应数据见表 6-9。

表 6-9　FL 公司 2012—2020 年度股利分配统计表

年度	公告日期	分红方案（每十股）			进度
		送股（股）	转增（股）	派息（税前）（元）	
2020	2021 年 7 月 12 日	0	0	1.00	实施
2019	2020 年 6 月 4 日	0	0	1.85	实施
2018	2019 年 5 月 7 日	0	1	1.56	实施
2017	2018 年 5 月 5 日	0	0	3.29	实施
2016	2017 年 6 月 1 日	0	0	4.20	实施
2015	2016 年 5 月 7 日	0	0	0.125	实施

续表

年度	公告日期	分红方案（每十股）			进度
		送股（股）	转增（股）	派息（税前）（元）	
2014	2015年6月5日	0	3	2.20	实施
2013	2014年6月12日	0	0	1.60	实施
2012	2013年6月8日	0	0	3.10	实施

根据表6-9，2012年以来，FL公司的现金股利分配频率为每年分配一次。另外，其分配方式以现金股利为主，仅在2014年度和2018年度增加了资本公积转增股本的分配方式，另外，没有进行过送股（即股票股利）的分配方式。就其现金股利水平而言，各年度波动性较大。最低的年份是2015年，每10股分配0.125元；最高的年份是2016年，每10股分配现金股利4.20元。

通过与同行业其他公司比较，进一步分析如下。

（一）现金股利水平比较分析

收集阳光照明、欧普照明和雪莱特的股利分配数据，绘制2012—2020年度各公司股利对比分析图，见图6-1。

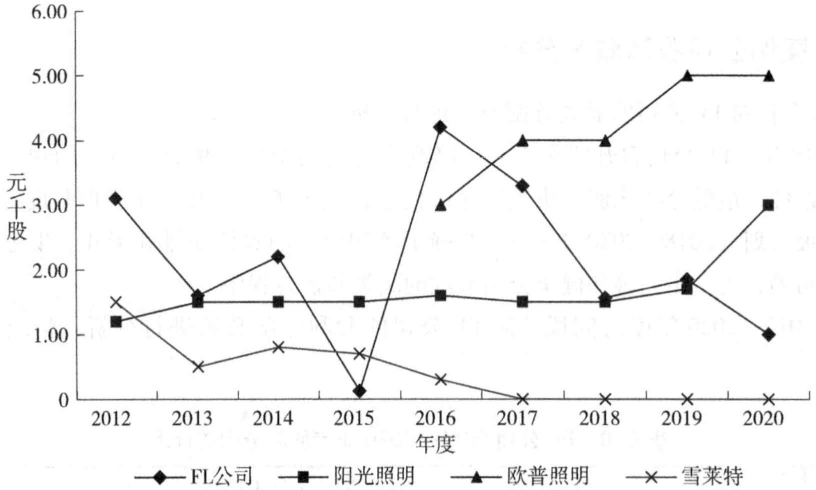

图6-1　FL公司与三家对比公司的每10股现金股利比较

根据图6-1可以看出，2012—2020年，FL公司的每10股股利水平波动程度比其他三家公司大得多，也就说，表6-9表现出的股利波动性并不是行业共性所致，而是FL公司的个性政策所致。在2015年，FL公司遭遇异常高水平的营业外支出，导致可分配利润大幅下滑，该公司进而大幅度降低了其股利水平；在2016年FL公司收获了异常高水平的投资收益，该公司进而大幅度提高了其股利水平，这种做法使得股利水平在这几年剧烈波动。这说明该公司并没有追求相对稳定的股利水平，而是根据盈利状况实时变换股利水平。

（二）股利支付率比较分析

为了进一步进行比较分析，再选择股利支付率指标进行对比，见图 6-2。其中，股利支付率的计算公式如下：

$$股利支付率=\frac{每股股利}{每股收益}\times 100\%$$

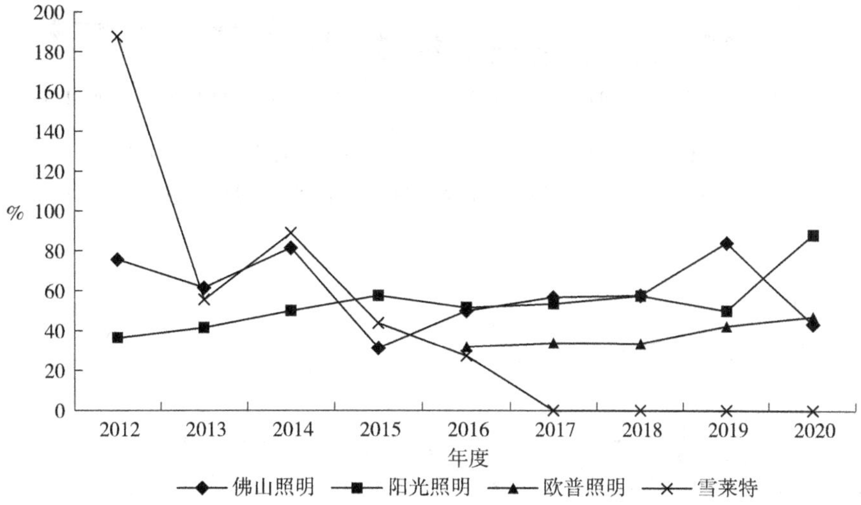

图 6-2　FL 公司与三家对比公司的股利支付率比较

根据图 6-2，FL 公司的股利支付率具有一定波动性，在 2015 年只有 31.25%，然后逐年上升，到 2019 年度达到此期间的最高点 84.09%，但是 2020 年度又降到 43.48%。这说明 FL 公司并没有遵循“固定股利支付率”政策。相比较而言，欧普照明和阳光照明的股利支付率稳定性更强。

（三）案例公司历史上的股利政策

1. 案例公司的“现金奶牛”型股利政策

追溯一下 FL 公司现金分红更久远的历史，可以发现该公司曾经实行“现金奶牛”型股利政策：相较于同行业公司，其股利水平持续多年保持高位。1994—2007 年，FL 公司的每十股现金股利和股利支付率分析见图 6-3、图 6-4、图 6-5 与图 6-6。考虑到 FL 公司本身属于制造业，其分红行为又类似公用事业公司，所以，本书采集了电煤气水行业上市公司的分红情况与 FL 公司进行了比较分析。另外，当时阳光照明作为比较早的该行业上市公司，名字还叫浙江阳光。

从 1993 年上市当年开始，连续 15 年分红派现的 FL 公司在中国股票市场上旗帜鲜明。从图 6-3 和 6-4 可以看出，FL 公司不管在每股现金水平上还是在股利支付率上，都遥遥领先于制造业的平均值，甚至也领先于作为传统分红者的公用事业公司。制造业和电煤气水行业的每十股现金股利平均值虽然从 1996 年以来逐年上升，但是未能突破 2 元，而 FL 公

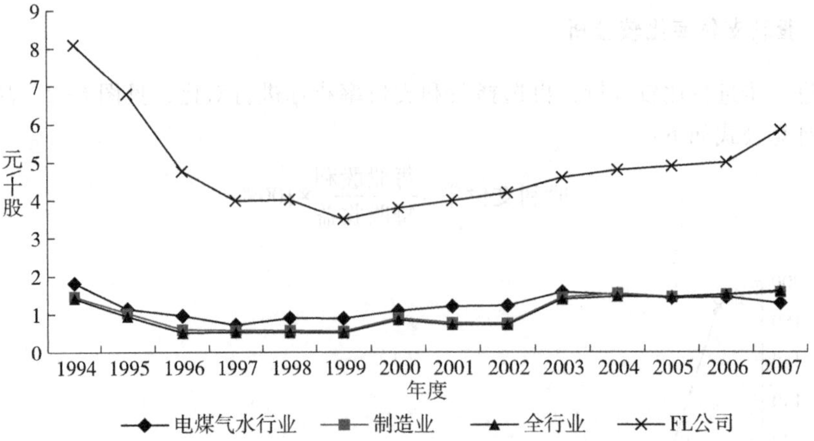

图 6-3　FL 公司 1994—2007 年与其他行业每 10 股现金股利比较

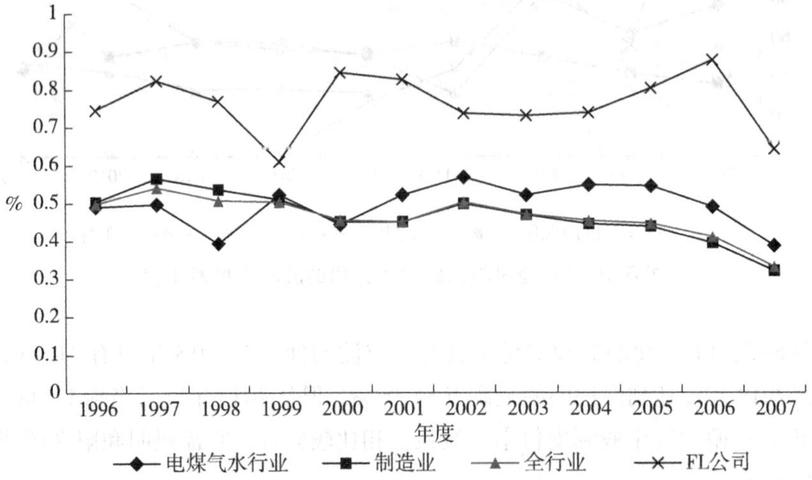

图 6-4　FL 公司 1996—2007 年与其他行业股利支付率比较

司除了在 1994—1999 年每十股现金股利逐渐从 8 元下降到 3.5 元，但是 2000 年开始，该指标逐年快速上升，到 2007 年度已回升到 5.85 元。另一方面，FL 公司的股利支付率除了在 1999 年达到最低点 0.61 以外，2007 年以前一直高达 0.73～0.87，2007 年略有下降，为 0.64。从行业比较来看，1999 年以前，电煤气水行业落后于制造业，但是作为传统分红行业，2000 年以后其股利支付率一直以较大的幅度领先于制造业和整个市场。

图 6-5 和 6-6 表明，相对于 FL 公司的稳定上升的分红政策，浙江阳光的每股股利波动幅度比较大，特别的，2003 年度浙江阳光没有派现，但是，2004 年派现达到了历史最高点的每十股 3.5 元，这种变动剧烈程度表明浙江阳光并没有平滑股利水平的想法。对于股利支付率指标，浙江阳光在 1998 年和 1999 年高于 FL 公司，但是在 2000 年上市之后，浙江阳光的股利支付率始终低于 FL 公司，而且，波动幅度也比较大。

综上所述，FL 公司的股利政策特点是稳中有升的持续性高水平现金分红。

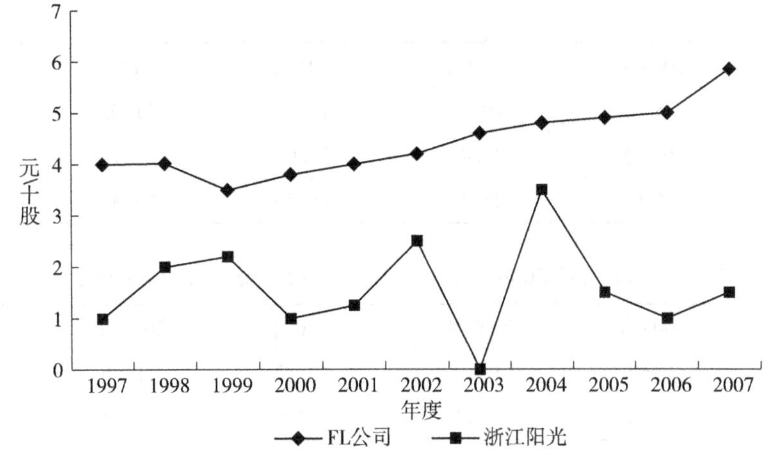

图 6-5 FL 公司与阳光照明 1997—2007 年每 10 股现金股利比较

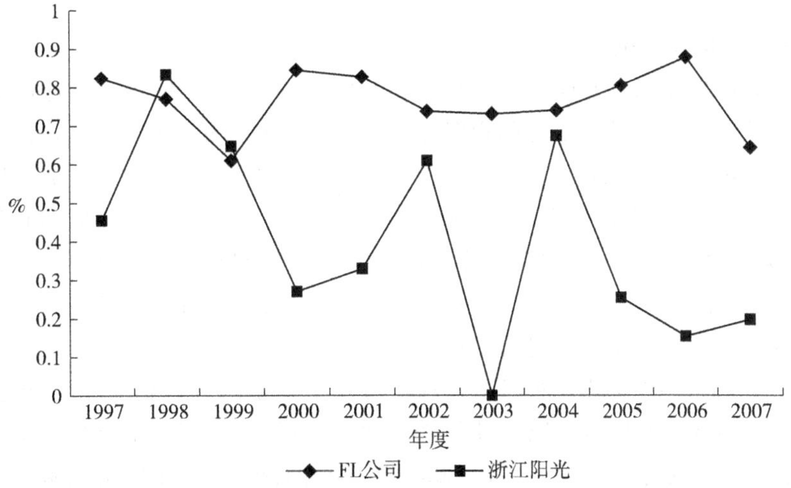

图 6-6 FL 公司与阳光照明 1997—2007 年股利支付率比较

2. FL 公司高水平现金分红的原因分析

那么，为什么 FL 公司在此期间实施了如此高水平的现金股利政策呢？究其原因，有以下几点：

（1）FL 公司的盈利状况良好

比较 FL 公司和对比企业的销售毛利率和总资产报酬率，见表 6-10 和表 6-11。可以发现，与同行业企业相比，FL 公司具有比较高的销售毛利率和总资产报酬率，这是支撑其长期发放高水平现金股利的重要保障。

表 6-10 FL 公司 2008—2012 年与同行业企业的销售毛利率对比 单位：%

企业	2008 年	2009 年	2010 年	2011 年	2012 年
FL 公司	20.11	26.67	27.65	28.31	25.95

续表

企业	2008 年	2009 年	2010 年	2011 年	2012 年
阳光照明	15.65	19.15	18.56	21.02	19.11
飞乐音响	19.35	23.45	23.09	22.16	20.97
雪莱特	25.94	25.54	25.25	26.53	29.80

表 6-11 FL 公司 2008—2012 年与同行业企业的总资产报酬率对比 单位：%

企业	2008 年	2009 年	2010 年	2011 年	2012 年
FL 公司	8.67	9.10	10.52	11.06	13.96
阳光照明	8.14	7.72	9.72	10.14	6.64
欧普照明	7.53	6.86	7.70	11.05	7.91
雪莱特	3.75	2.95	3.16	4.92	3.22

（2）FL 公司的投资机会很少

FL 公司在 1993 年通过 IPO 发行 A 股募集到 1.9 亿元资金，在 1995 年通过发行 B 股募集到资金 2.8 亿元，但是这些资金的投资并不顺利。技术研发方面，在欧司朗、通用电气以及菲利普等国际照明巨头攻城掠地开拓中国市场的背景下，中国照明企业的生存压力巨大，投入巨资进行研发的难度很大，可能获得的收益具有很大的不确定性。FL 公司因此采取了拿来主义，即“紧跟式”的主业投资策略，常在某项技术应用市场接近成熟的时候，迅速扩大规模而占领市场。将主要研发费用投入引进设备的消化吸收和实用技术的革新方面，而不是在新产品开发研制上进行突破。

在 1999 年之前，中国只有浙江阳光和上海真空电子器件股份有限公司生产 T8 灯，1999 年 FL 公司开始从我国台湾地区引进 T8 生产线。随着引入 T8 生产线的逐年增多，FL 公司逐渐成为 T8 灯的行业龙头，2001—2007 年一直拥有行业第一的市场份额。值得注意的是，FL 公司的 T5、金属卤以及紧凑型节能灯的市场占有情况并不理想。

（3）可能形成大股东获取利益的渠道

陈信元等（2003）采用标准的事件研究法，研究了 FL 公司在 1994—2000 年，股利分配方案公告事件以及除权事件的市场反应。该研究在基准事件的（-10，+10）窗口内，分别计算了各天的超额收益率 AR 和累计超额收益率 CAR。结果发现，AR 和 CAR 基本上都与 0 没有差异，市场对公司的股利宣告事件反应平淡。另外，该文比较了 FL 公司与同行业其他上市公司的市盈率、市净率、配股价格市盈率以及配股价格与除权日前价格比，结果发现 FL 公司在上述四个指标上的取值都低于行业平均值。该文认为，FL 公司之所以在市场反应平淡的情况下仍然坚持持续高水平分红，背后的推动者是其第一大股东，通过高额分红手段从上市公司获取大量现金，以缓解自己的资金压力。这种挖掘行为的重要影响，很可能将使得整个公司“严重失血”，进而可能陷入发展危机。

但是，朱武祥等（2004）从另一个角度针对 FL 公司所做的案例研究得出了基本相反的结论。该研究分别计算了 FL 公司的 9.5 年持有期（1993 年年底—2003 年年中）、5 年持有期（1998年年中—2003年年中）以及2.5年持有期（2000年年底—2003年年中）的到期收益率，并将该系列指标与同行业的嘉宝集团和浙江阳光两家上市公司进行了比较。结果发现，FL公司在这三个指标的表现均优于其他两家公司。据此，该研究认为，FL公司的高派现股利政策为大多数股东创造了稳定和较高的长期投资价值，而并不是大股东特意用来掠夺小股东的手段。

本章小结

1. 根据我国会计准则，所有者权益变动表应当反映构成所有者权益的各组成部分当期的增减变动情况。当期损益、直接计入所有者权益的利得和损失，以及与所有者（或股东）的资本交易导致的所有者权益的变动，应当分别列示。

2. 所有者权益变动表分析的主要目的包括清晰体现会计期间构成所有者权益各个项目的变动规模与结构、进一步从全面收益角度报告更全面、更有用的财务业绩信息、反映会计政策变更的合理性、反映会计差错更正的幅度以及由于经营成果、股东分配政策、再筹资方案等财务政策对所有者权益的影响。

3. 所有者权益表的水平分析，就是将所有者权益各个项目的本期数与基准进行对比，揭示公司当期所有者权益各个项目的水平及其变动情况，解释公司净资产的变动原因，借以进行相关决策的过程。

4. 所有者权益表的垂直分析，就是计算所有者权益各个子项目变动占所有者权益变动的比重，并进行分析评价，揭示公司当期所有者权益各个项目的比重及其变动情况，解释公司净资产构成的变动原因，据此进行相关决策的过程。

5. 利润分配对所有者权益变动表的影响分析，主要是依据所有者权益变动表以及报表附注等资料，分析企业的净利润是如何在企业和投资者之间以及企业内部各权益项目之间分配的，结合对企业利润分配政策影响因素的分析，判断导致企业利润分配变动的原因，进而确定企业利润分配政策的合理性。

本章习题

1. 请通过制表的方式描述所有者权益变动表的基本结构。
2. 所有者权益变动表分析的主要目标有哪几个？
3. 请自行总结，所有者权益变动表一般分析的要点有哪些？
4. 在现金流量表中，应该进一步深入分析的具体项目有哪些？
5. 如何分析利润分配对所有者权益变动表的影响？
6. 选择一家上市公司，对其某年度的所有者权益变动表进行相关分析。

第七章　偿债能力分析

学习目标

1. 了解偿债能力分析的目的。
2. 熟悉偿债能力的主要影响因素。
3. 掌握短期偿债能力以及长期偿债能力的评价指标计算方法、评价方法及其注意事项。

第一节　偿债能力分析概述

一、偿债能力的含义

偿债能力是指企业偿还各种债务的能力。企业在生产经营过程中，为了弥补自身资金不足，需要对外举债。举债经营的前提必须是能够按时偿还债务本金和利息，否则就会使企业陷入困境甚至危及企业的生存。导致企业破产的最根本、最直接的原因是企业不能偿还到期债务。企业偿还债务能力的强弱，是判断企业财务状况好坏的主要标准之一。

二、偿债能力分析的目的

企业的债权人、投资者以及管理层都很关心企业的偿债能力，不同的利益相关主体进行偿债能力分析目的是不同的。

（一）债权人的分析目的是确认企业能否按期偿还本息

企业债权人主要包括商业银行、债券持有者以及供应商。负债企业的偿债能力直接影响债权人的利益。债权人把资金出借给负债企业使用，获得按期收取利息和本金的权利，如果企业破产清算，债权人则拥有优先偿付权。

根据债务期限的长短不同，债权人又可以分为短期债权人和长期债权人。两种债权人都关心负债企业的盈利和获取现金的能力，除此之外，短期债权人主要关注企业的资产变现能力，关注企业能否在短期内筹集到足够的现金来偿还短期债务。长期债权人则更关注企业的总体资产规模，以评判负债企业长期的债务清偿保障。

（二）投资者的分析目的是评估偿债能力对应的企业风险

投资者是企业的所有者和决策者，追求的是所有者财富最大化或股东财富最大化。企业通过负债进行筹资，可以获得资本成本比较低的好处，还可以获得财务杠杆效应。在企业盈利能力一定的前提下，企业的偿债能力越强，则财务风险越低，股票市场价值就越高，股东财富也就越大。

（三）企业管理层的分析目的是为科学决策提供关于财务风险的信息

企业管理层作为企业经营的经手人，需要综合考虑企业所有各方面的信息，偿债能力就是其中一类非常重要的信息。具体来讲，企业管理层对偿债能力的分析目的如下：

（1）了解企业的财务状况。所谓企业的财务状况即指本企业的资产、负债状况及其变动趋势。企业偿债能力是反映企业财务状况的重要标志。

（2）揭示企业的财务风险水平。所谓财务风险，就是企业不能如数偿还到期债务的可能性。如果企业的财务风险比较高，企业的资金充裕水平比较低，则进一步筹资的困难将加大，资本成本将提高，寻找可行的投资项目将更艰难。

（3）预测企业筹资前景。筹集所需的资金是企业扩大经营规模和改进经营模式的重要前提。通过评判偿债能力，可以预测企业将来筹资的方式、渠道、数量和期限结构，为开展筹资活动提供决策所需要的信息。

（4）为企业进行各种投资理财活动提供重要参考。企业的投资理财活动主要包括营运资金管理、投资管理以及利润分配管理等，偿债能力管理与财务风险水平控制则是这些活动顺利开展的重要前提条件。

三、偿债能力分析的内容

企业的负债按偿还期的长短，可以分为流动负债和非流动负债两大类。偿还期限不同的负债，其偿债能力的分析方法也是不同的。其中，反映企业偿付流动负债能力的称为短期偿债能力，反映企业偿付非流动负债能力的称为长期偿债能力。

偿债能力分析主要包括以下两方面内容：

（一）短期偿债能力分析

短期偿债能力分析主要关注影响企业能否在短期内获得足够的现金用于偿还近期到期债务的信息，比如资产变现能力、近期经营获取现金的能力以及短期再融资的能力。

（二）长期偿债能力分析

长期偿债能力分析主要关注影响企业能否在长期内获得足够的现金用于偿还全部债务的信息，比如总资产规模、未来经营获取现金的能力以及长期再融资的能力。

四、偿债能力分析的方法

企业偿债能力分析可以从两方面进行：一是根据资产负债表进行静态分析；二是结合资产负债表、利润表和现金流量表进行动态分析。具体方法如下：

（一）资产的变现能力分析

偿还债务的方式主要是以货币资金偿还，除此之外，还可以用非现金资产偿还，也可以提供劳务抵偿债务。但是由于用非现金资产和提供劳务抵偿债务受到很多主客观因素的限制，因而不是偿还债务的常见方式。在这里我们主要考虑企业获得货币资金偿还债务的能力。

在企业全部资产中，非现金资产常常不具备现实的直接偿付能力。因此，分析偿债能力的一个关键问题是资产变现能力，即企业各项资产转化为现金的能力，也就是在一定时期内企业可能的现金流入水平。在一定期间，企业拥有多少现金及资产变现力是企业对债务的承受能力或保证程度。将一项资产转化为现金流入，通常又要经过销售业务来实现，而且，在销售之前，还要经过产品的生产制造过程。因而，分析偿债能力，还需要结合企业的销售和利润的实现过程，对企业的生产经营过程进行综合分析。

（二）比率分析

企业偿债能力的强弱除了取决于企业资产的变现性外，还取决于企业负债的规模、负债的结构以及负债与资产的配比关系。因此分析企业偿债能力，还必须通过设计各种比率进行具体剖析。

第二节　企业短期偿债能力分析

一、影响短期偿债能力的因素

短期偿债能力一般也称为支付能力，主要是指通过流动资产的变现来偿还到期的短期债务的能力。短期偿债能力分析主要以流动资产与流动负债的关系为基础，因为流动资产在短期内可以产生货币资金用于偿还流动负债，另外，企业经营获利和临时再融资也可以用于偿债。因此短期偿债能力分析主要强调一定时期的流动资产变现能力的分析，同时兼顾对企业获利能力和再融资能力的分析。

影响短期偿债能力的因素，总的来说可以分为企业内部和企业外部因素。企业内部因素是指企业自身的资产结构、流动负债结构、再融资能力、经营现金流量水平等因素。企业外部因素是指与企业所处经济环境相关的因素，如宏观经济形势、证券市场发育水平、银行的信贷政策等因素。

（一）企业内部因素

1. 企业资产结构

资产的不同组成部分，变现能力是不同的。比如流动资产比非流动资产具有更强的变现能力，流动资产中的应收账款又比存货具有更强的变现能力。因此，变现能力强的资产项目在总资产中的占比对偿债能力分析具有重要的参考价值。

2. 流动负债结构

在流动负债中，短期借款、应交税费等需要用现金来偿还，而预收账款主要是用货物或劳务来偿还，对现金的需求比较小。另外，流动负债的到期日如果比较集中，则企业短时间内将承担比较沉重的偿债压力。

3. 企业的再融资能力

企业不仅可以用现有资产获取现金偿还债务，还可以通过“借新债还旧债”等方式通过再融资来还债。因此，企业拥有较强的再融资能力可以提高偿债能力。

4. 企业经营获取现金的能力

对于正常运营的企业，经营活动是持续获取现金流的主要方式。但是，企业获得经营利润和获取现金流并不是一回事，因为企业有可能持有大量的账面利润而在短期内不能将利润变成现金流，因而可能导致“黑字破产”。

（二）企业外部因素

1. 宏观经济形势

当宏观经济稳定增长时，居民收入水平持续增长，市场的有效需求会持续稳定增长。这时候，企业的产品销量将会持续增长，资金周转将加快，也将更容易获得足够现金偿还债务。相反，当宏观经济下行进入停滞阶段时，企业产品销售将受阻，大量资金将被积压在非现金资产上，资金周转变得困难，获取足够现金偿债的难度也将加大。

2. 证券市场发育水平

一方面，证券市场越发达，企业使用所持有的有价证券换取现金就越便利，证券转换的成本也比较低，从而可以拥有比较高的偿债能力。另一方面，在比较发达的证券市场上，投资者拥有更多关于企业的信息，企业将更容易建立起良好的声誉，从而对自身偿债信誉会产生正面的影响。

3. 经济调控政策

在政府一定时期的经济调控政策下，某些行业的企业将得到政府的资助和扶持，银行的信贷政策也可能更宽松，从而企业可以更容易获得信贷资金，从而提高偿债能力。

二、短期偿债能力的静态分析

短期偿债能力静态分析的主要依据是资产负债表，主要分析指标有营运资本、流动比率、速动比率以及现金比率等。

（一）营运资本

1. 定义

营运资本（Working Capital）是指企业可长期自由支配使用的流动资金，也就是企业在某一时点所拥有的流动资产与流动负债的差额，是反映企业短期偿债能力的绝对数指标。

2. 计算方法

营业资本的计算公式为

$$营运资本=流动资产-流动负债$$

3. 评价方法

当营运资金为正值时，表明企业拥有足够的流动资产通过变现来偿还全部流动负债；营运资金水平越高，则偿还流动负债的保障程度越高；当营运资金为零或负值时，表明企业的流动资产已无力偿还全部流动负债，企业资金将无法周转。

但是，并不是说营运资金越多越好。因为，营运资金的盈利性很低，营运资金过多，说明企业会出现比较多的资金闲置，丧失本来可以通过投资获取的收益。因此，营运资金应保持适当的数额。另外，营运资本代表的是绝对数，不适合在不同规模的企业之间进行比较。

在财务分析中，通常需要将营运资金与某个基准值进行比较。这个基准值可以选用本企业以前年度的数值，也可以选用预算数或行业平均水平。

4. 评价时需要注意的问题

（1）企业规模

由于营运资金的水平与企业业务规模有很高的相关性，所以，在比较分析时需要考虑规模的因素。

（2）企业所处的行业

一般来说，不同的行业，其营运资金的水平具有不同的特征。比如，零售企业的营运资金就比较多；信誉好的餐饮企业营运资金就很少，有时甚至是一个负数，因为其稳定的收入可以偿还同样稳定的流动负债；制造业一般有正的营运资金，但不同企业的数额差别很大。

（二）流动比率

1. 定义

流动比率（Current Ratio）是指某一时间点的流动资产与流动负债的比率，表示每 1 元的流动负债，有多少流动资产作为偿还保证。

2. 计算方法

流动比率的计算公式如下：

$$流动比率=\frac{流动资产}{流动负债}$$

3. 评价方法

流动比率是衡量企业短期偿债能力最常用的比率。它表明企业的短期债务可由预期在该项债务到期前变为现金的资产来偿付的能力。一般情况下，流动比率越高，短期偿债能力越强。但是流动比率过高也可能是存货过多引起的。因此，流动比率应当保持在一个合适的水平。

对于制造业企业，流动比率的经验标准值为 2。之所以流动资产通常应该是流动负债的 2 倍，主要原因是流动资产中永久性流动资产的存在。在正常经营的企业中，流动资产中有一定比例事实上是长期存在、不会变现的，因而具有实质上的长期资产特性，即资金占用的长期性，因而应该由长期资金予以支撑；另外，流动资产如果全部由流动负债支撑，即流动比率为 1，那么，偿债不利因素一旦发生，公司资金周转将会面临十分严重的困难。

4. 评价时需要注意的问题

（1）要注意分析企业的现金流趋势。流动比率所反映的是企业某一时点上可以动用的流动资产存量与流动负债的比率关系，这种静态的资产与未来的资金流量并没有必然联系，而企业在未来用来偿还债务的，是现有的现金或在将来可以获得的现金。

（2）要注意对企业的流动负债结构进行分析。不同负债项目的到期日是不同的，到期日越近的项目，偿还迫切性就越高。另外，流动比率也没有考虑不同负债项目在法律上的清偿顺序。例如，公司在遇到清算时，其需要清偿的债务中，优先受偿的次序是不同的，诸如清算费用、抵押债权、税金、职工工资等项目需要优先清偿，而其他项目的受偿次序再排在后边。

（3）要注意对企业流动资产结构进行分析。因为流动资产各组成项目的变现能力是各不相同的。流动资产中的预付账款和存货等项目，相对来说，流动性并不强，偿债保障性不强，而且，存货在制造业企业的流动资产中占有的比重还比较大。企业的流动比率高，也可能存货积压、应收账款或预付账款增多造成的，而现金和银行存款等变现能力较强的资产可能并不充足。

（4）要注意观察一个较长时期内（比如5年或10年）企业流动比率值的趋势情况。某一时点的流动比率比较高，可能是由于某些偶然事件造成的，比如，刚发行了股票，临时获得大量货币资金。这时候，需要考察5年或更长时期里流动比率的变化趋势，才能对企业的偿债能力做出正确评价。

（5）要注意分析流动资产的真实价值。比如，存货的不同计价方法可能导致存货账面价值的不同，信用政策的差异也会使得应收账款的可比性存在疑问，这些因素将使流动比率带有主观色彩。

（6）对偿债能力的判断必须结合所在行业的平均标准。比如，商业流通领域，流动性较高；而机器制造业及电力事业单位等流动性较差。我国近年来部分行业等流动比率参考值：汽车业为1.1；房地产业为1.2；制药业为1.25；建材行业为1.25；化工行业为1.2；家电业为1.5；计算机行业为2；电子行业为1.45；商业为1.65；机械行业为1.8。

（7）注意分析企业或有负债的大小。不仅企业的某些定期需要支付的负担并没有全部反映在资产负债表上，如职工的工资，另外，未决诉讼赔款等或有负债的存在也将加大企业实际需要偿还的债务。因此，只以资产负债表上的流动资产与流动负债的比较，来判断企业的偿债能力是不全面的。

（8）要注意分析企业可能存在的报表粉饰行为。企业管理层为了达到某种目的，往往使用一些简单的办法便可以使该指标表现出所希望的状态。比如，当流动比率大于1但小于2时，企业管理层为了让流动比率提高，可以采取在期末提前偿还一部分流动负债的措施。例如，原来流动资产为150万元，流动负债为100万元，原流动比率为1.5；如果企业管理层在期末临时偿还50万元的流动负债，则流动资产变为100万元，流动负债变为50万元，流动比率提高为2。

（9）要注意分析企业的临时筹资能力。如果企业流动比率不足，但是拥有良好的临时筹资能力，比如存在银行信贷协议等，也可以提高企业偿债的保障性。

（三）速动比率

1. 定义

速动比率（Quick Ratio）又称酸性试验比率，有时还称为账户比率，是企业速动资产与流动负债的比率。速动比率衡量企业流动资产中可以即刻用于偿付流动负债的部分与流动负债的比值，是流动比率的重要辅助指标。

2. 计算方法

速动比率的计算公式如下：

$$速动比率=\frac{速动资产}{流动负债}$$

所谓速动资产又称账户资产，是指将那些“放久了容易变酸的项目（指存货和预付费用）”予以剔除后而剩下的流动资产。存货、预付账款、待摊费用不计入速动资产，因为这些项目的变现性极差；如存货的清仓处理价格与正常价格，预付费用（如汽车保险），只能减少企业未来时期的现金支出，其变现性实际是很低的。

其中速动资产可以采用间接法计算，公式为“速动资产=流动资产-存货-预付账款-待摊费用”；也可以采用直接法计算，公式为“速动资产=货币资金+交易性金融资产+应收票据+应收账款+应收股利+应收利息+其他应收款”。

3. 评价方法

因为存货占流动资产的比率一般为50%，因此，速动比率以1∶1为宜。之所以要在流动比率之外，再以速动比率来说明公司的短期偿债能力，就是因为流动资产中的存货等项目可能存在流动性问题，即缺乏正常的变现能力。若是如此，流动比率即便看起来很正常（即在2∶1左右），速动比率偏低，那么，公司的实际短期偿债能力依然存在问题。速动比率的经验值为1∶1，意味着存货占流动资产的适当比例应该为50%左右。存货比例过高且变现有困难时，就意味着可用于偿还流动负债的速动资产过少。

4. 评价时需要注意的问题

速动比率考虑到流动资产的结构，因而弥补了流动比率的某些不足，但是在应用该指标进行分析时，仍然需要注意以下问题。

（1）速动比率是假设企业面临财务危机或者办理清算时，在存货等资产全无市场价值的情况下，以速动资产支付流动负债的短期偿债能力，是在衡量企业应付紧急情况下的应变能力，不要以为速动比率低，企业就失去了偿债能力。

（2）进行速动比率分析时，还应该对速动资产的结构与速动资产的变动趋势进行必要的分析，注意与本企业历史年份的资料进行比较以及与同行业的平均水平进行比较，将数期的速动比率，特别是将流动比率与速动比率放在一起进行分析，则更能全面分析企业短期偿债能力。

（3）速动比率与流动比率一样，没有考虑法律意义上的清偿债务的顺序。

（4）流动比率同样不应有绝对的考核标准，将速动比率的标准定为1并无充分的证据，企业应根据现金流量等情况做出具体分析。

（5）速动比率以速动资产为偿债财力，但速动资产不等于企业现时的支付能力。比如，应收账款本身也可能存在一些潜在的问题，如可能隐藏着未冲销的坏账、逾期待催收的账款所占比重过大等，这些都会影响速动比率的真实性。因此，还应当对应收账款的“质量”做进一步分析。

（6）速动比率与流动比率一样极易被粉饰而又不受法规、制度所制约。比如，以现金偿还流动负债；结账日赶工，以解除预收账款的负债；结账日前大力促销（含降价促销或放宽信用条件），使存货变现或形成应收账款；流动负债转化成融资形式；抛售短期投资；供应商同时也是本公司的客户时，将应收账款与应付账款互相抵消；结账日前现金增资；将非流动资产匆忙出售变现（如出售厂房、土地等）。

（四）现金比率

1. 定义

现金比率（Cash Ratio）是指企业货币资金与流动负债的比率。这是最保守的短期偿债能力比率。现金比率更能准确反映企业的直接偿债能力，特别是在企业已经把应收账款和存货抵押出去，或已有迹象表明应收账款和存货的变现能力存在问题的情况下，评价现金比率更有效。

2. 计算方法

现金比率的计算公式如下：

$$现金比率=\frac{货币资金}{流动负债}$$

3. 评价方法

企业的现金比率一般以20%为宜。一方面，如果现金比率低于该标准，则短期偿债能力偏低；另一方面，如果企业现金比率过高，则资产的流动性偏高，盈利性将比较低。

4. 评价时应注意的问题

（1）现金资产对流动负债的比率越高，企业面临的短期偿债压力越小。但是，资产流动性与其盈利能力成反比，流动性越强，盈利能力越差。

（2）在进行分析企业短期变现能力时，该比率重要性不大，因为不可能要求企业用现金和现金等价物来偿付全部流动负债，企业也没有必要这么做。

（3）在通常情况下，分析者很少重视这一指标。因为，如果企业的流动性不得不依赖现金和有价证券，而不是依赖应收账款和存货的变现，那么，就意味着企业已处于财务困境，所以，该比率只有在企业处于财务困境时，才是一个适当的比率。或者，在企业已将应收账款和存货作为抵押品的情况下，或者分析者怀疑企业的应收账款和存货存在流动性问题时，以该指标评价企业短期偿债能力是比较适当的选择。就正常情况下的企业而言，该比率过高，可能意味着该企业没有充分利用现金资源，当然，也有可能是因为已经有了现金使用计划（如厂房扩建等）。

（五）流动比率、速动比率和现金比率的相互关系

流动比率、速动比率和现金比率，是反映企业短期偿债能力的主要指标，其分母相同，但是，分子的口径与范围不同。三者具体区别如下：

（1）以全部流动资产作为偿付流动负债的基础，所计算的指标是流动比率。它的分子包括了变现能力较差的存货和基本不能变现的预付费用。如果存货中有超储积压物资时，则可能会造成企业短期偿债能力较强的假象。

（2）速动比率以扣除变现能力较差的存货和预付费用作为偿付流动负债的基础，它弥补了流动比率的不足。

（3）现金比率以现金类资产作为偿付流动负债的基础，但现金持有量过大会对企业资产利用效果产生负作用，所以该比率不宜过大，因此这一指标相对流动比率和速动比率来说，其作用程度较小。

【例 7.1】FL 公司 2020 年度短期偿债能力的静态分析

根据 FL 公司的 2020 年度报告，编制用于分析短期偿债能力的简化资产负债表见表 7-1。

表 7-1　FL 公司 2020 年度简化资产负债表（1）　　单位：万元

项目		年末金额	年初金额
流动资产	货币资金	98 124.97	112 545.67
	交易性金融资产	40 761.92	90 116.67
	应收票据	14 097.21	10 944.45
	应收账款	113 423.32	71 217.53
	预付账款	1 199.47	785.14
	应收股利	0	0
	应收利息	0	0
	其他应收款	2 019.50	2 230.73
	存货	73 568.51	63 733.66
	消耗性生物资产	0	0
	待摊费用	0	0
	一年内到期的非流动资产	0	0
	其他流动资产	17 509.04	5 250.29
	影响流动资产其他科目	0	0
流动资产合计		360 703.95	356 824.13
资产总计		851 933.69	617 520.00
流动负债合计		179 124.21	113 057.26

FL 公司 2020 年年末短期偿债能力的静态评价指标计算如下：

营运资本 = 流动资产 - 流动负债 = 360 703.95 - 179 124.21 = 181 579.74（万元）

$$流动比率=\frac{流动资产}{流动负债}=\frac{360\ 703.95}{179\ 124.21}=2.01$$

速动资产 = 货币资金 + 交易性金融资产 + 应收票据 + 应收账款 + 应收股利 + 应收利息 + 其他应收款

= 98 124.97 + 40 761.92 + 14 097.21 + 113 423.32 + 0 + 0 + 2 019.50

= 268 426.92（万元）

$$速动比率=\frac{速动资产}{流动负债}=\frac{268\ 426.92}{179\ 124.21}=1.49$$

$$现金比率=\frac{货币资金}{流动负债}=\frac{98\ 124.97}{179\ 124.21}=0.54$$

通过上述计算，FL公司的营运资金达到181 579.74万元，流动比率为2.01，速动比率为1.49，现金比率为0.54，这些指标都符合一般基准值，可以判断，从静态来看，该公司本年度的短期偿债能力较强。

为了进一步判断FL公司这些指标取值的稳定性，可以选取3年或5年的数据进行多期对比分析。比如，选择5年数据进行比较，见图7-1。

根据图7-1，可以发现，在2016—2020年，FL公司流动比率、速动比率和现金比率呈现出逐年下降的趋势，其中2018年与2020年，下降幅度都比较大。这说明FL公司通过调整策略，在保证短期偿债能力的同时，减少了流动资产的持有水平，这有利于提高资产的盈利能力。

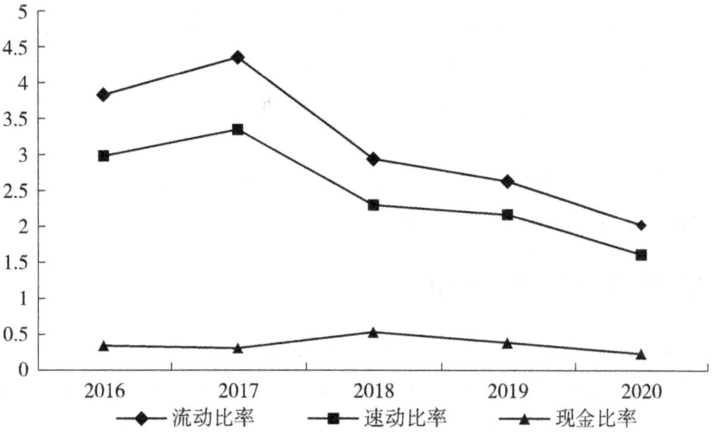

图7-1 FL公司短期偿债能力的稳定性分析

为了评价FL公司指标在同行业企业中的水平，还可以与行业代表性企业进行对比。选择欧普照明、雪莱特和阳光照明与FL公司进行对比分析，见图7-2和图7-3。

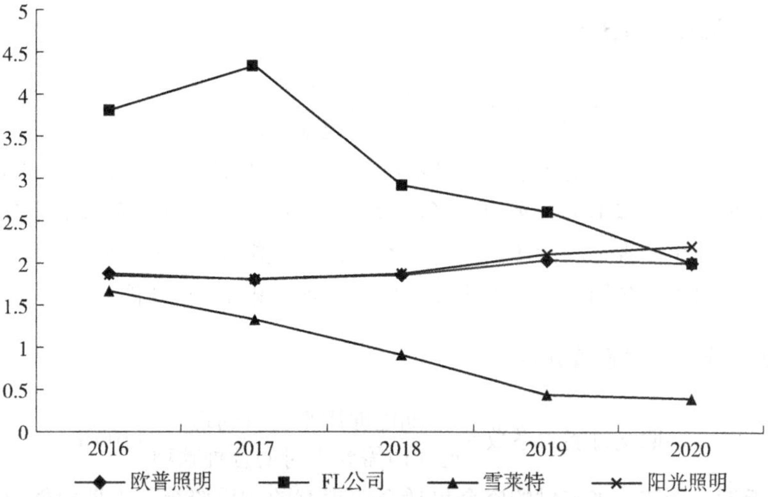

图7-2 同行业公司的流动比率比较

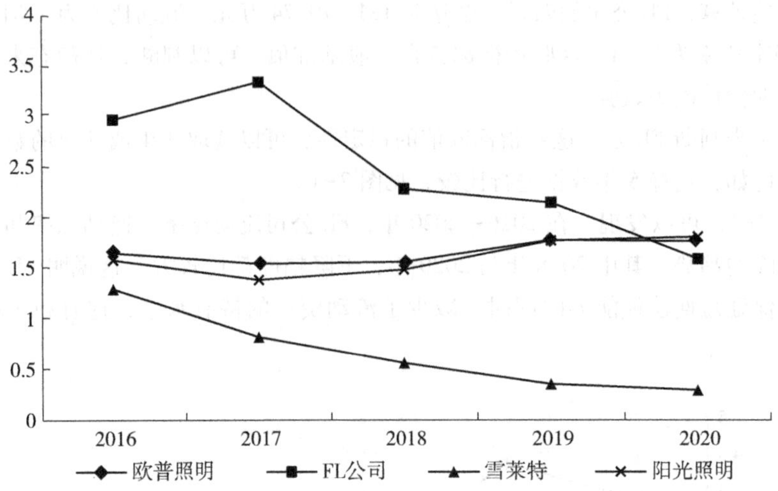

图 7-3 同行业公司的速动比率比较

通过与同行业代表性企业相比较，可以发现，FL 公司的流动比率和速动比率明显高出同行业的代表性企业，但在 2018 年有急速下降。

三、短期偿债能力的动态分析

上述短期偿债能力的静态评价指标中，流动负债是指企业某一时点上存在的将在一年之内或一个营业周期之内到期的债务，并不表示这些债务已经到期，并且需要在这一时点上偿还。这些债务往往要在这一时点之后的未来某一时点进行偿还。

因此，企业对其债务的偿还本质上是一个动态过程，其偿债能力也应该是在未来某一时点上的获取现金能力。当某一具体债务到期时，企业既可以通过现存的资产的变现去偿还，也可以用债务到期前所获得的现金去偿还。所以，对企业短期偿债能力的分析还应该从动态方面进行。

（一）现金流量比率分析

$$现金流量比率=\frac{经营活动现金流量净额}{流动负债}$$

经营活动现金流量净额的大小反映出企业某一会计期间生产经营活动产生现金的能力，是偿还企业到期债务的基本资金来源。当该指标等于或大于 1 时，表示企业有足够的能力以生产经营活动产生的现金来偿还其短期债务，如果该指标小于 1，表示企业生产经营活动产生的现金不足以偿还到期债务，必须采取对外筹资或出售资产才能偿还债务。

（二）近期支付能力系数分析

$$近期支付能力系数=\frac{近期能够用来支付的现金}{近期内需要支付的各种款项}\times 100\%$$

其中，近期内能够用来支付的资金包括企业现有的货币资金、近期内能取得的销售收入、近期内确有把握收回的各种应收款项等。近期内需要支付的各种款项包括各种到期或逾期应交款项和未付款项，如职工工资、应付货款、银行借款、各项税金、应付利润等。

当该指标等于或大于1时，表示企业有足够的能力获得所需要的现金来完成近期需要进行的支付；如果该指标小于1，表示企业没有足够的能力获得所需要的现金来完成近期需要进行的支付，而可能需要采取对外筹资或出售资产才能偿还债务。

（三）速动资产够用天数分析

$$速动资产够用天数=\frac{速动资产}{预计每天营业所需的现金支出}$$

本指标的计算过程需要预测每天的营业所需现金支出的数额。企业每期除了要承担偿还债务的财务压力之外，还必须承担补充经营活动所需现金的压力。如果企业的速动资产数量足以偿还流动负债，但是不足以继续满足企业经营活动所需资金的需要，则企业也将难以维持经营下去。一般来说，该指标取值越大，则表明企业的速动资产足够多，能够保证未来经营活动的现金需要。

（四）现金到期债务比率的计算与分析

$$现金到期债务比率=\frac{经营活动现金流量金额}{本期到期的债务}$$

其中，本期到期的债务既包括本期到期的流动负债，也包括本期需要支付的非流动负债的利息。本期到期的债务才是企业本期真正的财务负担水平，若只考虑流动负债则是不全面的。

（五）反映企业短期偿债能力的辅助指标分析

1. 应收账款周转率和应付账款周转率的比较分析

应收账款周转率和应付账款周转率是两个反映企业营运能力的指标，具体计算公式如下：

$$应收账款周转率=\frac{赊销收入净额}{平均应收账款}$$

$$应付账款周转率=\frac{赊购存货}{平均应付账款}$$

关于上述两个指标对企业营运能力评价的作用，本书将在第八章详细展开讲述。在这里，只考虑这两个指标对短期偿债能力评价的影响。

流动比率实际上是企业流动资产和流动负债周转速度的函数。流动资产周转速度越快，企业流动资产规模越小，流动比率越低。流动负债的周转速度越慢，企业的流动负债规模越大，流动比率就越低。在流动资产中，应收账款占有相当的比例，在流动负债中，应付账款也占相当的比例，所以将两者联系起来进行比较分析是很有意义的。

企业购入材料等物资的目的，在于通过企业的生产制造过程制成产品，然后通过销售收回现金，并实现价值的增值。从这个意义上讲，由赊购商品所产生的应付账款应用赊销商品回收的现金来偿付，在资金周转上，两者与资金周转期有关系，而且必须相互配合。

应收账款与应付账款这种相互关系会对企业的短期偿债能力产生如下影响：

（1）应收账款与应付账款的周转期相同，在这种情况下，通过赊销商品所回收的现金恰好能满足偿付因赊购业务而产生的债务，不需动用其他流动资产来偿还，企业的短期偿债能力指标不会因应收账款和应付账款的存在而改变。

（2）应收账款的周转速度快于应付账款的周转速度。此时，流动比率反映的企业静态短期偿债能力可能相对差一些，但是由于流动资产中的应收账款周转速度快，而流动负债中的应付账款周转速度慢，从动态上看，企业的实际偿债能力是较强的。

（3）应收账款的周转速度低于应付账款的周转速度。此时，流动比率可能较高，以流动比率反映的企业静态短期偿债能力就比较强。如果从动态上看，企业的实际短期偿债能力是要低于以流动比率表示的企业短期偿债能力水平的。这是因为，每当企业将其赊销商品所产生的应收账款转化为现金一次，就要多于一次地支付现金去偿付因赊购业务产生的应付账款，这样，只有在动用其他流动资产的情况下，才能按期偿付其因赊购而形成的债务。

2. 存货周转率分析

存货周转率也是反映企业营运能的主要指标之一，其计算公式如下。

$$存货周转率=\frac{营业成本}{平均存货}$$

关于存货周转率对企业营运能力评价的作用，本书将在第八章详细展开讲述。在这里，只考虑这个指标对短期偿债能力评价的影响。

存货周转速度对存货规模有较大影响，在其他条件不变时，存货周转速度越快，存货规模越小；反之，存货周转速度越慢，存货规模越大。在流动比率一定的情况下，如果企业预期存货周转速度将加快，则企业的短期偿债能力将会因此而提高；相反，如果预期存货周转速度将下降，则企业的短期偿债能力将会出现下降趋势。

四、影响短期偿债能力的其他因素

进行企业短期偿债能力分析时，不能孤立地根据某一指标分析就下结论，而应根据分析的目的和要求，并结合企业的实际情况，将各项指标结合起来综合考虑，这样才有利于得出正确的结论。除了报表披露的信息外，还有一些会计报表资料中没有反映出来的因素，也会影响企业的短期偿债能力，甚至影响力更大。

（一）应收账款的变现速度

一般来说，应收账款周转速度越快，表明企业回款迅速，收账费用和坏账损失少，同时也表明企业的流动资金流动性高、偿付能力强。如果应收账款占流动资产比重很大，即使流动比率和速动比率指标都很高，但其短期偿债能力仍值得怀疑，还要进一步分析原因。

（二）存货的变现速度

就一般企业而言，存货在流动资产中占有相当大的比重。尽管存货不能直接用于偿还流动负债，但是如果企业的存货变现速度较快，意味着资产的流动性良好，会有较大的现金流入量在未来流入企业。企业获取并持有存货的目的，在于通过存货销售过程可以获得利润。一般的制造企业为了配合销售的需要，都要维持相当数量的存货。存货对企业经营活动的变化非常敏感，这就要求企业将存货控制在一定水平上，使其与经营活动基本上保持一致。因此，分析企业短期偿债能力时，必须考虑存货变现速度。

（三）可动用的银行贷款指标

所谓可动用的银行贷款指标，是指银行已同意、企业尚未办理贷款手续的银行贷款限额。由于这个贷款限额的存在，可以随时增加企业持有的现金，因而可以提高企业的偿债能力和支付能力。

（四）准备很快变现的长期资产

由于某种原因，企业可能将一些长期资产出售转变为现金，这将增加企业资产的流动性。企业出售长期资产，应根据近期利益和长期利益的辩证关系，正确决定出售长期资产问题。所以在分析该因素时，应结合具体情况具体分析以正确评价企业偿债能力。

（五）偿债能力的声誉

具有良好偿债能力声誉的企业，在短期偿债方面出现困难时，通常有能力筹得资金，提高偿债能力，这个增强变现能力的因素，取决于企业自身的信用声誉和当时的筹资环境。

（六）担保责任引起的负债

企业可能以它自己的一些流动资产为他人提供担保，如为他人向金融机构借款提供担保，为他人购物担保或为他人履行有关经济责任提供担保等。企业为他人提供担保的信息一般在会计报表附注中披露。这种担保有可能在将来变成企业的负债，增加偿债负担。

第三节　企业长期偿债能力分析

一、影响长期偿债能力的因素

长期偿债能力是指企业偿还长期债务的能力，它表明从长期来看，企业对债务负担的承受能力和偿还债务的保障能力。企业对非流动负债一般负有两种责任：一种是偿还本金的责任；另一种是支付债务利息的责任。影响企业长期偿债能力的主要因素如下：

（一）企业的盈利能力及企业非流动负债筹集资金进行投资的效果

短期偿债能力与长期偿债能力分析不同，短期偿债能力分析以流动资产与流动负债的相互依存关系为基础，以现金流入量为核心；而长期偿债能力不仅取决于还本付息时的现金流入量，而且还与企业的盈利能力相关。企业的盈利能力越强，长期偿债能力越强；反之，则长期偿债能力越弱。如果企业长期亏损，则必须通过变卖资产才能清偿债务，企业的正常生产经营活动就不能进行，最终要影响投资人和债权人的利益。因此，企业的盈利能力是影响企业长期偿债能力的重要因素。

（二）流动资产的变现力

根据资产与权益的对应关系，企业有一部分流动资产可能是由非流动负债筹集的；另一部分长期资产则由非流动负债筹集。长期资产的价值是逐渐转移到存货价值中的，因此应该由流动资产和存货的价值来偿还。

（三）权益资金所占的比重、增长和稳定程度

对于债权人来说，将利润的大部分留在企业，会使权益资金增加，减少利润外流，这对投资人并没有什么实质的影响，却会增加偿还债务的可靠性，使企业长期偿债能力提高。

（四）权益资金的实际价值

这是影响企业最终偿债能力的最重要因素。当企业结束经营时，最终的偿债能力取决于企业权益资金的实际价值。

（五）企业经营现金流量

企业的债务主要用现金来清偿，虽然说企业的盈利是偿还债务的根本保证，但是盈利毕竟不等同于现金。企业只有具备较强的变现能力，有充裕的现金，才能保证具有真正有效的偿债能力。因此，企业现金流量状况决定了偿债能力的保证程度。

从资产、盈利能力、现金流量的内容、特点和作用可以看出，这些因素是从不同角度反映企业偿债能力的。资产是清偿债务的最终物质保障，盈利能力是清偿债务的经营收益保障，现金流量是清偿债务的支付保证。只有把这些因素加以综合分析，才能真正揭示企业的偿债能力。所以，长期偿债能力分析应从以下三个方面进行：一是资产规模的影响；二是盈利能力的影响；三是现金流量的影响。

二、资产规模对长期偿债能力影响的指标

（一）资产负债率

1. 定义

资产负债率（Debt Ratio）是指企业负债总额与总资产的比值，反映出在企业总资产中，有多少是通过举债取得的，是综合反映企业偿债能力的重要指标。

2. 计算方法

资产负债率的计算公式：

$$资产负债率=\frac{负债总额}{总资产}\times 100\%$$

从形式上看，资产负债率反映了企业的全部资产中有多少资产是通过负债方式取得的，但从本质上看，它反映了企业有多少资产可以用于清偿全部债务，因为在破产清算时，企业必须将全部资产首先用于清偿全部债务，清偿完毕后如果还有剩余资产，才能向股权投

资者分配。

为什么公式中不用非流动负债/长期资产，因为：

（1）无论是流动负债，还是非流动负债，都应当由全部资产作为偿还的最终保障，全部资产的变现价值在偿还流动负债后再用于偿还非流动负债。

（2）在企业持续经营过程中，非流动负债一般都是转化为流动负债才能偿还，同样长期资产也实现转化为流动资产才能偿还。

3. 评价方法

企业资产负债率多少为佳，并没有一个公认的标准。在分析和评价时，通常要结合企业的盈利能力、信贷利率、通货膨胀率、国民经济的景气程度、企业之间竞争的激烈程度等多种因素，还可以与同行业的平均水平、本企业的前期水平及其预算水平来确定。一般来讲，企业的盈利能力较高或者企业资金的周转速度较快，企业可承受的资产负债率也相对较高；银行利率提高通常迫使企业降低资产负债率，银行利率降低又会刺激企业提高资产负债率；通货膨胀较高时期或者国民经济景气时期，企业也会倾向于维持较高的资产负债率；同行业之间竞争激烈则企业倾向于降低资产负债率，反之，会提高资产负债率。因此，在不同的国家、不同的宏观经济环境下，资产负债率的合理水平或适度水平也是有较大差别的。

（二）股东权益比率

1. 定义

股东权益比率（Equity to Assets Ratio）是所有者权益同资产总额的比率，反映企业全部资产中有多少是投资人投资所形成的。

2. 计算方法

股东权益比率的计算公式：

$$股东权益比率=\frac{股东权益}{总资产}\times 100\%$$

股东权益比率与资产负债率的关系：股东权益比率＝1−资产负债率

3. 评价方法

股东权益比率是表示长期偿债能力保证程度的重要指标，该指标越高，说明企业资产中由投资人投资所形成的资产越多，偿还债务的保证越大。从股东权益比率与资产负债率的关系来看，该指标越大，资产负债率越小，债权人对这一比率是非常感兴趣的。当债权人将其资金借给股东权益比率较高的企业，由于有较多的企业自有资产做偿债保证，债权人全额收回债权就不会有问题，即使企业清算时资产不能按账面价值收回，债权人也不会有太大损失。

实务中，可将该指标以倒数的形式列示，称为权益乘数。其计算公式：

$$权益乘数=\frac{总资产}{股东权益}$$

该指标表示企业的股东权益支撑着多大规模的投资，该指标越大，说明企业对负债经营利用得越充足，财务风险也就越大。

（三）产权比率

1. 定义

产权比率（Equity Ratio），又称为净资产负债率，是指负债与股东权益的比率，还可以称为为负债股东权益比率。

2. 计算方法

产权比率的计算公式：

$$产权比率=\frac{负债总额}{股东权益}\times 100\%$$

如果说资产负债率是反映企业债务负担的指标，股东权益比率是反映偿债保证程度的指标，产权比率就是反映债务负担与偿债保证程度相对关系的指标。它和资产负债率、股东权益比率具有相同的经济意义，但该指标更直观地表示出负债受到股东权益的保护程度。

3. 评价方法

与资产负债率的用法很相似，企业的产权比率越高，表明企业的长期偿债能力越强。考虑到产权比率同时也影响财务风险，所以，产权比率也不应该过高。在实际分析中，可以参照历史产权比率或行业平均值作为比较基准进行判断。

4. 评价时需要注意的问题

（1）产权比率与资产负债率的配合使用。产权比率与资产负债率都是用于衡量长期偿债能力的指标，具有共同的经济意义，两者可以互相补充。因此，对产权比率的分析可以参考对资产负债率的分析。对资产负债率分析时应当注意的问题，在产权比率分析中也应引起注意。

（2）产权比率与资产负债率是有区别的。产权比率侧重于揭示债务资本与权益资本的相互关系，说明企业财务结构的风险性，以及所有者权益对偿债风险的承受能力；资产负债率侧重于揭示总资本中有多少是靠负债取得的，说明债权人权益的保障程度。

（3）所有者权益中的某些项目具有不确定性。所有者权益就是企业的净资产，产权比率所反映的偿债能力是以净资产为物质保障的。净资产中的某些项目，如无形资产等，其价值具有极大的不确定性，且不易形成支付能力。因此，在使用产权比率时，必须结合有形净值债务率指标，做进一步分析。

（四）有形净值债务率

1. 定义

有形净值债务率是产权比率的改进形式，是企业负债总额与有形净资产的比率。有形资产是指将无形资产、长期待摊费用从所有者权益中扣除后的净资产。

2. 计算方法

有形净值债务率的计算公式为

$$有形净值债务比率=\frac{负债总额}{股东权益-无形资产}$$

3. 评价方法

有形净值债务比率实际上是产权比率的延伸，是更谨慎、保守地反映债权人利益的保障程度的指标。之所以要将无形资产从股东权益中扣除，是因为从保守的观点看，在企业处于破产状态时，无形资产往往会发生严重贬值，因而不会像有形资产那样为债权人提供保障。而长期待摊费用本身就是企业费用的资本化，它们往往不能用于偿债。因此，该比率可用于测量债权人在企业陷入财务危机或面临清算时的受保障程度。

（五）长期资产适合率

长期资产适合率的计算公式为：

$$长期资产适合率=\frac{股东权益+非流动负债}{固定资产净值+长期投资净值}$$

该指标反映公司长期的资金占用与长期的资金来源之间的配比关系。指标值大于1，说明公司的长期资金来源充足，短期债务风险小。指标值小于1，说明其中一部分长期资产的资金由流动负债提供，存在难以偿还流动负债的风险。

（六）影响长期偿债能力的其他因素

除了上述各种比率指标，用以评价和分析企业的长期偿债能力以外，还有一些因素影响企业的长期偿债能力，在分析时必须引起足够的重视。

1. 长期租赁

当企业急需某种设备或资产而又缺乏足够的资金时，可以通过租赁的方式解决。财产租赁有两种形式：融资租赁和经营租赁。

融资租赁是由租赁公司垫付资金购买设备租给承租人使用，承租人按合同规定支付租金（包括设备买价、利息、手续费等），一般情况下，在承租方付清最后一笔租金后，其所有权归承租方所有。因此，在融资租赁形式下，租入的固定资产作为企业的固定资产入账，进行管理，相应的租赁费用作为非流动负债处理。这种资本化的租赁，在分析长期偿债能力时，已经包括在债务比率指标计算之中。

当企业的经营租赁量比较大、期限比较长或具有经常性时，则构成了一种长期性筹资，这种长期性筹资虽然不包括在非流动负债之内，但到期时必须支付租金，会对企业的偿债能力产生影响。因此，如果企业经常发生经营租赁业务，应考虑租赁费用对偿债能力的影响。

2. 担保责任

担保项目所谓时间长短不易，有的涉及企业的非流动负债，有的涉及企业的流动负债。在分析企业的长期偿债能力时，应根据有关资料判断担保责任带来的潜在非流动负债问题。

3. 或有项目

或有项目是指在未来某个或几个事件发生或不发生的情况下，会带来收益或损失，但现在还无法肯定是否发生的项目。或有项目的特点是现存条件的最终结果不确定，对它的处理方法要取决于未来的发展。或有项目一旦发生便会影响企业的财务状况，因此企业不得不对它们予以足够的重视，在评价企业的长期偿债能力时也要考虑它们的潜在影响。

【例 7.2】 FL 公司 2020 年度长期偿债能力的静态分析。

根据 FL 公司的 2020 年度报告，编制用于分析长期偿债能力的简化资产负债表见表 7-2，计算长期偿债能力静态评价指标见表7-3。

表7-2 FL公司2020年度简化资产负债表（2） 单位：万元

项目	年末金额	年初金额
无形资产	17 069.39	16 782.65
固定资产	68 570.75	62 983.21
非流动投资	18 136.50	18 109.37
资产总计	851 933.69	617 520.00
非流动负债	41 591.47	13 721.61
负债合计	220 715.68	126 778.88
所有者权益合计	631 218.01	490 741.12

表7-3 FL公司2020年年末长期偿债能力的静态评价指标 单位：%

项目	年末	年初
资产负债率	25.91	20.53
股东权益比率	74.09	79.47
产权比率	34.97	25.83
有形净值债务率	35.94	26.75
长期资产适合率	7.76	6.22

通过上述计算，可以发现2020年年末FL公司的资产负债率为25.91%，比年初有小幅增加，但是，依然属于较低的水平。所以，该公司的长期偿债能力是非常强的。其长期资产适合率也都比基准值（基准值为1）高出相当大的幅度，这就进一步佐证了该公司长期偿债能力较强的结论。一方面如果考虑价值稳定性比较差的无形资产的影响，通过有形净值债务率也可以判断，也可以得出其长期偿债能力非常高的结论。另一方面，公司负债率较低，资产负债率低于30%这个一般情况下的基准值，这意味着公司的资产结构流动性比较强，盈利能力比较低。

为了进一步判断FL公司这些指标取值的稳定性，可以选取3年或5年的数据进行多期对比分析。比如，选择5年数据进行比较，描绘出资产负债率和有形净值债务率指标变化曲线图见图7-4。

根据图7-4，可以发现，在2016—2020年，FL公司的资产负债率和有形净值负债率一直是比较低的，资产负债率不超过26%，有形净值负债率则不超过36%。所以，FL公司的长期偿债能力是较强的，也说明FL公司的融资策略是很保守的。另外，从图7-4可以发现两个指标虽然取值比较低，但是，呈现一种持续增长的趋势，其中，资产负债率已经从2017年的16%增长到2012年的26%。可以预测，在未来FL公司的资产负债率将会进一步提高，以进一步利用负债融资的杠杆收益。

为了评价FL公司的长期偿债能力评价指标在同行业企业中的水平，还可以与行业代表

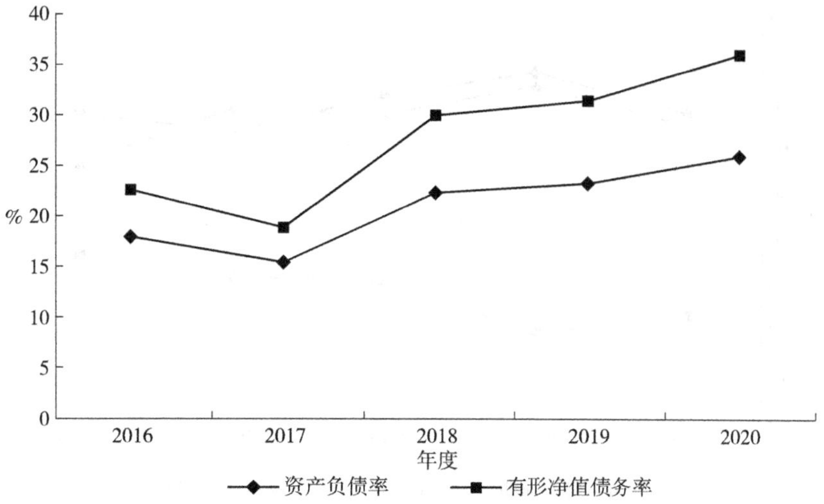

图 7-4　FL 公司长期偿债能力的稳定性分析

性企业进行对比。计算阳光照明、欧普照明和雪莱特的相关指标，比较分析结果见图 7-5 与图 7-6。

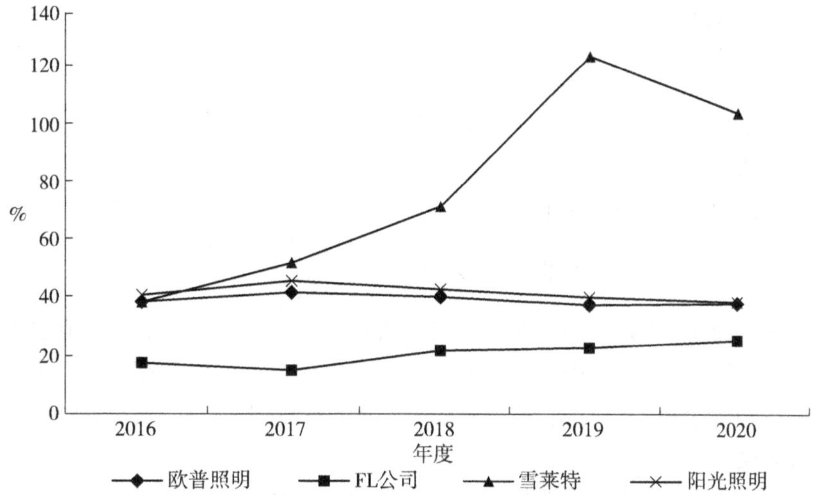

图 7-5　FL 公司与同行业公司的资产负债率比较

通过与同行业代表性企业相比较，可以发现，FL 公司的资产负债率和有形净值负债率都明显低于同行业的代表性企业，这进一步证明了 FL 公司的长期偿债能力很强，财务风险很低。但是，由于这些指标远远低于同行业水平，所以，可以认为 FL 公司没有充分利用负债融资方式可以带来的杠杆收益，资产的盈利能力低于实际应有的水平。另外，由于雪莱特在这一期间亏损，造成股东权益为负的状况，即资不抵债，这时计算有形净值负债率已无意义，故在图 7-6 中并未画出。

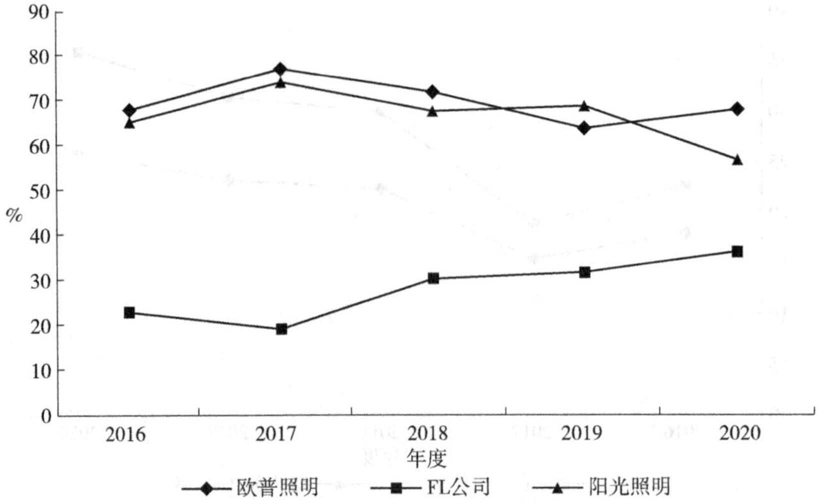

图 7-6 FL 公司与同行业公司的有形净值负债率比较

三、盈利能力对长期偿债能力影响的指标

（一）利息保障倍数

1. 定义

利息保障倍数是指公司年度获得的盈利对年度利息费用支出的倍数。

2. 计算方法

利息保障倍数的计算公式如下：

$$利息保障倍数=\frac{利息费用+税前利润}{利息费用}$$

其中，公式中的分子是运用企业全部资产所获得的收益，即没有扣除利息费用的税前利润。之所以不用净利润，是因为企业的利息费用在所得税之前就列支了，而所得税是在减去利息费用后的利润中支付的，所得税的多少对利息费用的支付不会产生影响。

3. 评价方法

利息保障倍数越大，表明企业偿还债务利息的能力必然越强，通常也有能力偿还到期的债务本金。根据经验，利息保障倍数为 3 倍或以上时，表示企业不能偿付其利息债务的可能性较小；该比率达到 4 倍时，意味着公司偿付其利息债务的能力“良好”；达到 4.5 倍或以上时，则为“优秀”。

4. 评价时需要注意的问题

使用利息保障倍数来衡量企业的长期偿债能力，是因为非流动债务在到期前只需定期支付利息，不需支付本金。况且，对于一般企业来说，只要其资本结构基本上是稳定的，并且经营情况良好，就能够举借新的债务来偿还到期债务的本金。付息能力的重要性事实上不亚于还本能力。如果企业长期以来在偿付利息费用方面有着良好的信用表现，企业很可能永不需要偿还债务本金。这是因为，既然企业的付息能力很强，意味着当债务本金到期时，企业一般会有能力重新筹集到新的资金，或者原有的负债能够得以延展。

利息保障倍数在时间上往往有着较显著的波动性，这是因为企业的盈利水平和利息费用都会受经济周期或产业周期的影响而发生波动。而无论是好年景，还是坏年景，利息都是必须支付的。所以，为了考察企业偿付利息能力的稳定性，一般应至少计算 5 年或以上的利息保障倍数。为了保守起见，甚至可以选择 5 年或更长时期中最低的利息保障倍数值作为基本的利息偿付能力指标值。

利息保障倍数的计算过程，尚需注意以下几点：

（1）根据损益表对企业偿还债务的能力进行分析，作为利息支付保障的“分子”，只应该包括那些在以后期间里预计还会发生的收益，即经常性或永久性收益，所以，那些非经常发生的项目应该予以排除，诸如非常项目与特别项目、停止经营项目、会计政策变更的累计影响等。

（2）利息费用不仅包括作为当期费用反映的利息费用，还应包括资本化的利息费用（即固定资产交付使用前发生的利息费用，这部分信息通常在财务报表附注中揭示），因为后者同样需要支付，是否反映到当期费用只是财务会计的确认规则问题。

（3）未收到现金红利的权益性收益，只是权益法下的一种账面收益，而没有相应的现金流入企业，故不能构成支付利息的保证，应予以扣除。

（4）在计算利息保障倍数时，如果直接从损益表上取得数据，所得到的是“财务费用”而非“利息费用”。前者除了包括利息费用外，还包括汇兑损益。那么，当汇兑损益数量相对于利息费用来讲足够大时，使用“财务费用”计算利息保障倍数事实上就不能真实地反映企业的付息能力。为此，应尽可能剔除汇兑损益，使用真正的利息费用。进一步讲，即便没有汇兑损益，“财务费用”也不仅仅是利息费用，而是“利息费用”与“利息收入”的代数和。那么，当企业有着较多的存款利息收入时，“财务费用”也可能是个负值。必须注意的是，从技术上讲，作为利息保障倍数这一比率的分母，“利息费用”如果小于零，该比率实际上就没有意义了。这时，要么放弃使用该比率，要么对分母进行适当调整以使其变成正数。

（5）利息费用的实际支付能力。由于债务利息是用现金支付的，而企业的当期利润是依据“权责发生制”原则计算出来的，这意味着企业当期利润可能很高，但不一定具有支付能力。所以，使用这一指标时，还应注意企业的现金流量与利息费用的数量关系。

（二）盈利能力对长期偿债能力影响的其他指标

1. 债务本息保障倍数

债务本息保障倍数是指企业一定时期息税前利润与还本付息金额的比率，它反映的是本期经营成果对对本期偿还债务本息的保证程度，通常用倍数来表示。

其计算公式：

$$债务本息保障倍数=\frac{息税前利润}{利息费用+\frac{本期还本额}{1-所得税税率}}$$

其中，由于利息费用可以抵税，而偿还本金不能抵税，所以公式分母中的本期还本额要除以（1-所得税税率）。

该指标取值越大，表明企业的息税前利润对本期偿还本金和利息的保障越强，企业的长期偿债能力越强。

2. 固定费用保障倍数

固定费用是指类似利息费用的固定支出，是企业必须的固定开支，包括优先股利和企业计提的偿债基金。任何企业，如果不能按期支付这些费用，同样也会发生财务困难。固定费用保证倍数就是企业的息税前利润与固定费用的比率，通常用倍数表示，该指标是利息保证倍数的演化，是一个比利息保证倍数更严格的衡量企业偿债能力的保证程度的指标。

该指标的计算公式：

$$固定费用保障倍数=\frac{息税前利润}{利息费用+租金+\frac{优先股利}{1-所得税税率}+\frac{偿债基金}{1-所得税税率}}$$

该指标取值越大，表明企业的息税前利润对本期支付固定费用的保障越强，企业的长期偿债能力越强。

【例 7.3】FL 公司 2012 年度利息保障倍数分析。

根据 FL 公司的 2016—2020 年度报告，用于分析利息保障倍数的数据见表 7-4。

表 7-4　FL 公司 2012 年度利息保障倍数分析计算表　　　单位：亿元

项目 年份	利润总额	财务费用
2020	3. 68	-0. 06
2019	3. 45	-0. 28
2018	4. 51	-0. 26
2017	8. 73	0. 11
2016	12. 73	-0. 28

以上数据显示，FL 公司在 2016—2020 的 5 年间，除 2017 年以外，财务费用一直为负值，所以，从利息保障倍数来看，该公司的偿债能力较强。

为了与行业代表性企业进行对比。计算阳光照明、欧普照明和雪莱特的相关指标，比较分析结果见表 7-5。

表 7-5　FL 公司同行业代表性公司的利息保障倍数

年份 公司	2016	2017	2018	2019	2020
阳光照明	-4. 45	9. 18	-11. 41	-40. 85	7. 02
欧普照明	-1109. 48	52. 62	-76. 71	153. 33	28. 68
雪莱特	3. 97	2. 43	-14. 23	-12. 35	2. 05

通过对同行业代表性企业的分析，可以发现，虽然这些代表性公司的利息保障倍数都比较高，但是FL公司的利息保障倍数还是非常高的，主要原因就是该公司几年来的利息费用都是负值。

四、现金流量对长期偿债能力影响的分析

（一）现金债务总额比率

现金债务总额比率是指经营活动现金流量净额与期初、期末负债平均余额的比率，用来衡量企业的负债总额用经营活动所产生的现金来支付的程度。其计算公式为

$$现金债务总额比率=\frac{经营活动现金流量净额}{期末负债总额}\times 100\%$$

企业真正能够用于偿还债务的资源是现金流量，通过现金流量和债务的比较可以更好地反映企业的偿债能力。现金债务总额比率能够反映企业使用生产经营活动产生的现金流量净额偿还长、短期债务的能力。该比率越高，表明企业偿还债务的能力越强。

（二）到期债务本息偿付比率

到期债务本息偿付比率用来衡量企业到期债务本金及利息可由经营活动创造的现金来支付的程度。其计算公式为

$$到期债务本息偿付比率=\frac{经营现金流量净额}{本期到期债务本息}\times 100\%$$

经营活动现金流量净额是企业最稳定的经常性的现金来源，是清偿债务的基本保证。如果到期债务本息偿付比率小于1，说明企业经营活动产生的现金不足以偿付到期债务和利息支出，企业必须通过其他渠道筹资或通过出售资产才能清偿债务。这一指标指越大，表明企业长期偿债能力越强。

（三）强制性现金支付比率

强制性现金支付比率是反映企业是否有足够的现金履行其偿还债务、支付经营费用等责任的指标。其计算公式为

$$强制性现金支付比率=\frac{现金流入总量}{经营现金流出量+偿还到期债务本息付现}\times 100\%$$

该指标至少应等于1，即现金流入量能满足强制性项目的支付需要。这一指标越大，表明企业偿债能力越强，其超过100%的部分，可用来满足企业其他方面的现金需要。

（四）利息现金流量保证倍数的计算与分析

利息现金流量保证倍数是指企业生产经营活动净现金流量与利息费用的比率。该指标反映生产经营活动产生的现金流量净额是其利息费用的多少倍。其计算公式为

$$利息现金流量保证倍数=\frac{经营活动现金流量净额}{利息费用}$$

利息现金流量保证倍数比利息保证倍数更能反映企业的偿债能力。当企业息税前利润和经营活动现金净流量变动基本一致时，这两个指标的结果相似。但如果企业正处于高速成长期，息税前利润和经营活动现金流量相差很大时，使用利息现金流量保证倍数指标更稳健、更保守。

（五）现金净流量全部债务比率的计算与分析

现金净流量全部债务比率是指企业当年现金及现金等价物的净增加额与全部负债平均余额的比率。其计算公式为

$$现金流量全部债务比率=\frac{现金净流量}{负债平均余额}\times 100\%$$

该指标能够反映企业每年现金净流量用于偿还全部债务的能力。其数值越高，说明企业偿债能力越大；数值越低则说明企业偿还债务的保证程度越低。

【例 7.4】FL 公司 2016—2020 年度现金债务总额比率分析

根据 FL 公司的各年度报告，用于现金债务总额比率的数据见表 7-6。

表 7-6　FL 公司 2016—2020 年度现金债务总额比率分析计算表

	2020	2019	2018	2017	2016
经营现金流量净额（亿元）	3.95	5.10	6.18	2.16	2.9
负债总额（亿元）	22.07	15.07	12.47	8.76	10.95
现金债务总额比率	0.18	0.34	0.50	0.25	0.26

以上数据显示，在 2016—2020 的 5 年间，FL 公司的现金债务总额比率波动不是非常明显，数值基本保持在 20%~30%的区间，企业偿还债务的保证能力一般。

为了与行业代表性企业进行对比。计算阳光照明、欧普照明和雪莱特的相关指标，比较分析结果见图 7-7。

通过对同行业代表性企业的分析，可以发现，欧普照明、FL 公司、阳光照明三家企业的数据基本保持在同样的水平，说明三家公司的长期偿债能力水平相似。而雪莱特的数据则波动较大，在 2017 年出现负值，这和企业当年的经营环境密切相关。

本章小结

1. 不同的主体对企业进行偿债能力分析的目的不同，债权人的目的是确认企业能否按期偿还本息，投资者的目的是评估偿债能力所对应的企业风险，企业管理层的目的是为科学决策提供关于财务风险的信息。

2. 按企业负债偿还期的长短，负债可以分为流动负债和非流动负债两大类。反映企业偿付流动负债能力的称为短期偿债能力，反映企业偿付非流动负债能力的称为长期偿债能力。

3. 短期偿债能力分析主要关注影响企业能否在短期内获得足够的现金用于偿还近期到

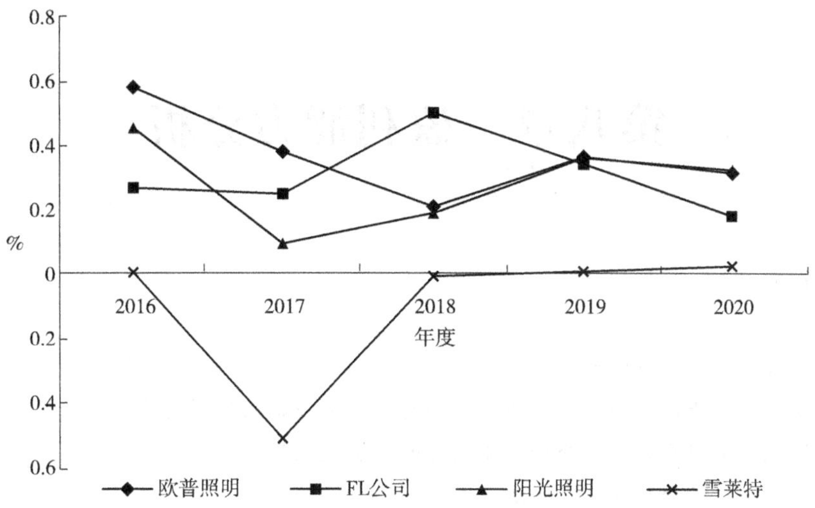

图 7-7 FL 公司与同行业公司的现金债务总额比率的对比

期债务的信息。长期偿债能力分析主要关注影响企业能否在长期内获得足够的现金用于偿还全部债务的信息。

4. 企业偿债能力分析可以从两方面进行：一是根据资产负债表进行静态分析；二是结合资产负债表、利润表和现金流量表进行动态分析。

5. 短期偿债能力静态分析指标主要有营运资金、流动比率、速动比率以及现金比率等；动态分析指标主要有现金流量比率、近期支付能力系数、速动资产够用天数以及现金到期债务比率等。

6. 长期偿债能力静态分析指标主要有资产负债率、股东权益比率、产权比率、有形净值债务率以及长期资产适合率等；动态分析指标主要有利息保障倍数、债务本息保证倍数、固定费用保证倍数、现金债务总额比率、到期债务本息偿付比率、强制性现金支付比率、利息现金流量保证倍数以及现金净流量全部债务比率等。

本章习题

1. 对企业进行偿债能力分析的目的是什么？
2. 影响企业短期偿债能力的因素有哪些？
3. 评价企业短期偿债能力的财务指标主要有哪些？如何据此进行评价？
4. 影响企业长期偿债能力的因素有哪些？
5. 评价企业长期偿债能力的财务指标主要有哪些？如何据此进行评价？
6. 查找一家上市公司的相关财务资料，对其偿债能力进行系统分析。

第八章　盈利能力分析

学习目标

1. 了解盈利能力分析的目的。
2. 掌握以销售为基础和以资产为基础的盈利能力指标的计算及应用。
3. 掌握上市公司盈利能力分析主要指标的计算及应用。
4. 熟悉盈利质量分析的基本方法。

第一节　盈利能力分析概述

一、盈利能力分析的目的

盈利能力通常是指企业在一定时期内赚取利润的能力。利润是投资者取得投资收益、债权人收取本息的资金来源，是衡量企业长足发展能力的重要指标，无论是企业管理层、债权人还是股东（投资人）都非常关心企业的盈利能力。

（一）企业管理层进行盈利能力分析的目的

盈利能力反映和衡量企业经营业绩。努力使企业赚取尽可能多的利润是企业管理层最重要的任务，用已经达到的盈利能力指标与计划指标、同行业平均值或上一年度的水平进行对比，可以衡量企业管理层经营业绩的优劣。

分析发现经营管理中存在的问题。企业经营管理中各个环节的问题，都会通过企业的盈利水平体现出来。通过对企业盈利水平的比较分析，可以发现导致企业盈利水平发生变动的主要因素，进而可以采取对应的改进措施，提高未来的盈利能力。

（二）债权人进行盈利能力分析的目的

债权人进行盈利能力分析的目的是判断企业是否有足够的能力通过经营活动获得足够的利润和现金流，以保障各项债务本息的偿还。

（三）股东进行盈利分析的目的

判断企业在风险水平得到控制的前提下，是否可以获取更多的利润，使得股东可以获得包括现金股利和资本利得在内的更高水平的综合收益。

二、盈利能力分析的内容

在对企业盈利能力进行分析时，在考虑绝对值的基础上，往往更多的考虑相对值指标。相对值指标一般采用各种比率指标来表示。反映企业盈利能力的指标有很多，比率的分子可以采用各种收益数据，比如销售毛利、营业利润、息税前利润、税前利润或净利润；比率的分母可以采用营业收入、总资产或所有者权益。一般来讲，这些比率指标取值越大，企业的盈利能力越强。

对企业盈利能力的分析主要包括以下几个方面的内容：

（1）以销售为基础的盈利能力分析。

（2）以资产为基础的盈利能力分析。

（3）盈利质量分析。

第二节　以销售为基础的盈利能力分析

以销售为基础的盈利能力分析，主要研究利润与收入或成本之间的比率关系。相关的指标可分为两类：一是各种利润额与收入之间的比率，统称收入利润率，包括销售净利率、销售毛利率等；二是各种利润额与成本之间的比率，统称成本利润率，主要指标包括成本费用利润率等。

一、销售净利率

（一）定义

销售利润率是指企业净利润占营业收入的百分比，反映营业收入带来净利润的能力。这个指标越高，说明企业每一元的销售收入所能创造的净利润越高。销售净利率对管理人员特别重要，反映了企业的价格策略以及控制管理成本的能力。

（二）计算方法

销售净利率的计算公式如下：

$$销售净利率=\frac{净利润}{营业收入}\times 100\%$$

（三）举例

【例 8.1】 2019—2020 年度 FL 公司的销售净利率分析。

根据 FL 公司 2019—2020 年的财务报表数据，计算该公司的销售净利率见表 8-1。

表 8-1　FL 公司 2019—2020 年销售净利率的计算表

项目	2019 年	2020 年
净利润（万元）	30 345.25	32 216.86

续表

项目	2019 年	2020 年
营业收入（万元）	333 757. 67	374 491. 45
销售净利率（%）	9. 09	8. 60

FL 公司 2020 年的销售净利率为 8. 60%，与 2019 年的 9. 09%相比，下降了 0. 49 个百分点，说明盈利能力有所下降。

查阅该公司所在的电子元器件制造行业的数据，2020 年度同行业平均销售净利率为 12. 98%，说明与同行业平均水平相比，该公司的盈利能力较弱。

选择与 FL 公司同行业且经营业务相似（照明器具销售额占主营业务收入的 40%以上）的阳光照明、欧普照明和雪莱特进行对比分析，对比的时间区间选择 2016—2020 年 5 个年度。对比情况见图 8-1。

对比可以发现，2016—2017 年，FL 公司的销售净利率在四个企业中是最高的，而且领先的优势比较大，但是在随后的三年中，其销售净利率却不断下滑，逐渐被欧普照明和阳光照明超越。四家企业中，雪莱特的销售净利率波动最为剧烈，在 2017 年与 2018 年，由于净利润为亏损且数额较大，因而其销售净利率为负数。

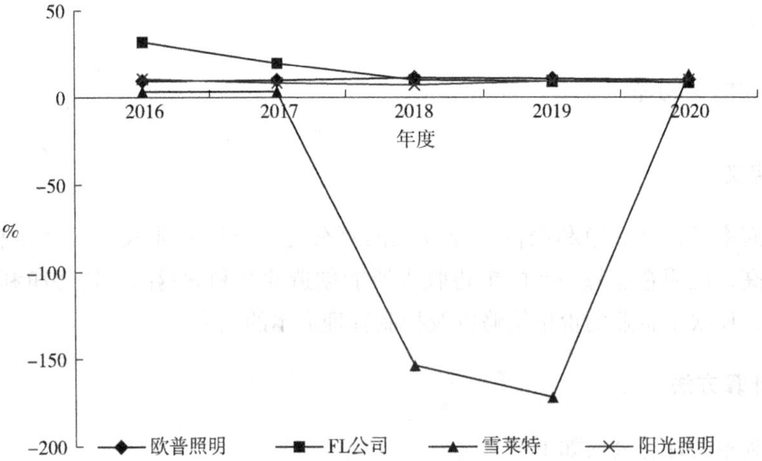

图 8-1　FL 公司销售净利润的对比分析

（四）销售净利率分析中需要注意的事项

1. 需要注意行业的差异

销售净利率是企业销售的最终获利能力指标。比率越高，说明企业的获利能力越强。但是它受行业特点影响较大。通常说来越是资本密集型企业，其销售净利率就越高；反之，资本密集程度较低的行业，其销售净利率也较低。所以，一般需要选择行业平均销售净利率作为对比分析的基准。

表 8-2 给出了几个行业在 2018—2020 年平均销售净利率。可以发现，在同样的年度，

不同行业的销售净利率差异很大。比如，2020 年度，银行与金融服务业的平均销售利润率为 31.13%，而电子元器件制造业仅为 12.98%。另外，各个行业销售净利率的稳定程度也是有很大差别的，比如银行与金融服务业、电力、煤气及水等公共事业的稳定性很高，而电子元器件制造业稳定性较低。

表 8-2 部分行业上市公司 2018—2020 年度的销售净利率 单位：%

行业	2018 年	2019 年	2020 年
电力、煤气以及水等公共事业	15.61	15.60	16.08
电子元器件制造业	10.81	9.82	12.98
房地产开发与经营业	17.17	16.40	18.69
批发与零售业	24.34	23.27	27.83
银行与金融服务业	33.07	32.75	31.13

2. 销售净利率的影响因素分析

根据销售净利率的定义和计算公式，销售净利率的大小主要受营业收入和净利润的影响，这两个项目分别是利润表中的第一项和最后一项，从利润的源泉到最终的净利润，中间要经过营业成本、营业税金及附加、四项期间费用、资产减值损失、公允价值变动损益、投资收益及所得税的多个环节才能形成企业的净利润，因此，这些项目的增减变化都会影响销售净利率的大小。

销售净利率与净利润成正比关系，与销售收入成反比关系，企业在增加销售收入额的同时，必须相应地获得更多的净利润，才能使销售净利率保持不变或有所提高。

3. 提高销售净利率的途径分析

要想提高销售净利率：一是扩大销售收入；二是降低成本费用。而降低各项成本费用开支是企业财务管理的一项重要内容。通过各项成本费用开支的列示，有利于企业进行成本费用的结构分析，加强成本控制，以便为寻求降低成本费用的途径提供依据。通过分析销售净利率的升降变动，可以促使企业在扩大销售的同时，注意改进经营管理，提高盈利水平。

4. 需要注意分析主营业务与其他业务的对比关系

按照 2007 年开始实施的《企业会计准则》的规定，利润表中的收入项目不再区分主营和其他，而是合并为营业收入。而实际上，主营业务对于企业获利的意义更重大，所以，可能需要结合报表附注里的主营业务收入与其他业务收入的具体数额进行进一步分析。

二、销售毛利率

（一）定义

销售毛利率是指营业毛利与营业收入之比。销售毛利率评价企业经营业务的获利能力，反映了企业产品销售或商品销售的初始获利能力，是企业净利润的起点。在进行评价时，这个指标越高越好。

（二）计算方法

销售毛利率的计算公式如下：

$$销售毛利率=\frac{营业毛利}{营业收入}\times 100\%$$

其中，销售毛利=营业收入-营业成本。

（三）举例

【例 8.2】 FL 公司 2019—2020 年度的销售毛利率计算见表 8-3。

表 8-3　FL 公司 2019—2020 年度的销售毛利率计算表

项目	2019 年	2020 年
营业收入（万元）	333 757. 67	374 491. 45
营业成本（万元）	256 051. 31	299 627. 39
销售毛利率（%）	23. 28	19. 99

由表 8-3 的计算结果可知，FL 公司 2020 年的销售毛利率为 19. 99%，比 2019 年的 23. 28%下降了 3. 29 个百分点。结合例 8. 1 的分析，已知其销售净利率在 2020 年下降 0. 49 个百分点，所以，可以表明 FL 公司虽然在 2020 年销售毛利率下降较多，但是在营业税金及附加、三项期间费用、资产减值损失、公允价值变动损益、投资收益及所得税等方面进行了良好的削减，进而实现了销售净利率微降。

查阅该公司所在的电子元器件制造行业的数据，2020 年度同行业平均销售毛利率为 5%，说明与同行业平均水平相比，该公司的销售毛利率是比较高的。

选择与 FL 公司同行业且经营业务相似的阳光照明、欧普照明和雪莱特进行对比分析，对比的时间区间选择 2016—2020 年五个年度。销售毛利率对比情况见图 8-2。

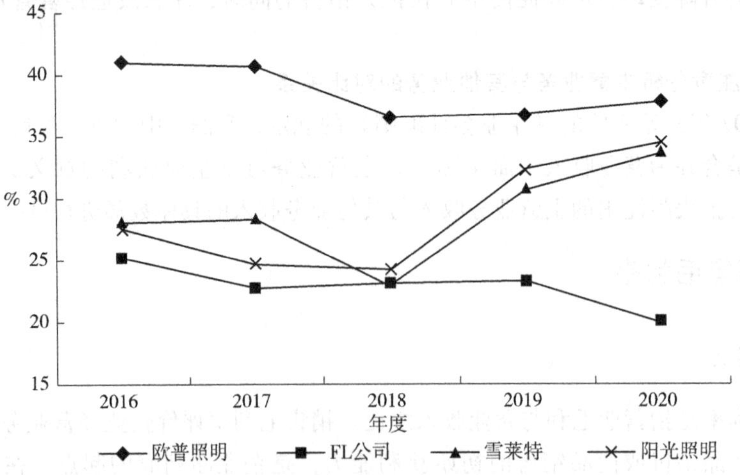

图 8-2　FL 公司销售毛利率的对比分析

对比可以发现，2016—2020 年，FL 公司的销售净利率在四个企业中是比较低的，特别是在 2018—2020 年三年间，落后幅度进一步加大。四家公司中，欧普照明的销售毛利率所体现的盈利能力是最好的。

（四）销售毛利率分析中需要注意的事项

1. 需要注意行业的差异

通常来说。销售毛利率将随着行业的不同而高低各异，但同一行业的毛利率一般相差不大。与同期行业的平均毛利率相比，可以揭示企业在定价政策、产品或商品推销及生产成本控制方面存在的问题。销售毛利率的行业数据。

表 8-4 给出了几个行业在 2018—2020 年度平均销售毛利率。可以发现，在同样的年度，不同行业的销售净利率差异很大。比如，2020 年度，房地产开发业的平均销售利润率达到了 11.3%，而批发与零售业为 1.3%。另外，各个行业销售净利率的稳定程度也是有差别的，比如房地产开发业与电力、煤气以及水等公共事业的毛利率较为稳定。而批发与零售业的稳定性较差。

表 8-4 部分行业上市公司 2018-2020 年度的销售毛利率 单位：%

行业	2018 年	2019 年	2020 年
电力、煤气以及水等公共事业	7.3	5.3	5.0
电子元器件制造业	7.7	6.8	5.0
房地产开发与经营业	14.2	11.9	11.3
批发与零售业	7	0.8	1.3

2. 需要注意横向比较与纵向比较相结合

与同行业进行横向比较，如果公司的毛利率显著高于同业水平，说明公司产品附加值高，产品定价高，或与同行比较公司存在成本上的优势，有竞争力。

与历史数值进行纵向比较，如果公司的毛利率显著提高，则可能是公司所在行业处于复苏时期，产品价格大幅上升，在这种情况下分析者需考虑这种价格的上升是否能持续，公司将来的盈利能力是否有保证。相反，如果公司毛利率显著降低，则可能是公司所在行业竞争激烈，在发生价格战的情况下往往是两败俱伤的结局，这时分析者就要警觉了。

3. 需要注意企业会计政策的影响

企业之间的存货计价和固定资产的折旧方法等会计处理的差异也会影响营业成本，进而影响毛利率的计算，这一点应在企业间的横向比较时加以注意。

4. 注意与企业的市场竞争力相结合

毛利率是公司产品经过市场竞争后的结果，很难单方面主观地左右毛利率变化，因此毛利率是一个十分可信的指标，如果毛利率连续不断提升，就说明公司产品市场需求强烈，产品竞争力不断增加。反之毛利率连续下跌，则说明公司正在市场竞争中走下坡路。

该指标的优点在于可以对企业某一主要产品或主要业务的盈利状况进行分析，这对于判断企业核心竞争力的变化趋势非常有帮助。销售毛利率的分析与销售毛利的分析相结合，可以评价企业对管理费用、销售费用、财务费用等期间费用的承受能力。

销售毛利率反映了企业产品销售的初始获利能力，是企业净利润的起点，没有足够高的毛利率便不能形成较大的盈利。以企业营销策略来看，没有足够大的毛利率是不能形成较大的盈利空间的。

三、其他指标

基于销售的盈利能力分析指标，除了上述两个最常用的指标之外，还可以根据具体分析目的的需要，考虑分析以下指标。

（一）基于销售的其他盈利能力指标列表

基于销售的其他盈利能力指标见表8-5。

表8-5 基于销售的其他盈利能力指标

指标名称	计算公式	评价方法
营业收入利润率	$营业收入利润率=\frac{营业利润}{营业收入}\times 100\%$	越大越好
息税前利润率	$息税前利润率=\frac{利润总额+利息费用^{①}}{营业收入}\times 100\%$	越大越好
税前利润率	$税前利润率=\frac{利润总额}{营业收入}\times 100\%$	越大越好
营业成本利润率	$营业成本利润率=\frac{营业利润}{营业成本}\times 100\%$	越大越好
全部成本费用利润率	$全部成本费用利润率=\frac{利润总额}{营业费用^{②}+营业外支出}\times 100\%$	越大越好

注：①实际计算中，由于利息费用的数据难以获得，往往用财务费用代替。

②营业费用=营业成本+营业税金及附加+期间费用+资产减值损失

四、举例

【例8.3】FL公司2019—2020年度的其他盈利能力指标计算见表8-6。

表8-6 FL公司2019—2020年间其他利润率指标的计算表 单位：%

指标名称	2018年	2019年	2020年
营业收入利润率	11.86	10.63	9.87
息税前利润率	11.18	9.72	9.67
税前利润率	11.86	10.55	9.82
营业成本利润率	15.43	13.85	12.33
全部成本费用利润率	13.19	11.52	11.14

通过上述其他盈利能力指标的计算，可以发现与前述指标相同的结论：FL公司的各个盈利性指标都逐年下降，其盈利能力水平略有下降。

第三节 以资产为基础的盈利能力分析

以资产为基础的盈利能力分析，主要研究利润与总资产或所有者权益之间的比率关系。相关的指标可分为两类：一类是各种利润额与总资产之间的比率，包括总资产报酬率、总资产净利率等；另一类是各种利润额与所有者权益（也可称为净资产）之间的比率，主要指标包括净资产收益率等。

一、总资产报酬率

（一）定义

总资产报酬率是指企业息税前利润与企业平均总资产的百分比。总资产收益率反映企业总资产能够获得利润的能力，是反映企业资产综合利用效果的指标。

企业的资产是指能为企业带来利润的财产物资，总资产收益率提供了企业利用资产获取利润的效果，它表明资产负债表上的每1元的总资产，能产生的全部收益。该指标越高，表明资产利用效果越好，整个企业的活力越强，经营管理水平越高。

（二）计算方法

总资产报酬率的计算公式如下：

$$总资产报酬率=\frac{利润总额+利息费用}{平均总资产}\times 100\%$$

其中，平均总资产=（期初资产总额+期末资产总额）÷2

（三）举例

【例8.4】 FL公司在2019—2020年度的总资产报酬率分析。

根据FL公司的财务报告资料，其总资产报酬率的计算见表8-7：

表8-7 FL公司2019—2020年总资产报酬率计算表

项目	2019年	2020年
利润总额（万元）	35 211.76	36 788.3
财务费用（万元）	-2 772.53	-562.33
期初资产总额（万元）	558 816.67	617 520.00
期末资产总额（万元）	617 520.00	851 933.69
平均资产总额（万元）	588 168.34	734 726.85
总资产报酬率（%）	5.52	4.93

由表 8-7 的计算结果可知，FL 公司 2020 年的总资产报酬率为 4.93%，比 2019 年的 5.52%下降了 0.59 个百分点。其中，两个年度的财务费用都是负值，这是由于该公司这两年都没有产生利息支出，产生了大量的利息收入，所以财务费用为负值。

查阅该公司所在的电子元器件制造行业的数据，2020 年度同行业平均销售毛利率为 3.5%，说明与同行业平均水平相比，该公司的总资产报酬率还是比较高的。

选择与 FL 公司同行业且经营业务相似的阳光照明、欧普照明和雪莱特进行对比分析，对比的时间区间选择 2016—2020 年 5 个年度。总资产报酬率对比情况见图 8-3。

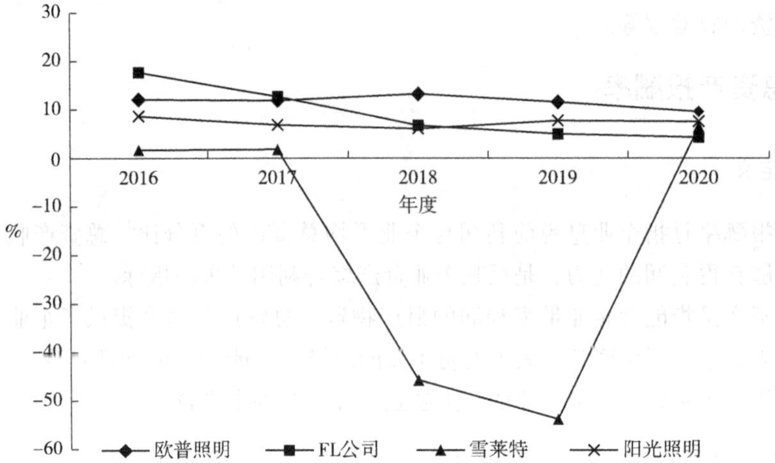

图 8-3　FL 公司总资产报酬率的对比分析

对比可以发现，2016—2020 年，FL 公司的总资产报酬率呈现逐年下降的趋势，在四个企业中，FL 公司逐渐处于落后地位。相比较而言，雪莱特的总资产报酬率在 2018 年和 2019 年均出现负数，这是由于在上述两年中，企业出现利润为负即亏损的现象造成的。

（四）总资产报酬率分析中需要注意的事项

1. 要注意结合行业的经营特点来分析评价

企业所处的行业不同，总资产报酬率可能具有很大的差别。表 8-8 给出了几个不同行业在 2018—2020 年的平均总资产报酬率。表中数据表明，不同行业的总资产报酬率不尽相同，电子元器件制造业的指标取值在逐年上升，在 2020 年达到 3.5%；电力、煤气和水等公共事业行业的取值非常稳定。

表 8-8　部分行业上市公司 2018—2020 年的总资产报酬率　　单位：%

行业	2018 年	2019 年	2020 年
电力、煤气以及水等公共事业	3.9	3.9	3.9
电子元器件制造业	2.5	2.6	3.5
房地产开发与经营业	3.0	2.9	3.8
批发与零售业	4.8	3.4	3.6

2. 总资产报酬率与净资产收益率进行结合分析

总资产报酬率是站在企业总体资产利用效率的角度上来衡量企业的盈利能力的，是对企业分配和管理资源效益的基本衡量。它与净资产收益率的区别在于：前者反映股东和债权人共同提供的资金所产生的利润率，后者反映由股东投入的资金所产生的利润率。

3. 选择好恰当的比较基准

为了正确评价企业经济效益的高低、挖掘提高利润水平的潜力，可以用该指标与本企业前期、与计划、与本行业平均水平和本行业内先进企业进行对比，分析形成差异的原因。

4. 需要进一步分析影响总资产报酬率的因素

影响总资产收益率高低的因素主要有产品的价格、单位成本的高低、产品的产量和销售的数量、资金占用量的大小、资金来源结构等。

二、净资产收益率

（一）定义

净资产收益率是指某一时期的净利润与平均股东权益的比值。

它表明所有者每一元钱的投资能够获得多少净收益，它衡量了一个公司股东资本的使用效率，即股东投资企业的收益率。净资产是股东投入企业的股本、公积金和留存收益等的总和，这里的收益指税后净利润。

（二）计算方法

净资产收益率的计算公式如下：

$$净资产收益率=\frac{净利润}{平均股东权益}\times100\%$$

其中：平均股东权益=（期初股东权益+期末股东权益）÷2

（三）举例

【例 8.5】 FL 公司在 2019—2020 年度的净资产收益率分析。

根据 FL 公司的财务报告资料，其净资产收益率的计算见表 8-9：

表 8-9　FL 公司 2019—2020 年度净资产报酬率计算表

项目	2019 年	2020 年
净利润（万元）	30 345. 25	32 216. 86
期初股东权益（万元）	434 131. 43	490 741. 12
期末股东权益（万元）	490 741. 12	631 218. 01
平均股东权益（万元）	462 436. 28	560 979. 57
净资产收益率（%）	6. 56	5. 74

由表 8-9 的计算结果可知，FL 公司 2020 年的净资产报酬率为 5. 74%，比 2019 年的

6.56%下降了 0.82 个百分点，说明 FL 公司的盈利能力有所下降。

查阅电子元器件制造行业的数据，2020 年度同行业平均净资产收益率为 13.62%，说明与同行业平均水平相比，该公司的净资产收益率是偏低的。

选择与 FL 公司同一行业且经营业务相似的阳光照明、欧普照明和雪莱特进行对比分析，对比的时间区间选择 2016—2020 年五个年度。对比情况见图 8-4。

由于雪莱特公司 2018—2019 年亏损，造成企业净利润为负数，从而其净资产收益率也为负数，故此处不再对其进行分析。

对比可以发现，2016—2020 年，阳光照明、欧普照明以及 FL 公司等三家企业的净资产收益率均保持较为稳定的状态，但其中 FL 公司的净资产收益率呈逐年下降的趋势。

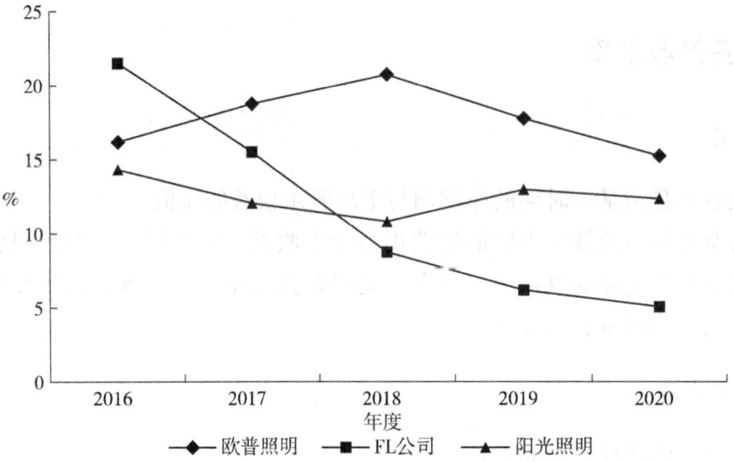

图 8-4　FL 公司净资产收益率的对比分析

（四）净资产报酬率分析中需要注意的问题

1. 净资产收益率是企业盈利能力分析的核心指标

可以毫不夸大地说，许多资深管理者的职业生涯是随公司的净资产收益率一起沉浮的。在现行公司制度下，投资者投入企业的资本委托给经营者经营，经营者就要确保给投资者带来收益，而且收益率至少应高于同期的市场利率。一份资产，如果收益率与市场利率一样，那并没有什么附加价值。正是因为这份资产的盈利能力大于市场的平均水平，投资者才愿意为它支付溢价。

2. 要注意结合行业的经营特点来分析评价

不同的行业，净资产收益率的平均值一般会有差异。下面的表 8-10 给出了几个不同行业在 2018~2020 年的净资产收益率平均值。其中，银行与金融服务业和电力、煤气及水等公共事业行业的净资产收益率比较高，房地产开发与经营业则相对比较低。

3. 进一步分析影响净资产收益率的因素

净资产收益率是衡量企业盈利能力的核心指标，企业经营在很多方面的表现都会对这个指标产生影响，比如企业的财务杠杆水平以及营运能力等。在本书其他章节，我们将继续深入分析这些因素对净资产收益率的影响。

表 8-10　部分行业上市公司 2010—2012 年的净资产收益率　　单位：%

行业	2018 年	2019 年	2020 年
电力、煤气以及水等公共事业	4.19	5.31	0.38
电子元器件制造业	-36.21	-2.69	13.62
房地产开发与经营业	-9.89	-5.41	-0.382
批发与零售业	-5.73	-13.98	-43.85
银行与金融服务业	11.04	10.37	10.07

第四节　上市公司盈利能力分析

上市公司自身特点决定了其盈利能力除了可通过一般企业盈利能力的指标分析外，还应进行一些特殊指标的分析，特别是一些与企业股票价格或市场价值相关的指标分析，如基本每股收益、稀释每股收益、普通股权益报酬率、股利发放率、市盈率等指标。

一、基本每股收益

（一）定义

基本每股收益是指净利润扣除优先股股息后的余额与发行在外的普通股的平均股数之比，它反映了每股发行在外的普通股所能分摊到的净收益额。

分子选用（净利润-优先股股息）的原因：优先股股息类似与负债利息，一般支付固定金额，而普通股投资者关心的是自身享有的净利润，因此扣减优先股股息。

（二）计算方法

基本每股收益的计算公式如下：

$$\text{基本每股收益}=\frac{\text{净利润}-\text{优先股股息}}{\text{发行在外的普通股加权平均数}}$$

其中：

发行在外的普通股加权平均数

$$=\text{期初发行在外的普通股}+\text{当期新发行普通股股数}\times\frac{\text{已发行时间}}{\text{报告期时间}}-\text{当期回购普通股股数}\times\frac{\text{已回购时间}}{\text{报告期时间}}$$

已发行时间、报告期时间以及已回购时间一般按照天数计算，但是，在不影响计算结果合理性的前提下，也可以采用简化的计算方法。

（三）判断标准

基本每股收益越高，说明企业的盈利能力越强，在判断企业盈利能力强弱时，应将几家不同企业或者同一企业不同时期的每股收益进行比较，才能得出正确的评价结论。

（四）举例

【例 8.6】某企业 2020 年年初发行在外的普通股股数为 100 万股，2020 年 4 月 1 日增发普通股 40 万股，并且该年度没有其他的新股发行，也没有普通股回购发生。2020 年该企业净利润为 260 万元，则

2012 年发行在外的普通股加权平均数 = 100+40×9÷12 = 130（万股）

2012 年度的基本每股收益 = 260÷130 = 2（元）

【例 8.7】FL 公司在 2019—2020 年的基本每股收益分析。

FL 公司 2019—2020 的基本每股收益计算见表 8-11。

表 8-11　FL 公司 2019—2020 年的基本每股收益计算表

项目	2019 年	2020 年
净利润（元）	298 347 491. 26	322 168 591. 79
优先股股息（元）	0	0
期初发行在外的普通股（股）	1 420 702 339	1 400 733 008
当期新发行的普通股（股）	0	0
当期回购的普通股（股）	0	0
发行在外的普通股加权平均数（股）	1 420 702 339	1 400 733 008
基本每股收益（元/股）	0. 21	0. 23

由表 8-11 的计算结果可知，2020 年 FL 公司的基本每股收益为 0. 23 元/股，比 2019 年上升了 9. 5%。

查阅该公司所在的电子元器件制造行业的数据，2020 年度同行业基本每股收益平均值为 0. 42 元/股，说明与同行业平均水平相比，该公司的基本每股收益较低。

选择与 FL 公司同行业且经营业务相似的阳光照明、欧普照明和雪莱特进行对比分析，对比的时间区间选择 2016—2020 年五个年度。每股收益的对比情况见图 8-5。

由图 8-5 可以发现，2016—2020 年，四个企业中，欧普照明的基本每股收益一直处于领先地位，特别是从 2018 年开始，比其他三家公司高出很大的幅度，而 FL 公司的每股收益在 2016—2018 年快速下降，结合总资产报酬率、销售净利率等指标，共同反映出企业的获利能力下降。

（五）每股收益影响因素分析

为了分析企业每股收益变动的原因，应确定影响每股收益影响因素，并对各个因素进行分析，测算各个因素的变动对每股收益影响的程度。影响基本每股收益的因素主要有：

（1）净资产收益率。对同一家公司来讲，净资产收益率越高，则每股收益越高。

（2）优先股利。在企业净利润一定的前提下，企业支付的优先股股利越多，则每股收益越低。

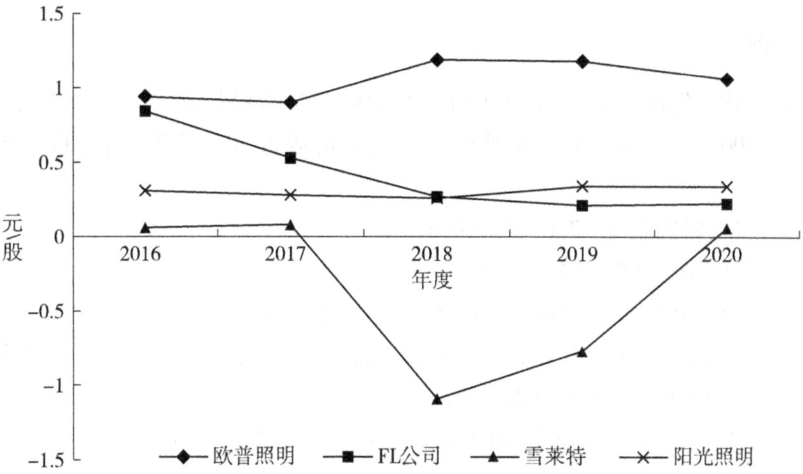

图 8-5 FL 公司每股收益的对比分析

（3）发行在外的普通股股份数。在企业净利润一定的情况下，发行在外的普通股股份数越多，则每股收益越低。

二、稀释每股收益

（一）定义

稀释每股收益是指当企业存在稀释性潜在普通股时，应当分别调整归属于普通股股东的当期净利润和发行在外的普通股加权平均数，并据以计算稀释每股收益。

所谓稀释性潜在普通股，是指假设当期转换为普通股会减少每股收益的潜在普通股，如可转换公司债券、认股权证和股份期权。

（二）计算方法

计算稀释每股收益，需要对基本本股收益的计算公式做如下调整：

（1）分子：计算时，应当根据下列事项对归属于普通股股东的当期净利润进行调整：当期已确认为费用的稀释性潜在普通股的利息；稀释性潜在普通股转换时产生的收益或费用。同时考虑相关的所得税影响。

（2）分母：当期发行在外的普通股的加权平均数调整为计算基本每股收益时的普通股的加权平均数与假定稀释性潜在普通股转换为已发行普通股而增加的普通股股数的加权平均数之和。

假定稀释性潜在普通股转换为已发行普通股的而增加的普通股股数应当按照其发行在外时间进行加权平均：以前期间发行的稀释性潜在普通股，应当假设当期期初转换为普通股；当期发行的稀释性潜在普通股，应当假设在发行日转换为普通股；

当期被注销或终止的稀释性潜在普通股，应当按照当期发行在外的时间加权平均计入稀释每股收益；当期被转换或行权的稀释性潜在普通股，应当从当期期初至转换日计入稀释每股收益，从转换日期所转换的普通股则计入基本每股收益。

（三）举例

【例 8.8】ABC 公司 2020 年 1 月 1 日发行 100 万份认股权证，行权价格为 4 元。2020 年度净利润为 300 万元，发行在外的普通股加权平均数为 500 万股，普通股平均市场价格为 8 元，则

2020 年的基本每股收益＝300÷500＝0.6（元）

调整增加的普通股股数＝100－100×4÷8＝50（万股）

2020 年的稀释每股收益＝300÷（500+50）＝0.55（元）

【例 8.9】XYZ 公司 2020 年 1 月 1 日发行票面利率为 2%的可转换债券，面值为 400 万元，每 100 元债券可转换为 1 元面值的普通股 80 股。2020 年净利润为 5 000 万元，2020 年发行在外的普通股加权平均数为 2 500 万股，所得税率为 25%。则

2020 年的基本每股收益＝5 000÷2 500＝2（元）

净利润的增加额＝400×2%×（1－25%）＝6（万元）

普通股数的增加额＝400×80÷100＝320（万股）

2020 年的稀释每股收益＝（5 000+6）÷（2 500+320）＝1.78（元）

第五节　盈利质量分析

盈利质量分析是在盈利能力评价的基础上，以收付实现制为计算基础，以现金流量表所列示的各项财务数据为基本依据，通过一系列现金流量指标的计算，对公司盈利能力的进一步修复和检验。通过现金流量指标的计算来修正和补充盈利能力指标更有利于对公司盈利状况进行多视角、全方位的综合分析，从而反映公司盈利的质量。

利用现金流量表进行盈利质量分析的指标很多，主要有销售收入现金含量、净利润现金含量、净资产现金回报率、全部资产现金回收率以及每股经营现金流量等。

一、销售收入现金含量

（一）定义

销售收入现金含量是指销售商品或提供劳务收到的现金与企业营业收入的比值。

该指标反映企业经营业务获得的现金与营业收入的比例关系，表明营业收入的现金保障程度，可以用来判断企业营业收入的质量。由于营业收入是企业净利润的来源，营业收入质量越高，企业当期净利润的质量也就越高，同时表明企业的产品、劳务畅销受欢迎，市场占有率高、回款能力强。

（二）计算方法

销售收入现金含量的计算公式为

$$销售收入现金含量=\frac{销售商品或提供劳务收到的现金}{营业收入}\times 100\%$$

（三）举例

【例 8.10】FL 公司 2019—2020 年的销售收入现金含量分析。

通过表 8-12 的计算结果可以看出，FL 公司 2020 年的销售收入现金含量相较 2019 年有所下降。

表 8-12　FL 公司的售收入现金含量计算表

项目	2020 年	2019 年
销售商品提供劳务收到的现金（万元）	334 241.02	351 274.26
营业收入（万元）	374 491.45	333 757.67
销售收入现金含量（%）	89.25	105.24

选择与 FL 公司同行业且经营业务相似的阳光照明、欧普照明和雪莱特进行对比分析，对比的时间区间选择 2016—2020 年 5 个年度。销售收入现金含量对比情况见图 8-6。

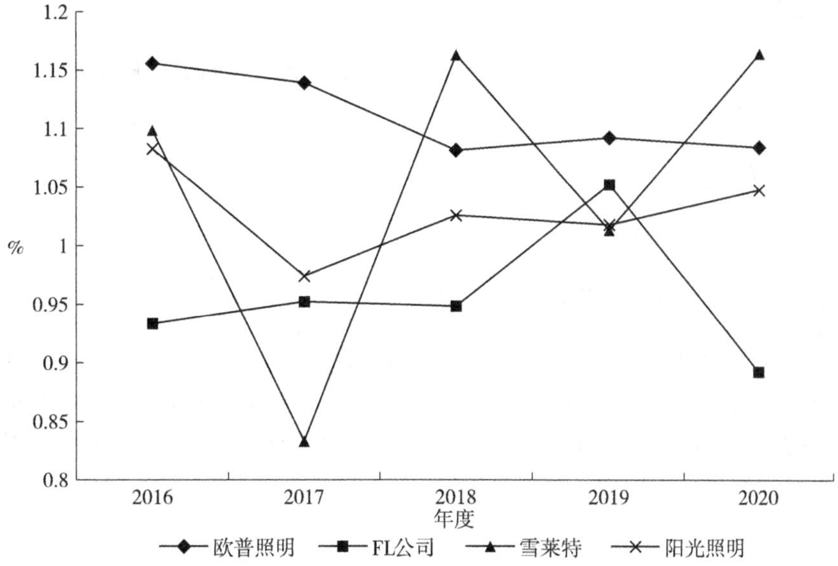

图 8-6　FL 公司的销售收入现金含量分析

通过图 8-6 的分析可以发现，欧普照明的销售收入现金含量是对比企业中比较高的，而且稳定性也比较好。可以初步判断欧普照明产品销售形势良好，信用政策合理，能及时收回货款，收款工作得力。

（四）销售收入现金含量分析的注意事项

（1）销售收入现金含量指标把现金流量表与利润表分析有机结合起来，使我们可以估计每单位营业收入所能带来的现金流入量，并由此把握企业流动性风险及商业信用等方面的状况及重要变化。

（2）在赊销政策无重大变化、应收账款正常回收时，由于“销售商品、劳务收到的现金”涵盖了主营业务收入和其他业务收入项目，因此该指标的正常值水平应当大于1。这一标准对于我们分析企业当期营业收入的现金含量具有指导意义。

（3）正常情况下，销售收入的现金含量越高，意味着企业的货款回收越快，流动资金的使用效率越高。反之，销售收入的现金含量低，则企业的营运周期就会相应被拉长，积压在应收账款、其他应收款或预付账款上的资金无法回笼，则必然会加大企业的短期融资需求和资金调度压力。

（4）虽然现金流量与利润数据在单个会计期间一般是不一致的，但从长期来看，两者之间应该保持某种相对稳定的比例关系，其差别则反映了非现金支出与收入的变动趋势。

（5）在实际运用时，我们还应注意：该指标只着重反映特定期间销售收入所对应的现金含量信息，而不能说明整体经营情况的变动趋势。我们可以结合销售现金流量及主营收入绝对额的趋势分析来弥补该指标的不足。

二、净利润现金含量

（一）定义

该指标表明企业本期经营活动产生的现金净流量与利润之间的比例关系，可以用来衡量净利润质量的高低。

（二）计算方法

净利润现金含量的计算公式如下：

$$净利润现金含量=\frac{经营活动产生的现金净流量}{净利润}$$

一般情况下，如果比率大于1，说明企业净利润与经营活动净流量协调较好，净利润现金实现程度高，企业净利润质量也高。反之，若该比率小于1，则说明企业本期净利润中存在尚未实现的收入，企业净利润的质量欠佳。如果企业当期投资收益、筹资费用数额较大，应当在分母“净利润”中剔除。

（三）举例

【例8.11】FL公司2011—2012年的净利润现金含量分析。

通过表8-13的计算结果可以看出，2020年FL公司的净利润现金含量是比较高的，但比2019年有所降低。

表8-13　FL公司的净利润现金含量计算表

项目	2020年	2019年
经营活动产生的现金流量净额（亿元）	3.948	5.099
净利润（亿元）	3.222	2.983
净利润现金含量（%）	123	171

选择与 FL 公司同行业且经营业务相似的阳光照明和欧普照明进行对比分析，对比的时间区间选择 2016—2020 年五个年度。对比情况见图 8-7。由于雪莱特的经营波动性相对比较大，特别是在 2018 年和 2019 年，雪莱特净利润为负值，所以，此处不再对其进行对比分析。

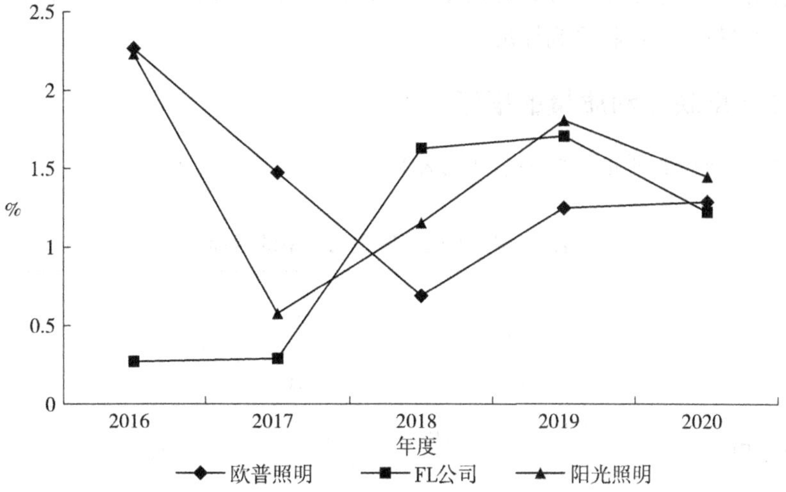

图 8-7　FL 公司的净利润现金含量对比分析

通过图 8-7 的对比分析可以发现，在 2016—2020 年，FL 公司的净利润现金含量呈现先升后趋于平稳的态势。其他两个公司中，欧普照明的净利润现金含量稳定性较好，这说明，在这三家公司中，欧普照明公司的净利润现金含量是比较好的。

（四）净利润现金含量分析应注意的问题

1. 注意现金流量表与利润表的结合分析

利润表中的净利润是建立在权责发生制基础上的，对应计收入、应计费用等项目存在着估计成分，对有关资产、损益项目的确认和分配也因存在不同方法而产生不同的结果，这样就可能出现账面反映有较高利润，但资金周转发生困难，缺乏足够的现金支付能力。而现金流量表是以收付实现制为基础，通过分析调整利润表中各项目对现金流量的影响计算编制的，它能揭示经营活动所得现金和净利润的关系。这有助于解释为什么有的企业有盈利却没有足够的现金支付工资、股利和偿还债务，有的企业没有盈利却有足够的现金支付能力。如果企业的净利润大大高于“经营活动产生的现金流量净额”，则说明企业利润的含金量不高，存在大量的赊销行为及未来的应收账款收账风险，同时某种程度上存在着利润操纵之嫌。在了解该指标的过程中，我们还可以了解到企业相关税费的缴纳情况。

2. 注意分析企业操纵利润的可能性

由于净利润容易变化和被操纵，该指标稳定性没有“销售收入现金含量”好，所以往往需要具体公司具体分析。与“销售收入现金含量”一样，这一指标对于发现企业操纵利润的嫌疑也具有重要的作用。企业操纵账面利润，一般是没有相应的现金流量的。这一指标过低，就有虚盈实亏的可能性，应进一步分析会计政策、会计估计和会计差错变更的影响以及应收款项及存货的变现能力。

若该指标大于 1，反映的是公司经营活动所产生的现金流量净值高于当期净利润，企业的净利润有足够的现金保障。反之，现金利润比低于正常水平，甚至企业的净利润极高但经营活动净现金流量为负，说明企业的账面利润没有实实在在的现金流入作为保证，或者说企业的利润源于非正常生产经营性活动。企业的经营成果缺乏现金流入做保障，则企业生产在未来的可持续发展将受到怀疑。

三、其他反映盈利质量的指标

其他可以反映盈利质量的指标总结见表 8-14。

表 8-14　其他反映盈利质量的指标

指标名称	计算公式	评价方法
每股经营现金含量	$\text{每股经营现金流量}=\dfrac{\text{经营活动产生的现金净流量}}{\text{发行在外的普通股股数}}$	越大越好
全部资产现金回收率	$\text{全部资产现金回收率}=\dfrac{\text{经营活动产生的现金净流量}}{\text{平均总资产}}\times 100\%$	越大越好
净资产现金回收率	$\text{净资产现金回收率}=\dfrac{\text{经营活动产生的现金净流量}}{\text{平均净资产}}\times 100\%$	越大越好
现金分配率	$\text{现金分配率}=\dfrac{\text{现金股利}}{\text{经营活动产生的现金净流量}}\times 100\%$	与现金股利政策有关

四、举例

【例 8. 12】FL 公司 2019—2020 年度的其他反映盈利质量的指标见表 8-15。

表 8-15　FL 公司 2019—2020 年其他反映盈利质量的指标计算表

指标名称	2020 年	2019 年
每股经营现金含量（元）	0. 28	0. 39
全部资产现金回收率（%）	5. 27	8. 45
净资产现金回收率（%）	6. 99	10. 95
现金分配率（%）	34. 4	50. 77

通过上述其他盈利能力指标的计算，可以发现与前述指标相同的结论：FL 公司的各个盈利质量指标都处于稍显落后的地位，而且所有指标都表明，在 2020 年，其盈利质量比之前有所降低。另外，由于 FL 公司的现金股利比较稳定，所以，随着经营活动现金流量净额的逐年增加，其现金分配率逐年减小。

本章小结

1. 盈利能力是企业获取利润的能力。利润是投资者取得投资收益，债权人收取本息的资金来源，是衡量企业长足发展能力的重要指标。

2. 企业管理层进行盈利能力分析的主要目的是反映和衡量企业经营业绩，债权人进行盈利能力分析的主要目的是判断企业是否有足够的能力偿还各项债务，股东进行盈利分析的目的是判断在风险水平得到控制的前提下，企业是否可以获取更多利润。

3. 以销售为基础的盈利能力分析指标主要有销售净利率以及销售毛利率等指标，以资产为基础的盈利能力分析指标主要有总资产报酬率以及净资产收益率等指标。

4. 上市公司盈利能力分析的指标还可以用基本每股收益以及稀释每股收益等指标。

5. 企业盈利质量分析的主要指标有销售收入现金含量以及净利润现金含量等指标。

本章习题

1. 各个利益相关主体对企业进行盈利能力分析的目的是什么？
2. 以销售为基础的盈利能力分析过程中应注意的事项是什么？
3. 以资产为基础的盈利能力分析过程中应注意的事项是什么？
4. 对上市公司进行盈利能力分析有哪些特点？
5. 如何对企业的盈利质量进行分析？
6. 选择一家上市公司，对其进行盈利能力分析。

第九章　营运能力分析

学习目标

1. 了解企业营运能力分析的目的。

2. 掌握用于评价总资产营运能力、流动资产周转速度以及固定资产运营效率主要财务指标的计算及应用。

3. 能够综合运用各项指标对企业营运能力进行深入分析。

第一节　营运能力分析概述

一、企业营运能力分析的目的

企业营运资产的主体是流动资产和固定资产，尽管无形资产是企业资产的重要组成部分，并随着从工业经济时代向知识经济时代转变，在企业资产中的占比越来越高，而且对于提高企业效益具有重要作用。但是，无形资产的作用必须通过或依附于有形资产才能发挥出来。因此，企业流动资产和固定资产的利用效率，从根本上就决定了企业的经营成果和财务状况。

企业营运能力主要指企业运营资产的效率与效益，通常用资产的周转率来衡量。进行企业营运能力分析的目的如下：

（一）评价企业资产的流动性

企业资产的两大基本特征是流动性和盈利性。企业的营运能力越强，资产的流动性越高，企业获得预期收益的可能性就越大。所以，营运能力分析目的之一是评价资产流动性。

（二）评价企业资产利用的效益

企业资产营运能力的实质，就是以尽可能少的资产占用，尽可能在短时间内周转，生产出尽可能多的产品，实现尽可能多的营业收入，创造出尽可能多的利润。通过营运能力分析，能够评价企业资产利用的效益，可以为改善企业管理提供方向。

（三）挖掘企业资产利用的潜力

企业营运能力的高低取决于多种因素，通过营运能力分析，可以了解企业资产利用方面存在的问题，还有多大的潜力空间，进而采取有效措施，提高企业资产营运能力。

二、企业营运能力分析的内容

企业营运能力的分析主要内容如下：

（一）总资产营运能力分析

通过对总资产周转率等指标的分析，揭示总资产周转速度和利用效率变动的原因，评价总资产营运能力。

（二）流动资产周转速度分析

通过对流动资产周转率、存货周转率和应收账款周转率等指标的分析，揭示流动资产周转率变动的原因，评价资产的流动性。

（三）固定资产利用效果分析

通过对固定资产周转率等指标的分析，揭示固定资产利用效果的变动和原因，评价固定资产的运营效率。

第二节 总资产营运能力分析

企业总资产营运能力是指企业总资产的运营效率，主要用总资产周转率等指标来衡量。

一、总资产周转率指标分析

（一）定义

总资产周转率，也称总资产利用率，是企业营业收入与平均总资产的比率，即企业的总资产在一定时期内（通常是一年）周转的次数。

总资产周转率是综合评价企业全部资产经营质量和利用效率的重要指标，综合反映了企业整体资产的营运能力，一般来说，周转次数越多或周转天数越少，表明其周转速度越快，营运能力也就越大。

（二）计算方法

总资产周转率的计算公式为

$$总资产周转率=\frac{营业收入}{平均总资产}$$

其中，平均总资产=（期初资产总额+期末资产总额）÷2

总资产周转速度，也可以用周转天数来表示，计算公式为

$$总资产周转天数=\frac{360}{总资产周转率}$$

（三）举例

【例 9.1】根据 FL 公司 2019 年与 2020 年两个年度的财务报表，进行流动资产周转率的计算分析，计算结果见表 9-1。

表 9-1　FL 公司总资产周转速度计算表　　单位：万元

项目	2019 年	2020 年
营业收入（万元）	333 757. 67	374 491. 45
期初资产总额（万元）	558 816. 67	617 520. 00
期末资产总额（万元）	617 520. 00	851 933. 69
平均资产总额（万元）	588 168. 34	734 726. 85
总资产周转率（次）	0. 57	0. 51
总资产周转天数（天）	631. 58	705. 88

从表 9-1 可以看出，FL 公司 2020 年的总资产周转率为 0. 51 次，总资产周转天数为 705. 88 天。与 2011 年相比，周转率降低了 0. 06 次，而周转天数增加了 74. 3 天，这说明 FL 公司的总资产营运能力略有下降。

查阅同行业数据，2019 年和 2020 年同行业平均总资产周转率分别为 0. 8 次和 0. 7 次，可以判断 FL 公司的总资产运营效率基本与行业平均水平相当。

选择与 FL 公司同行业且经营业务相似的阳光照明、欧普照明和雪莱特进行对比分析，对比的时间区间选择 2016—2020 年五个年度。对比情况见图 9-1。

从图 9-1 中 FL 公司与其他企业的对比分析可以看出，四个企业的总资产周转率在这几年当中均有所降低，其中雪莱特因其经营不善，其总资产周转率波动很大，在 2018 年和 2019 年中，该指标都大大低于行业平均水平；四个企业中表现最好的是欧普照明，但也是呈逐年下降的趋势。而 FL 公司在这几年中，总资产周转率都为 0. 5~0. 6 次，在几个企业中表现不佳，只能达到行业平均水平。

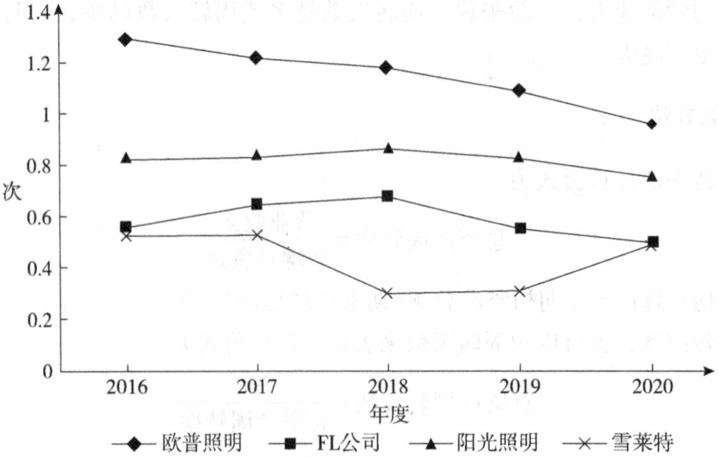

图 9-1　FL 公司的总资产周转率对比分析

二、总资产周转率分析的注意事项

（一）需要注意结合企业所在的行业特征和企业战略特征

通过对总资产周转率的对比分析，不但能够反映出企业本年度及以前年度总资产的营运效率及其变化，而且能够发现企业与同类企业在资金利用上的差别，促进企业提高资金的使用效率。不同的行业，总资产周转率是有差异的。一般来说，批发与零售业的总资产周转率比较高，而电力、煤气及水等公共事业的总资产周转率比较稳定。表 9-2 中列举了几个行业的例子，体现不同行业的差别。

表 9-2 部分行业上市公司的总资产周转率 单位：%

行业	2018 年	2019 年	2020 年
电力、煤气以及水等公共事业	0. 4	0. 6	0. 4
电子元器件制造业	0. 5	0. 8	0. 7
房地产开发与经营业	0. 3	0. 3	0. 5
批发与零售业	1. 3	0. 8	1. 4

（二）注意结合其他指标进行全面分析

以总资产周转率一个指标还不能说明企业的营运能力，还应结合流动资产周转率、固定资产周转率等有关资产组成部分的使用效率指标进行分析，做进一步的判断。

还可以与体现企业盈利能力的指标共同分析。总资产周转率综合反映了企业整体资产的营运效率。它是企业的全部资产价值在一定时期内完成周转的次数。该指标反映的是企业的 1 元资产赚取收入的能力，可用于衡量企业运用资产赚取利润的能力。总资产周转率可经常和反映盈利能力的指标一起使用，全面评价企业的盈利能力。

（三）需要进一步分析推动总资产周转率变动的因素

在此基础上，应进一步从各个构成要素进行分析，以便查明总资产周转率升降的原因。企业可以通过薄利多销的办法，加速资产的周转，带来利润绝对额的增加。对总资产周转率的分析评价需要结合公司的销售净利率和权益乘数、净资产收益率来综合衡量。

第三节 流动资产运营效率分析

一、流动资产周转率

（一）定义

流动资产周转率是营业收入与流动资产平均余额的比率。流动资产周转率反映的是全部流动资产的利用效率，是衡量企业一定时期内（通常是一年）流动资产周转速度的快慢及利用效率的综合性指标。

流动资产周转速度快，会相对节约流动资产，等于相对扩大资产投入，增强企业盈利能力；而周转速度延缓，需要补充流动资产参加周转，形成资金浪费，降低企业盈利能力。

（二）计算方法

流动资产周转率的计算公式为

$$流动资产周转率=\frac{营业收入}{流动资产平均余额}$$

其中，流动资产平均余额=（期初流动资产+期末流动资产）/2

分析评价企业流动资产周转速度还可用流动资产周转期，它是指流动资产周转一次需要的时间。其计算公式为

$$流动资产周转天数=\frac{360}{流动资产周转率}$$

（三）举例

【例 9.2】根据 FL 公司 2019 年与 2020 年两个年度的财务报表，进行流动资产周转率的计算分析，计算结果见表 9-3。

表 9-3　FL 公司流动资产周转速度计算表

项目	2019 年	2020 年
营业收入（百万元）	333 757. 67	374 491. 45
期初流动资产总额（百万元）	350 554. 48	356 824. 13
期末流动资产总额（百万元）	356 824. 13	360 703. 95
平均流动资产总额（百万元）	353 689. 31	358 764. 04
流动资产周转率（次）	0. 94	1. 04
流动资产周转天数（天）	382. 98	346. 15

从表 9-3 可以看出，FL 公司 2020 年的流动资产周转率为 1. 04 次，流动资产周转天数为 346. 15 天。与 2019 年相比，周转率提高了 0. 1 次，而周转天数减少了 36. 83 天，这说明 FL 公司的流动资产营运能力略有提高。

选择与 FL 公司同行业且经营业务相似的阳光照明、欧普照明和雪莱特进行对比分析，对比的时间区间选择 2016—2020 年五个年度。对比情况见图 9-2。

通过图 9-2 所示的对比分析可以看出，

第一，在四家企业中，欧普照明的流动资产周转最快，但 5 年中流动资产周转率都波动较大，显示出欧普照明的流动资产运营效率比其他三家企业较高。

第二，在 2018—2020 年，有家企业的流动资产周转率都出现了下滑，这可能跟本行业的整体性波动或受疫情影响有关系。

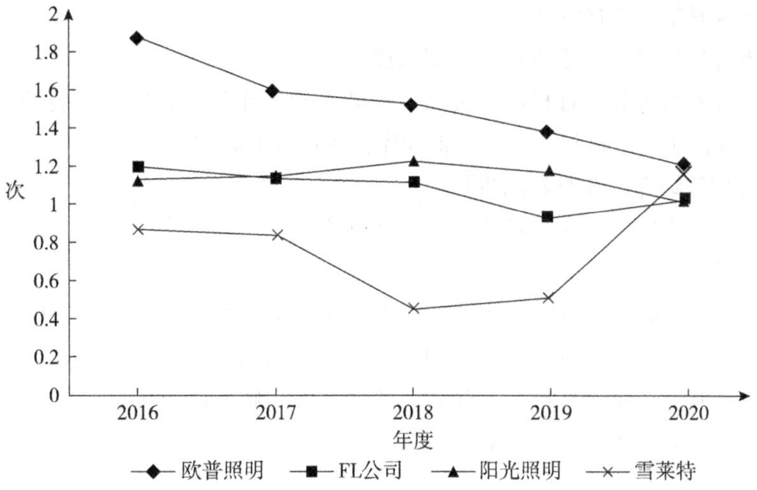

图 9-2　FL 公司流动资产周转率的对比分析

第三，雪莱特公司从 2017—2019 年，流动资产管理效率出现了明显的下滑，这是由于企业经营不善造成的，与之前指标分析得出结果一致，2019—2020 年，企业流动资产周转率逐渐改善。

（四）流动资产周转率分析需要注意的问题

1. 需要注意行业特征的影响

与总资产周转率一样，不同行业的流动资产周转率也存在差异，所以，需要结合行业特点进行全面分析。

2. 对流动资产周转额的分析

流动资产实现销售的能力，即周转额的大小。在一定时期内，流动资产周转速度越快，表明其实现的周转额越多，对财务目标的贡献程度越大。

3. 分析流动资产投资的节约与浪费情况

流动资产占用额与流动资产周转速度有着密切的制约关系。在销售额既定的条件下，流动资产周转速度越快，流动资产的占用额就越少，就会相对节约流动资产，相当于扩大企业资产投入，增强了企业的盈利能力；反之，若流动资产周转速度慢，为维持正常经营，企业必须不断补充流动资产，投入更多的资源，资产使用效率低，也降低了企业的盈利能力。

4. 加速流动资产周转的基本途径

从流动资产周转率的计算公式可见，企业加速流动资产周转，必须从增加产品营业收入和降低流动资产占用额两个方面努力。在增加营业收入方面，企业要加强市场调查和预测，根据市场需要，开发适销对路的产品，并根据市场变化情况，及时调整产品结构。还要强化销售工作，采取有效的销售策略开拓市场，提高市场占有率，加快销售过程。

在降低流动资产占用额方面，基本途径如下：

（1）加强定额管理，制定和贯彻先进合理的消耗定额和储备定额，降低材料、能源等消耗量，降低各项存货的储备量。

（2）努力降低材料采购成本和产品制造成本。

（3）采取技术措施和管理措施，提高生产效率和工作效率，缩短周转期，包括生产周期，存货的供应、在途、验收、整理准备和库存等环节的时间。

（4）加快货款结算，及时收回货款。

（5）定期清仓查库，及时处理积压产品和物资。

（6）避免过量存款。

在分析、了解企业流动资产总体周转情况的基础上，为了对流动资产的周转状况做出更加详尽的分析，并进一步揭示影响流动资产周转速度变化的影响因素，还必须对流动资产中的主要构成项目，如应收账款、存货、现金等的周转率进行分析，以增强对企业经营效率的分析，并查明流动资产周转率升降的原因所在。

二、应收账款周转率

（一）定义

应收账款周转率是指企业一定时期（通常是一年）营业收入与应收账款平均余额的比率。

应收账款是企业购销活动中所发生的债权；应收账款周转率是衡量应收账款流动程度和管理效率的指标；应收账款构成流动资产中的一个重要项目。

（二）计算方法

应收账款周转率的计算公式为

$$\text{应收账款周转率}=\frac{\text{营业收入}}{\text{应收账款平均余额}}$$

公式中的“营业收入”数据来自利润表，“平均应收账款”是指因销售商品、提供劳务等而应向购货单位或接受劳务单位收取的款项平均数，它是资产负债表中“应收账款”的期初、期末金额的平均数。

应收账款周转速度也可用应收账款周转期来表示，计算公式为

$$\text{应收账款周转期（天数）}=\frac{360}{\text{应收账款周转次数}}$$

（三）举例

【例 9.3】根据 FL 公司 2019 年与 2020 年两个年度的财务报表，进行应收账款周转率的计算分析，计算结果见表 9-4。

表 9-4　FL 公司应收账款周转率计算表

项目	2019 年	2020 年
营业收入（万元）	333 757. 67	374 491. 45

续表

项目	2019 年	2020 年
期初应收账款（万元）	83 442.06	71 217.53
期末应收账款（万元）	71 217.53	113 423.32
平均应收账款（万元）	134 036.79	111 829.81
应收账款周转率（次）	4.31	4.06
应收账款周转天数（天）	83.53	88.75

从表 9-4 可以看出，FL 公司 2020 年的应收账款周转率为 4.06 次，应收账款周转天数为 88.75 天，比 2011 年的数据取值稍有下降。查阅其所在电子元器件制造行业的平均应收账款周转率，2019 年为 2.7 次，2020 年同为 2.7 次，所以，基本可以判断 FL 公司的应收账款管理水平在整体行业中较高。

选择 FL 公司与同行业且经营业务相似的阳光照明、欧普照明和雪莱特进行对比分析，对比的时间区间选择 2016—2020 年五个年度。对比情况见图 9-3。

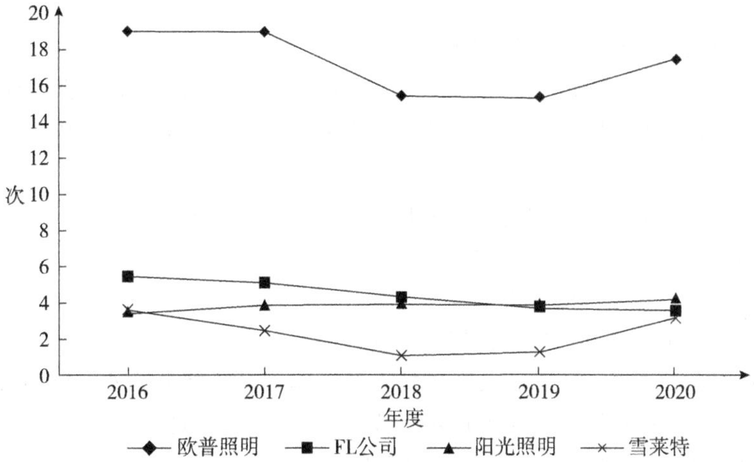

图 9-3　FL 公司应收账款周转率的对比分析

根据图 9-3 对四家公司应收账款管理的对比分析，可以发现，四家公司之间的差距是比较明显的，其中，欧普照明的应收账款周转率是最高的，特别是在 2017 年，在其他三家公司该指标都出现下滑的形势下，FL 公司的应收账款周转率虽然有所下滑，但依然保持较大的优势。这说明这几年时期内欧普照明的应收账款周转比较快，占用资金量相对比较少。

（四）应收账款周转率分析应注意的问题

1. 需要注意分析企业所在行业的特点

不同行业不同时期的应收账款周转率呈现出不同的特点。表 9-5 列示了一些行业在 2018—2020 年的应收账款周转率。

表 9-5　部分行业上市公司的应收账款周转率　　单位：%

行业	2018 年	2019 年	2020 年
电力、煤气以及水等公共事业	6.6	9.1	7.0
电子元器件制造业	1.8	2.7	2.7
房地产开发与经营业	5.5	5.5	5.7
批发与零售业	7.5	8.2	10.1

根据表 9-5 的对比分析，可以发现，批发与零售行业和房地产开发与经营业的应收账款周转率是非常高的，这跟这些行业独特的信用政策是有关系的。银行与金融服务业的应收账款周转率的波动性比较大。

2. 应收账款周转率高说明的问题

应收账款周转率反映了企业应收账款变现速度的快慢及管理效率的高低。应收账款周转率高表明：①企业收账迅速，账龄期限相对较短；②资产流动性大，短期偿债能力强；③可以减少收账费用和坏账损失，从而相对增加企业流动资产的投资收益；④借助应收账款周转天数与企业信用期限的比较，可以更好地评价客户的信用程度及企业原定信用条件的合理性。

3. 影响应收账款周转率的主要因素

一般来说，应收账款周转率越高，平均收现期越短，说明应收账款的收回越快；否则，企业的营运资金会过多地呆滞在应收账款上，影响资金的正常周转。影响该指标正常计算的因素如下：

（1）季节性经营的企业使用这个指标时不能反映实际情况。

（2）大量使用分期收款结算方式。

（3）大量使用现金结算的销售。

（4）年末销售大量增加或年末销售大幅度减少。

这些因素都会对该指标计算结果产生较大的影响。财务报表的外部使用人可以将计算出的指标与该企业前期指标、行业平均水平或其他类似企业的指标相比较，判断该指标的高低，但仅根据指标的高低分析不出上述各种原因。

4. 可以进一步分析期末应收账款占年度赊销金额的天数

期末应收账款占年度赊销金额的天数表明企业有多少天的销货金额的资金滞留在应收账款上，其计算公式：

$$\text{期末应收账款占年度赊销金额的天数}=\frac{\text{计算期天数}\times\text{期末应收账款余额}}{\text{赊销金额}}=\frac{\text{期末应收账款余额}}{\text{日赊销金额}}$$

该指标说明了期末应收账款的期间长度。账龄越短，期末应收账款占年度赊销金额的天数越少，这些都说明企业应收账款变现的速度加快，在应收账款管理上的效率较高，从而能使企业降低坏账损失和催收应收账款的费用。

如果销售具有季节性，或企业采用自然营业年度，那么这个指标可能不反映实际情况。如果公司采用自然营运年度作为会计期间，期末应收账款占年度赊销金额的天数就会被低估，因为年底的每日销货额通常会低于全年日平均销售额。

假设期末应收账款占年度赊销金额的天数的偏差并非是季节性经营和自然营业年度影响的结果，一般有以下几种情况会使该指标偏高：①大量的销售集中在年底；②应收账款无法收回，而且应当冲销；③企业按销售季节发账单；④大多数应收账款为应收分期账款。

假设偏差并非是季节性经营和自然经营年度影响的结果，一般有以下几种情况会使该指标偏低：①年末销货额大量减少；②大量的现金销货；③企业在年末卖出大量应收账款。

在进行外部分析时，如果没有掌握内部信息就不能分析出该指标异常的原因。

5. 应收账款周转率与盈利能力、偿债能力的关系

企业的获利能力、偿债能力与应收账款的回收情况有直接的关系。如果企业的账款回收期延长，说明企业的获利能力和偿债能力都降低，这可能是企业信用政策过宽造成的，也可能是收账不力或是坏账过多的原因，要具体分析。如果企业账款回收期延长，利润却没有增长，可能是企业经营形势恶化的信号，即企业为了保住客户，不得不给予延长付款期的优待，说明企业产品的竞争力下降，也可能是宏观经济形势恶化或相关产业衰退，客户产生支付困难的结果。这两种情况都使企业的处境恶化，应及时采取应变措施。如账款回收期缩短，则表明企业加强了应收账款的管理，或者是企业借助于金融机构进行短期融资的结果，如进行信用抵押融资。这些活动都体现了企业经营管理能力的高低。

6. 加强应收账款管理的可选措施

企业加强应收账款的管理，要从以下几个方面入手：

（1）选择资信状况良好的销售客户，这是降低坏账损失，提高收款及时性的基础。

（2）选择适宜的结算方式，一般来说，风险比较小，金额有保证的结算方式有预收货款销售、银行汇票结算方式、银行本票结算方式、汇兑结算方式、支票结算方式；风险比较大的结算方式有委托收款结算方式分期付款结算方式等。

（3）制定合理的信用政策，一是要确定信用标准，即哪些信用等级的企业可以允许其赊销；二是确定信用期限，即正常情况下客户必须付清货款的时间限制；三是现金折扣标准，即多少购买金额时给予多少现金折扣。

（4）加强应收账款的日常管理，包括登记、提醒、催收等日常工作。

三、存货周转率分析

（一）定义

存货周转率，是企业一定时期（通常是一年）的销售成本与平均存货的比率。通过存货周转率的计算与分析，可以测定企业一定时期内存货资产的周转速度，是反映企业购、产、销平衡效率的一种尺度。

一般来讲，一定时期内，企业的存货周转率越高，周转次数越多，表明企业存货回收速度越快，企业的经营管理效率越高。存货周转率快，表示存货量适度，存货积压和价值损失的风险相对降低，存货所占资金使用效益高，企业变现能力和经营能力强。

（二）计算方式

存货周转率的计算公式为

$$存货周转率=\frac{营业成本}{平均存货余额}$$

公式中的营业成本数据来自利润表。平均存货余额来自资产负债表“期初存货”与“期末存货”的平均数，公式为

$$平均存货余额=\frac{期初存货余额+期末存货余额}{2}$$

分析存货周转速度，也可采用周转天数来表示，即存货周转一次所需要的天数。其计算公式为

$$存货周转天数=\frac{360}{存货周转率}$$

（三）举例

【例 9.4】根据 FL 公司 2019 年与 2020 年两个年度的财务报表，进行存货周转率的计算分析，计算结果见表 9-6。

从表 9-6 可以看出，2020 年，FL 公司的存货周转率为 4.36 次，存货周转天数为 82.48 天，比 2019 年有所下降，说明 FL 公司的存货管理效率有所下降，存货周转变慢了。

表 9-6 FL 公司存货周转率计算表

项目	2019 年	2020 年
营业成本（万元）	256 051.31	299 627.39
期初存货余额（万元）	76 731.96	63 733.66
期末存货余额（万元）	63 733.66	73 568.51
平均存货余额（万元）	70 232.81	68 651.085
存货周转率（次）	3.65	4.36
存货周转天数（天）	98.75	82.48

查阅电子元器件制造行业的平均存货周转率，2019 年为 1.5 次，2020 年为 1.6 次，说明 FL 公司在其行业中，存货管理效率基本处于行业较高水平。

选择与 FL 公司同行业且经营业务相似的阳光照明、欧普照明和雪莱特进行对比分析，对比的时间区间选择 2016—2020 年五个年度。对比情况见图 9-4。

根据图 9-4 的对比分析，可以发现：

第一，2016—2020 年，FL 公司的存货周转率较为稳定，并在 2020 年有较大的增长。

第二，在四个企业中，FL 公司的存货周转率处于第三位，但是与第一位欧普照明的差距比较大，特别是在 2016—2017 年，随后欧普照明的存货周转率也有所下降。

（四）存货周转率分析应该注意的问题

1. 存货周转率分析的重要意义

存货是流动资产乃至总资产中最重要的组成部分之一，它不仅金额比重大，而且增值

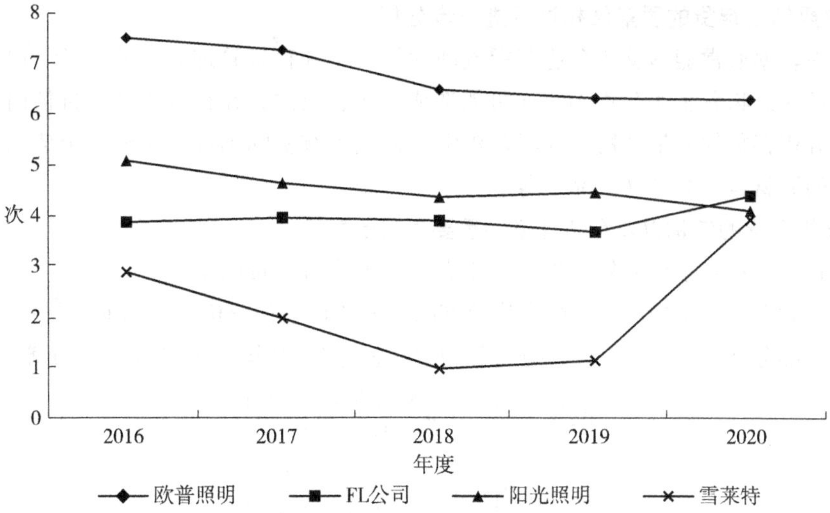

图 9-4　FL 公司存货周转率的对比分析

能力强。因此，存货周转速度的快慢，不仅反映出企业采购、储存、生产销售各环节管理工作状况的好坏，而且对企业的偿债能力及获利能力产生决定性的影响，是对流动资产周转率的补充说明。

一般来讲，一定时期内，企业的存货周转率越高，周转次数越多，表明企业存货回收速度越快，企业的经营管理效率越高，资产流动性越强，则企业的利润率越高；反之，则表明企业存货的管理效率较低，存货周转速度慢，存货占用资金较多，企业的利润率较低。

存货周转率分析，有利于企业从不同的角度、环节上找出存货管理存在的问题，使存货管理在保证生产经营连续性的同时，尽可能降低资金占用水平，提高存货投资的变现能力和获利能力。

2. 需要注意区分不同行业的特点

不同行业的存货周转率会呈现出不同的特点。存货周转率与企业生产经营周期有关。生产经营周期短，表示无须储备大量存货，故其存货周转率就会相对提高。因此在评价存货周转率时，应考虑各行业的生产经营特点。几个行业的存货周转率对比见表 9-7。

表 9-7　部分行业上市公司的存货周转率　　单位：次

行业	2018 年	2019 年	2020 年
电力、煤气以及水等公共事业	13.1	13.3	11.8
电子元器件制造业	1.7	1.5	1.6
房地产开发与经营业	0.5	0.6	0.7
批发与零售业	8.1	9.4	13.2

从表 9-7 的数据可以看出，2018—2020 年，电力、煤气及水等公共事业的存货周转率较高也比较稳定，而受政策及市场环境影响较大的房地产开发与经营业，其存货周转率较低。

3. 需要结合存货的质量结构进行进一步分析

存货周转率通常能够反映企业存货流动性的大小和存货管理效率的高低，但存货周转率过高也可能意味着企业存货不足而可能造成脱销；反之，在存货周转率过低时，企业应当进一步分析存货的质量结构，弄清存货中是否包含有实际远远低于账面价值的即将报废或已损坏的原材料、商品（产品）等。

4. 分析存货的结构以及存货速度的重要项目的影响

企业管理者和有条件的外部报表使用者，除了分析批量因素、季节性生产的变化等情况外，还应对存货的结构以及影响存货速度的重要项目进行分析，分别就原材料、在产品、产成品三个部分计算周转率，借以分析各构成对整个存货周转率的影响。其计算公式为

$$原材料周转率=\frac{耗用原材料成本}{平均原材料成本}$$

$$在产品周转率=\frac{制造成本}{平均在产品成本}$$

$$产成品周转率=\frac{产品销售成本}{平均产成品成本}$$

5. 与企业的盈利能力分析相结合

在其他条件不变的前提下，存货周转越快，所实现的周转额也就越大，利润数额和水平相应也就越高，所以该指标也可以用来衡量企业的获利能力，当然也可以作为分析偿债能力的辅助指标。

6. 注意分析存货计价方法的影响

企业采用不同的存货计价方法，将影响存货周转率的高低。如采用先进先出法对存货进行计价，当存货周转速度慢于通货膨胀的速度时，存货成本不能准确地反映其现时成本，从而降低存货价值，导致低估企业的短期偿债能力。因此，在计算和分析时应保持口径一致。当存货计价方法变动时，应对此加以说明，并计算这一变动对周转率的影响。

7. 存货批量的影响

存货批量的不同也会影响存货周转率。当存货批量很小时，存货可以很快地转换，因而存货周转率较高；当存货批量过小，甚至低于安全储备量时，会导致经常性的缺货，影响企业的正常生产经营。

8. 企业生产经营活动的季节性影响

如果企业的生产经营活动具有很强的季节性，则年度内各季度的销售或成本与存货都会有较大幅度的波动，仅仅用年初和年末余额简单计算存货平均占用额，显然是不客观的。因此，为了客观反映企业的营运状况，平均存货应该按月份或季度余额来计算，先求出各月份或各季度的平均存货，然后计算全年的平均存货。

9. 存货周转率恶化的可能原因

如果企业的存货周转率恶化，则可能由以下因素引起：

（1）低效率的存货控制与管理导致存货的购买过度。

（2）低效率的生产导致存货缓慢地转换生产。

（3）存货冷背、需求疲软或者难以出售，甚至丧失交换价值，导致库存积压。

（4）企业可能存在不适当的营销政策，如对信用政策控制过严而导致销路不畅。

四、营业周期与现金周期

（一）定义

营业周期（Operational Cycle，OC）是指从取得存货开始到销售存货并收回现金为止的这一段时间。一般情况下，营业周期越短，说明资金周转速度越快；营业周期越长，说明资金周转速度越慢。决定营业周期长短的主要因素是存货周转天数、应收账款周转天数以及应付账款支付期。

现金周期（Cash Cycle）则是指从支付购货款，到销售存货并取得货款的一种周期。

营业周期和现金周期从动态方面反映了企业资产的流动性，是对一个企业营运资本管理效率的综合反映指标。

（二）计算方法

营业周期的计算公式：营业周期=存货周转天数+应收账款周转天数

现金周期的计算公式：现金周期=营业周期-应付账款支付期

其中，

$$应付账款支付期=\frac{360}{应付账款周转率}$$

$$应付账款周转率=\frac{本期存货采购}{平均应付账款余额}=\frac{营业成本+期末存货-期初存货}{\frac{(期初应付账款+期末应付账款)}{2}}$$

（三）举例

【例 9.5】根据 FL 公司 2019 年与 2020 年两个年度的财务报表，进行营业周期的计算分析，计算结果见表 9-8。

表 9-8 FL 公司营业周期计算表 单位：天

项目	2019 年	2020 年
应收账款周转天数	83.41	88.75
存货周转天数	98.74	82.48
应付账款支付期	80.84	94.15
营业周期	182.15	171.23
现金周期	101.31	77.08

从表 9-8 可以看出，2020 年，FL 公司的营业周期比 2019 年下降了 10.92 天，现金周期则下降了 24.23 天，说明从综合来看，FL 公司的营运资本管理效率是提高的。分析其原因，主要是应付账款支付期提高了 13.31 天。另外，存货周转天数的增长天数也比较多。

选择与 FL 公司同行业且经营业务相似的阳光照明、欧普照明和雪莱特进行营业周期和现金周期的对比分析，对比的时间区间选择 2016—2020 年五个年度。对比情况见图 9-5 与图 9-6。

根据图 9-5 和图 9-6，可以发现：

第一，2016—2020 年，FL 公司的营业周期和现金周期基本是比较稳定的，雪莱特的两个指标则出现了较大幅度的波动。

第二，在上述四个企业中，欧普照明的营业周期和现金周期表现最好，说明该公司运营资本管理的综合效果还是良好的，四个企业中，雪莱特的两个指标表现最差。

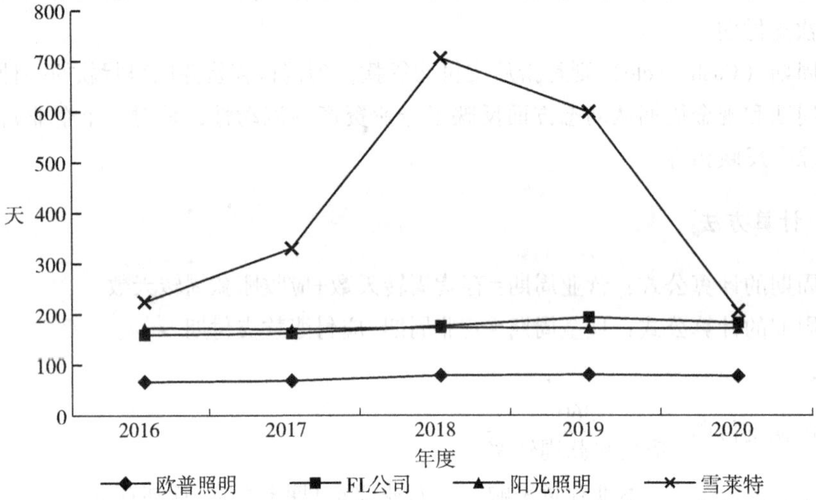

图 9-5　FL 公司营业周期的对比分析

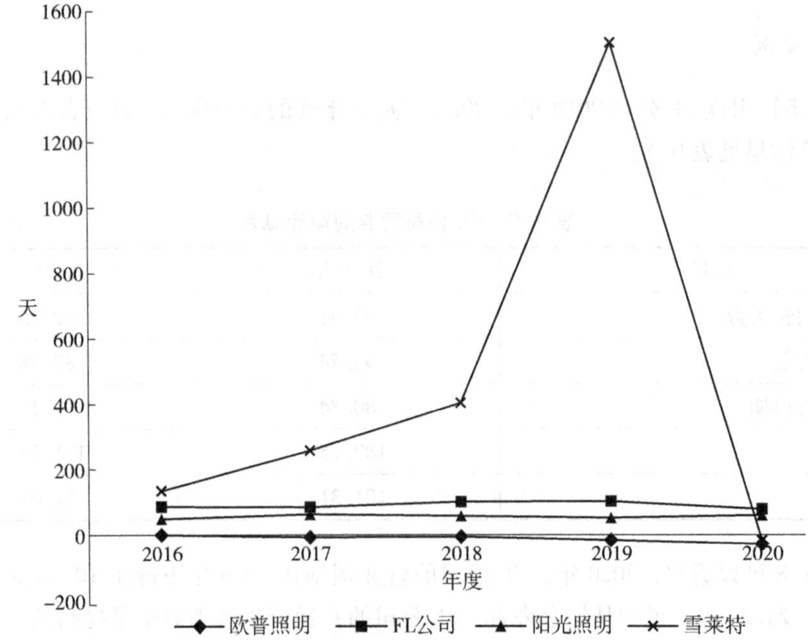

图 9-6　FL 公司现金周期的对比分析

第四节 固定资产运营效率分析

一、固定资产周转率的计算与分析

（一）定义

固定资产周转率，也称固定资产利用率，是企业营业收入与固定资产平均占用额之比。它反映企业固定资产周转的快慢、变现能力和有效利用程度。

（二）计算方法

固定资产周转率的计算公式为

$$固定资产周转率=\frac{营业收入}{平均固定资产}$$

固定资产周转率也可以用周转天数表示，其计算公式为

$$固定资产周转天数=\frac{360}{固定资产周转次数}$$

一般情况下，固定资产周转率越高越好，该指标高，说明企业固定资产投资得当，固定资产结构分布合理，能够较充分地发挥固定资产的使用效率，企业的经营活动越有效，闲置的固定资产越少；反之，表明固定资产使用效率不高，提高的生产经营成果不多，企业的营运能力较差。

（三）举例

【例 9.6】根据 FL 公司 2019 年与 2020 年两个年度的财务报表，进行固定资产周转率的计算分析，计算结果见表 9-9。

表 9-9 FL 公司固定资产周转率计算表

项目	2019 年	2020 年
营业收入（万元）	333 757. 67	374 491. 45
期初固定资产（万元）	51 210. 69	62 983. 21
期末固定资产（万元）	62 983. 21	68 570. 75
平均固定资产（万元）	57 096. 95	65 776. 98
固定资产周转率（次）	5. 85	5. 69
固定资产周转天数（天）	61. 59	63. 239

从表 9-9 可以看出，2020 年，FL 公司的固定资产周转率比 2019 年下降了 0. 15 次，固定资产周转天数则相应的增加了 1. 65 天，说明 FL 公司的固定资产运营效率基本保持稳定。

选择与 FL 公司同行业且经营业务相似的阳光照明、欧普照明和雪莱特进行固定资产周

转率的对比分析，对比的时间区间选择 2016—2020 年五个年度。对比情况见图 9-7。

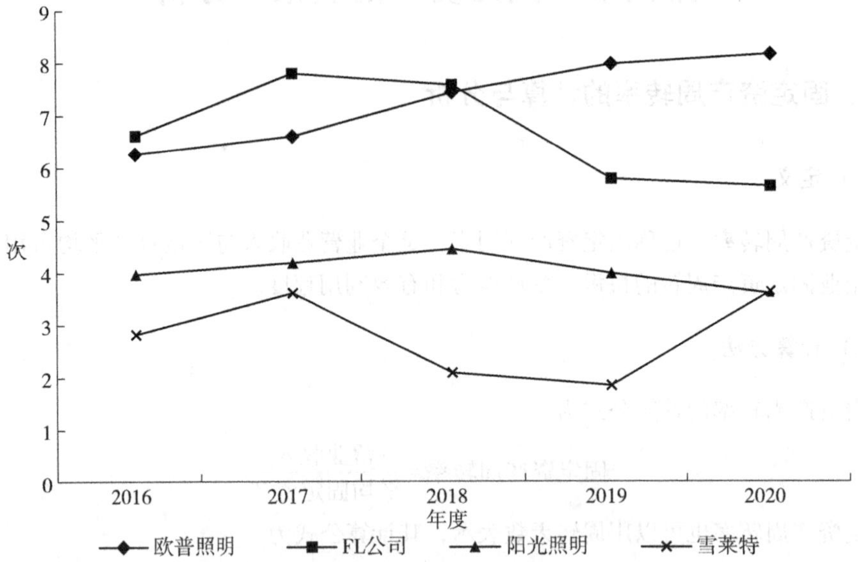

图 9-7　FL 公司固定资产周转率的对比分析

根据图 9-7，可以发现：

第一，2016—2020 年，FL 公司的固定资产周转率的趋势是逐年降低，说明 FL 公司的固定资产运营效率逐年下降。其余三家公司中，阳光照明的固定资产周转率同样呈现逐年下降的趋势，欧普照明则逐年增长，而雪莱特始终处于落后地位，特别是在 2018 年和 2019 年，其固定资产周转率达到最低。

第二，在上述四个企业中，FL 公司的营业周期和现金周期基本处于中间位置，说明 FL 公司运营资本管理的综合效果是良好的。四个企业中，雪莱特的固定资产周转率是最低的，而欧普照明的固定资产周转率是最高的。

二、固定资产周转率分析应该注意的问题

（一）不同行业的固定资产周转率呈现出不同的特点

通常情况下，零售商业的固定资产周转率速度较快，但是，即使两家企业同属商业企业，如果经营模式存在很大差异，也会导致这两家企业的固定资产周转率存在较大差异；另外，飞机场等固定资产规模很大的企业，则一般具有比较低的固定资产周转率。一般的制造业的固定资产周转率一般为 5~10 次，房地产行业的固定资产规模相对较小，所以有较高的固定资产周转率。

（二）注意折旧方法与折旧年限的不同

企业固定资产所采用的折旧方法和折旧年限的不同，会导致不同的固定资产账面净值，也会对固定资产周转率的计算产生重要影响，造成指标的人为差异。

在固定资产周转率公式中，分母的固定资产平均占用额可按固定资产原值或净值计算，目前有两种观点：一种观点主张采用固定资产原值计算，理由是，固定资产生产能力并非随着其价值的逐步转移而相应降低，比如，一种设备在其全新时期和半新时期往往具有同样的生产能力；再者，用原值，便于企业不同时间或与不同企业进行比较，如果采用净值计算，则失去可比性。另一种观点主张采用固定资产净值计算，理由是固定资产原值并非一直全部都被企业占有着，其价值中的磨损部分已逐步通过折旧收回，只有采用净值计算，才能真正反映一定时期内企业实际占用的固定资金。一般应按固定资产原值的平均余额计算，否则会因所采用的折旧方法或折旧年限的不同而产生认为的差异，导致该指标缺乏可比性。若采用固定资产平均值计算时，一般适宜自身纵向比较；如果与其他单位横向比较，则要注意两个企业的折旧方法是否一致。本书采用固定资产净值计算固定资产平均占用额。

（三）考虑企业运营之外因素的影响

企业的固定资产一般采用历史成本法记账，因此在企业的固定资产、销售情况都并未发生变化的条件下，也可能由于通货膨胀导致物价上涨等因素而营业收入虚增，导致固定资产周转率的提高，而实际上企业的固定资产效能并未增加。

（四）固定资产周转推动流动资产周转带来经济效益

严格地讲，企业的营业收入并不是由固定资产的周转价值带来的。企业的营业收入只能直接来自流动资产的周转，而且固定资产要完成一次周转必须经过整个折旧周期，因此，如果用营业收入除以固定资产平均占用额来反映固定资产的周转速度具有很大的缺陷，即它并非固定资产的实际周转速度。但如果从固定资产对推动流动资产周转速度和周转额的作用来看，固定资产又与企业的营业收入有着必然的联系，即流动资产规模、周转额的大小及周转速度的快慢在很大程度上决定于固定资产的生产能力及利用效率。

（五）考虑固定资产的突然变化

一般而言，固定资产的增加不是渐进的，而是突然上升的，这会导致固定资产周转率的变化。

（六）考虑固定资产不同来源的影响

在进行固定资产周转率比较时，固定资产的不同来源将对该比率的大小产生重要影响。如果一家公司的厂房或生产设备是通过经营性租赁得来的，而另一家公司的固定资产全部是自有的，那么对这两家的固定资产周转率进行比较就会产生误导。评价不同公司的固定资产周转率时，可以选择资产结构类似的公司进行比较或同公司本身的历史数据来比较，这样才有意义。

基于上述分析，在对固定资产营运能力进行分析时，必须充分结合流动资产的投资规模、周转额、周转速度才更有价值。固定资产周转率反映出既定质量的固定资产通过对流动资产价值转换规模与转换速率的作用而对营业收入实现所做出的贡献。公式为

$$固定资产周转率=\frac{流动资产平均占用额}{固定资产平均占用额}\times 流动资产周转率$$

一般而言，固定资产的质量与使用效率越高，其推动流动资产运行的有效规模与周转率就越大、越快，实现的周转额也就越多。因此，在不断提高流动资产自身营运能力的同时，如何卓有成效地提高固定资产的质量提高固定资产的质量与使用效率，并以相对节约的固定资产投资推动尽可能多的流动资产规模，加速流动资产价值的转换速率，从而实现更多的营业收入，成为固定资产营运效率分析评价工作的重要内容。

本章小结

1. 企业营运能力分析的目的主要有评价企业资产的流动性、评价企业资产利用的效益以及挖掘企业资产利用的潜力。

2. 评价企业总资产营运能力的财务指标为总资产周转率，评价营运资产运营效率的财务指标主要有流动资产周转率、应收账款周转率、存货周转率、营业周期以及现金周期；评价企业固定资产运营效率的指标主要为固定资产周转率。

本章习题

1. 简述企业营运能力分析的主要目的。
2. 简述营业周期以及现金周期与其他营运能力评价指标之间的关系。
3. 简述固定资产周转率与流动资产周转率的关系。
4. 查找一家上市公司的相关财务资料，对其运营能力进行系统分析。

第十章　财务综合分析

学习目标

1. 了解财务综合分析的目的和特点。
2. 掌握杜邦分析体系的指标分解与因素分析。
3. 熟悉杜邦分析体系的应用要点。
4. 了解帕利普财务分析体系。
5. 掌握沃尔评分法的应用方法。
6. 了解雷达图分析法。
7. 掌握上市公司的财务综合分析指标的计算和应用。

第一节　财务综合分析的目的与内容

前面已经介绍过从各个方面进行财务分析的方法，虽然可以了解企业各方面的财务状况，但是不能反映企业各方面财务状况之间的关系，无法揭示企业各种财务比率之间的相互关系。实际上，企业的财务状况是一个完整的系统，内部各因素是相互依存、相互作用的，任何一个因素的变动都会引起企业整体财务状况的改变。财务分析者必须深入了解企业财务状况内部的各项因素及其相互关系，才能较全面地提示企业财务状况的全貌。

财务综合分析就是将各项财务分析指标作为整体，系统、全面地对企业财务状况和经营情况进行剖析、解释和评价的一项综合经济管理工作。业绩评价就是指在综合分析的基础上，运用业绩评价方法对企业财务状况和经营成果所做的综合结论。

一、综合分析评价的目的

（1）明确企业财务活动与经营活动的相互关系，找出影响企业发展的“瓶颈”所在。
（2）全面评价企业财务状况及经营业绩，明确企业的经营水平、位置和发展方向。
（3）为企业利益相关者进行投资决策提供参考。
（4）为完善企业财务管理和经营管理提供依据。

二、综合财务分析的特点

（一）财务分析指标要素真实、齐全、适当

各单项财务指标及其各指标要素要真实、全面、适当，所设置的评价指标必须能够涵盖盈利能力、偿债能力和营运能力等诸方面总体分析的需要。

（二）财务分析各主辅指标功能应相互协调匹配

财务分析指标众多，因此综合分析时一定要抓住主要指标；同时在利用主辅指标时，还应特别注意主辅指标间的本质联系和层次关系。

（三）满足企业利害各方的不同财务信息需要

进行综合财务分析要能够尽量满足企业利害关系各方的不同财务信息要求，切不可从企业内部管理的角度或者投资者、债权人或国家宏观监管等某一方面的要求进行、做出判断，这样容易片面、不准确，要从多角度、多层次进行综合评价和分析。

三、综合分析和业绩评价的内容

（一）财务目标与财务环节相互关联综合分析评价

企业的财务目标是资本增值最大化，反映在指标上可以采用净资产收益率来表示，而要实现这一目标，必须依靠企业的投资、筹资以及运营三项经营活动的综合进行才能实现。

（二）企业经营业绩综合分析评价

尽管上述综合分析评价的评价可以克服单一指标的缺陷，但是由于没能用某一单项计量手段对相互关联指标以综合评价，因此往往难以得出公司经营改善与否的定量结论。因此，本书采用综合指数评价法和综合评分法对各项重要财务指标进行量化分析。

第二节　杜邦财务分析体系

一、杜邦财务分析体系概述

杜邦财务分析体系立一套系列相关的财务指标的综合模型，从投资者对企业要求的最终目标出发，经过层层指标分解，从而能系统地分析了解影响企业最终财务目标实现的各项因素的影响作用。又称杜邦分析法（Du Pont Analysis Method），是由美国杜邦公司于1910年首先设立并采用的。该方法利用各主要财务比率之间的内在联系来综合分析企业财务状况。

杜邦财务分析体系的内容可用杜邦财务分析图来表示，见图10-1。

杜邦财务分析体系主要反映以下财务比率之间的关系：

（一）净资产收益率与资产净利率及权益乘数之间的关系

基于净资产收益率的定义，杜邦财务分体系首先进行如下变形：

$$净资产收益率=\frac{净利润}{平均净资产}$$

$$=\frac{净利润}{平均净资产}\times\frac{平均总资产}{平均总资产}$$

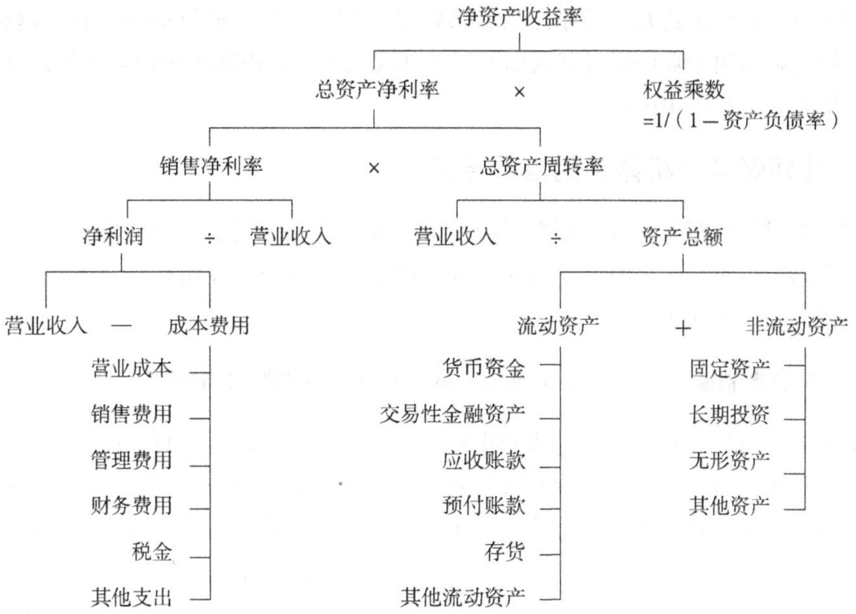

图 10-1 杜邦财务分析体系图

$$=\frac{净利润}{平均总资产}\times\frac{平均总资产}{平均净资产}$$

$$=资产净利率\times权益乘数$$

即得到了净资产收益率与资产净利率以及权益乘数之间的关系，这也是净资产收益率这个核心财务指标与企业的盈利能力（基于总资产的盈利能力指标）和偿债能力（或财务杠杆）之间的关系。

（二）资产净利率与销售净利率及资产周转率之间的关系

基于资产净利率的定义，杜邦财务分体系进行如下变形：

$$资产净利率=\frac{净利润}{平均总资产}$$

$$=\frac{净利润}{平均总资产}\times\frac{销售收入}{销售收入}$$

$$=\frac{净利润}{销售收入}\times\frac{销售收入}{平均总资产}$$

$$=销售净利率\times总资产周转率$$

即得到了资产净利率与销售净利率以及总资产周转率之间的关系，这也是资产净利率这个核心盈利能力指标与基于销售的盈利能力指标和资产运营能力之间的关系。

（三）净资产收益率与企业盈利能力、偿债能力以及运营能力之间的关系

综合上述两个关系式，可以得到如下的综合关系式：

$$净资产收益率=销售净利率\times总资产周转率\times权益乘数$$

杜邦系统在揭示上述几种关系之后，再将净利润、总资产进行层层分解，这样就可以全面、系统地揭示出企业的财务状况以及财务状况这个系统内部各个因素之间的相互关系。具体的分解指标参见图 10-1。

二、杜邦财务分析体系的应用要点

利用杜邦财务分析方法可以帮助了解和分析企业的获利能力、营运能力、资产的使用状况、负债情况、利润的来源以及这些指标增减变动的原因。在用杜邦分析法进行综合分析时，需要抓住以下几个要点：

（一）权益报酬率是一个综合性最强、最具有代表性的财务分析指标

投资者最关心的是自己每一元钱的投资，经过企业经营之后，每年能带来多少钱的收益。而权益报酬率恰好可反映企业所有者投入资本的获利能力，说明企业筹资、投资、资产营运等各项财务及其管理活动的效率，所以不断提高权益报酬率是使所有者收益最大化的基本保证。从杜邦分析图可以看到，企业获利能力的驱动器有三个发动机：销售净利率、资产周转率和权益乘数。而销售净利率取决于企业的经营管理；资产周转率取决于投资管理；权益乘数取决于筹资政策。通过对这三个比率的分析，就可以将权益报酬率这一综合指标发生升降变化的原因具体化，比只用一项综合指标更能说明问题。

（二）权益乘数反映了企业筹资情况，即企业资金来源结构如何

权益乘数主要是受资产负债率指标的影响。负债比率越大，权益乘数就越高，说明企业的负债程度比较高。企业在利用别人的“鸡”给自己生了较多的“蛋”的同时，也带来了较大的财务风险。反之，负债比率越小，权益乘数就越小，说明企业的负债程度比较低，意味着企业没能积极地利用“借鸡生蛋”，给自己赚更多的钱，但债权人的权益能得到较大的保障。对权益乘数的分析要联系销售收入分析企业的资产使用是否合理，联系权益结构分析企业的偿债能力。在资产总额不变的条件下，适当开展负债经营，相对减少所有者权益所占的份额，从而达到提高所有者权益报酬率的目的。资讯及时

（三）总资产报酬率也是一个重要的财务比率，综合性也较强

总资产报酬率是销售净利率和资产周转率的乘积，可以反映企业的销售和资产管理情况。对它进行分析，须从销售成果和资产运营两方面着手。

（四）销售净利率反映企业利润与销售收入的关系，其高低能敏感地反映企业经营管理水平的高低

影响销售净利率的主要因素为销售收入与成本费用，因此提高销售净利率有两个主要途径：一是要扩大销售收入；二是要降低成本费用。即所谓的“开源节流”。扩大销售收入既有利于提高销售净利率，又可提高总资产周转率。降低成本费用是提高销售净利率的一个重要因素，又可提高总资产周转率。降低成本费用是提高销售净利率的一个重要因素，也可反映企业对成本费用的管理控制力度。提高销售净利率的另一途径是提高其他利润，

想办法增加其他业务利润，适时适量地进行投资取得收益，千方百计降低营业外支出等。

（五）杜邦分析图可以分析成本费用的基本结构是否合理，还可以分析各项费用对利润的影响程度

可以利用杜邦分析图进行成本费用分析，找出降低成本费用的途径，加强成本费用控制。若企业财务费用支出过高，就要进一步分析其负债比率是否过高；若是管理费用过高，就要进一步分析其资产周转情况等等。杜邦分析对利息费用分析更为重视，因为利息费用与权益乘数存在着密切的关系。如果利息费用高，就应该考虑企业的权益乘数或负债比率是否合理，也就是企业资本结构是否合理，若不合理，就会影响所有者的利益。

（六）资产周转率是反映运用资产以产生销售收入能力的指标

对资产周转率的分析，则须对影响资产周转的各因素进行分析。除了对资产的各构成部分从占用量上是否合理进行分析外，还可以通过流动资产周转率、存货周转率、应收账款周转率等有关各资产组成部分使用效率的分析，以判明影响资产周转的主要问题出在哪里。

（七）杜邦分析图还可以反映流动资产和长期资产的结构状况，用以分析其结果是否合理

一般来说，流动资产直接体现企业的偿债能力和变现能力，而长期资产体现企业的经营规模、发展潜力，两者之间有一个合理的比率关系。无论企业流动资产过多，或固定资产过多，都会影响企业资产的周转速度，从而影响资产的利用效果。同样，流动资产内部也有一个合理比例问题。如果企业持有的货币资金超过业务需要，就会影响企业的盈利能力；如果企业占有过多的存货和应收账款，既会影响获利能力，又会影响偿债能力，则要分析企业是否存在产销不对路、或者生产周期过长、或者收款不力的现象，并进一步找出原因，采取相应的改进措施。

（八）杜邦分析体系为进一步采取具体管理措施指明了方向

杜邦财务分析为决策者优化经营结构和理财结构，提高企业偿债能力和经营效益提供了基本思路，即提高权益报酬率的根本途径在于扩大销售、改善经营结构，节约成本费用开支，优化资源配置，加速资金周转，优化资本结构等。

总之，杜邦分析法以净资产收益率为主线，将企业在某一时期的销售成果以及资产营运状况全面联系在一起，层层分解，逐步深入，构成一个完整的分析体系。它能较好地帮助管理者发现企业财务和经营管理中存在的问题，能够为改善企业经营管理提供十分有价值的信息，因而得到普遍的认同并在实际工作中得到广泛的应用。通过杜邦分析体系自上而下或自下而上的分析，可以看到权益报酬率与企业的资金来源结构、销售状况、成本费用控制、资产管理密切相关，各种因素相互制约、相互影响，构成一个有机系统。

在具体应用杜邦分析法时，可进行纵向比较（即与以前年度对比）和横向比较（即与本行业平均指标或同类企业对比）。

杜邦分析法毕竟是财务分析方法的一种，作为一种综合分析方法，并不排斥其他财务分析方法。相反与其他分析方法结合，不仅可以弥补自身的缺陷和不足，而且也弥补了其他方法的缺点，使得分析结果更完整、更科学。比如以杜邦分析法为基础，结合专项分析方法，进行一些后续分析对有关问题做更深、更细致地分析了解；也可结合比较分析法和趋势分析法，将不同时期的杜邦分析法结果进行对比趋势化，从而形成动态分析，找出财务变化的规律，为预测、决策提供依据；或者与一些企业财务风险分析方法结合，进行必要的风险分析，也为管理者提供依据，所以这种结合，实质也是杜邦分析法自身发展的需要。分析者在应用时，应注意这一点。

三、杜邦财务分析体系的变形与发展

美国哈佛大学教授帕利普（Palepu）对杜邦财务分析体系的基本模型进行了变形和补充，由此诞生的财务分析模型叫作帕利普财务分析体系。帕利普在其《企业分析与评价》一书中，将财务分析体系中常用的财务比例一般分为四大类：偿债能力比率、盈利比率、资产管理效率比率和现金流量比率。帕利普分析的原理是将某一个要分析的指标层层展开，以探究财务指标发生变化的原因。

帕利普财务分析体系与传统的杜邦分析体系相比，其重要创新是加入了可持续增长率的指标，并以此作为核心指标。可持续增长率是企业在保持利润能力和财务政策不变的情况下能够达到的增长比率，它取决于净资产收益率和股利政策。

从长远看，企业的价值取决于企业的盈利和增长能力。这两项能力又取决于其产品市场战略和资本市场战略；而产品市场战略包括企业的经营战略和投资战略，资本市场战略又包括融资战略和股利政策。财务分析的目的就是评价企业在经营管理、投资管理、融资战略和股利政策四个领域的管理效果。因此，可持续增长率将企业的各种财务比率统一起来，以评估企业的增长战略是否可持续，其原理见图 10-2。

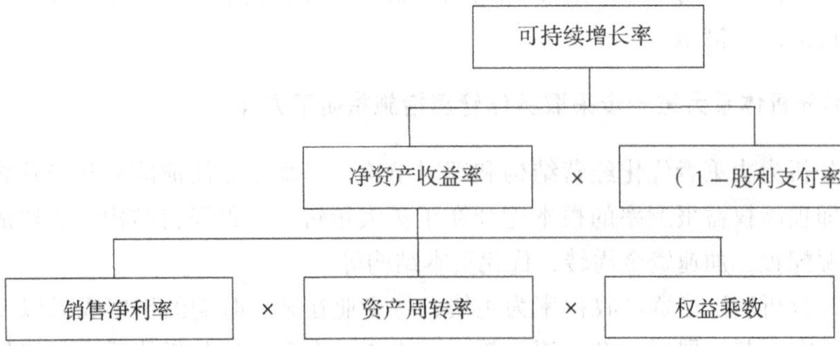

图 10-2　帕利普财务分析体系

其中计算可持续增长的假设条件：保持目前资本结构不变；股利政策不变；不发售新股，增加债务是唯一外部筹资来源；销售净利率不变；资产周转率不变。

根据会计恒等式：资产=负债+所有者权益；

并且已知：本期所有者权益的增长=本期的未分配利润，

因此，可持续增长率=所有者权益增长率

=［本期净利润×（1-股利支付率）］÷期初股东权益

=期初权益资本净利率×（1-股利支付率）

四、杜邦财务分析体系的局限性

（1）传统杜邦财务分析系统基本局限于事后财务分析，事前预测和事中控制的作用较弱，不利于计划、控制和决策。

（2）采用传统杜邦财务分析系统进行财务分析，其资料主要源于财务报表，没有充分利用管理会计的数据资料展开分析，如管理会计的成本分析资料和风险分析资料，因而不利于企业加强内部控制。

（3）传统杜邦财务分析系统没有按照成本性态反映并分析成本信息，不利于成本控制。

（4）分析方法单一，在动态分析时，仅仅是各指标数值的简单比较，虽然能够反映各指标本身的变化情况，却很难准确说明各指标对总指标的影响程度，不利于洞察关键因素。

（5）传统杜邦财务分析系统无法反映在新经济环境下企业经营的全貌，因而无法解决企业治理结构中存在的问题。

【例 10.1】应用杜邦分析体系对 FL 公司进行综合分析。

根据 20×0—20×2 年 FL 公司的年度财务报告，选取杜邦财务分析体系所需要的财务数据见表 10-1，计算相关财务指标见表 10-2。

表 10-1 FL 公司杜邦分析体系的相关基础数据 单位：万元

指标	20×2 年	20×1 年	20×0 年
营业收入	220 191.07	226 092.99	195 606.86
营业成本	163 042.95	162 086.26	141 525.77
净利润	40 022.99	29 727.39	27 109.74
资产总额	344 827.43	315 555.44	312 854.75
负债总额	45 107.11	31 720.87	31 636.60
股东权益总额	299 720.32	283 834.57	281 218.15

表 10-2 FL 公司杜邦分析体系的相关指标

指标	20×2 年	20×1 年	20×0 年
销售净利率	0.181 8	0.131 5	0.138 6
总资产周转率	0.666 9	0.719 6	0.638 9
权益乘数	1.131 7	1.112 1	1.109 7
净资产收益率	0.137 2	0.105 2	0.098 3
总资产净利率	0.121 2	0.094 6	0.088 5

（一）基于杜邦分析体系的纵向比较

应用因素分析法，基于杜邦分析体系，对 20×1 年和 20×2 年 FL 公司的净资产收益率变动进行分析。分析结果见表 10-3。

表 10-3　FL 公司 20×2 年度净资产报酬率的影响因素分析

指标	20×1 年	20×2 年		
		替代销售净利率	替代总资产周转率	替代权益乘数
销售净利率	0.131 5	0.181 8	0.181 8	0.181 8
总资产周转率	0.719 6	0.719 6	0.666 9	0.666 9
权益乘数	1.112 1	1.112 1	1.112 1	1.131 7
净资产收益率	0.105 2 ①	0.145 5 ②	0.134 8 ③	0.137 2 ④
销售净利率影响（②-①）/（④-①）		125.94%		
总资产周转率影响（③-②）/（④-①）			-33.44%	
权益乘数影响（④-③）/（④-①）				7.50%

从 20×1 年和 20×2 年的杜邦分析指标可以看出，FL 公司的净资产收益率在 20×2 年为 13.72%，20×1 年为 10.52%，20×2 年比 20×1 年高 3.50%，主要原因如下：

（1）20×2 年 FL 公司的销售净利率变动对净资产收益率的增长贡献了 4.03 个百分点，占净资产收益率增长幅度的 125.94%，这说明 20×2 年度 FL 公司净资产收益率的增长主要是由于该公司盈利能力的提高推动的。

（2）20×2 年 FL 公司总资产周转率变动对净资产收益率的增长贡献了-1.07 个百分点，占净资产收益率增长幅度的-33.44%，这说明 20X2 年度 FL 公司的营运能力发生了下滑，减缓了净资产收益率的增长。

（3）20×2 年 FL 公司的权益乘数变动对净资产收益率的增长贡献了 0.24 个百分点，占净资产收益率增长幅度的 7.50%，这说明 20×2 年度 FL 公司的财务风险略有上升，财务杠杆水平也越有上升，对净资产收益率的增长贡献不多。

综合而言，根据杜邦分析结果，FL 公司的营运能力方面需要重点改进，需要采取措施有效提高资产的周转速度。另外，除了保持盈利能力的持续增长外，还可以适当提高负债率，以便更充分地利用财务杠杆。

（二）基于杜邦分析体系的横向比较

应用因素分析法，基于杜邦分析体系，对 20×2 年度 FL 公司与竞争对手阳光照明的净资产收益率进行比较分析。分析结果见表 10-4。

从 20×1 年和 20×2 年的杜邦分析指标可以看出，FL 公司的净资产收益率在 20×2 年为 13.72%，阳光照明为 11.02%，20×2 年比 20×1 年高 2.70%，主要原因如下：

（1）20×2 年 FL 公司相对于阳光照明，较高的销售净利率对净资产收益率的差异额贡献了 13.56 个百分点，占净资产收益率差异幅度的 423.75%，这说明 20×2 年度 FL 公司相对阳光照明的比较高的净资产收益率主要归因于该公司具有较高的盈利能力。

表 10-4 FL 公司与阳光照明在 20×2 年度的净资产报酬率比较分析

指标	阳光照明	FL 公司		
		替代 销售净利率	替代 总资产周转率	替代 权益乘数
销售净利率	0.081 5	0.181 8	0.181 8	0.181 8
总资产周转率	0.714 8	0.714 8	0.666 9	0.666 9
权益乘数	1.891 5	1.891 5	1.891 5	1.131 7
净资产收益率	0.110 2①	0.245 8②	0.229 3③	0.137 2④
销售净利率影响 （②-①）/（④-①）		423.75%		
总资产周转率影响 （③-②）/（④-①）			-51.56%	
权益乘数影响 （④-③）/（④-①）				-287.81%

（2）20×2 年 FL 公司相对于阳光照明，较低的总资产周转率对净资产收益率的差异额贡献了-1.65 个百分点，占净资产收益率差异幅度的-51.56%，这说明 20×2 年度 FL 公司相对阳光照明的比较低的运营能力减少了两家公司净资产收益率的差异度。

（3）20×2 年 FL 公司相对于阳光照明，较低的权益乘数对净资产收益率的差异额贡献了-9.21 个百分点，占净资产收益率差异幅度的-287.81%，这说明 20×2 年度 FL 公司相对阳光照明的比较低的杠杆水平大幅度减少了两家公司净资产报酬率的差异度。

综合而言，根据杜邦分析结果，相对于竞争对手，FL 公司除了保持盈利能力的持续增长之外，首先需要在杠杆水平方面进行重点改进，适当提高负债率；其次是营运能力方面，需要采取措施提高资产的周转速度。

第三节 沃尔评分法

一、财务比率汇总表分析法

在介绍沃尔评分法之前，首先介绍一下沃尔评分法的基础——财务比率汇总表分析法。

财务比率反映了企业财务报表各项目之间的对比关系，以此来揭示企业财务状况。但是，一项财务比率只能反映企业某一方面的财务状况。为了进行综合的财务分析，可以编制财务比率汇总表，这样，将反映企业财务状况的各类财务比率集中在一张表中，能够一目了然地反映出企业各方面的财务状况。并且，在编制财务比率汇总表时，可以考虑把不同时期或不同企业的财务比率进行纵向或横向的比较分析。

企业财务状况的比较分析主要有两种：

第一，将企业本期的财务报表或财务比率同过去几个会计期间的财务报表或财务比率进行比较，这是纵向比较，可以分析企业的发展趋势。

第二，将本企业的财务比率与同行业平均财务比率或同行业先进的财务比率相比较，这是横向比较，可以了解到企业在同行业中所处的水平，以便综合评价企业的财务状况。

这种方法在企业的综合财务分析中是经常使用的，不过也有两个缺点：

第一，它需要企业找到同行业的平均财务比率或同行业先进的财务比率等资料作为参考标准，但在实际工作中，这些资料有时可能难以找到；

第二，这种方法只能定性地描述企业的财务状况，如比同行业平均水平略好、与同行业平均水平相当或略差，而不能用定量的方式来评价企业的财务状况如何。因此，为了克服这两个缺点，可以采用财务比率综合评分法，即沃尔评分法。

二、沃尔评分法的基本模型

沃尔评分法是由财务状况综合评价的先驱者之一是亚历山大·沃尔提出的。他在 20 世纪初出版的《信用晴雨表研究》和《财务报表比率分析》中提出了信用能力指数的概念，把若干个财务比率用线性关系结合起来，以此评价企业的信用水平。他选择了 7 种财务比率，分别给定了其在总评价中占的比重，总和为 100 分。然后确定标准比率，并与实际比率相比较，评出每项指标的得分，最后求出总评分，以此对企业的财务状况做出排队或评价。

沃尔评分法基本模型采用的 7 个指标分别是流动比率、净资产/负债、资产/固定资产、销售成本/存货、销售额/应收账款、销售额/固定资产和销售额/净资产，分别给予 25%、25%、15%、10%、10%、10%和 5%的权重，总和为 100 分。

沃尔评分法的基本模型可以概括为见表 10-5。

表 10-5　沃尔评分法的基本模型

财务比率	比重 ①	标准比率 ②	实际比率 ③	相对比率 ④=③÷②	评分 ⑤=①×④
流动比率	25				
净资产÷负债	25				
资产÷固定资产	15				
销售成本÷存货	10				
销售额÷应收账款	10				
销售额÷固定资产	10				
销售额÷净资产	5				
合计	100				

现代社会与沃尔所处的时代相比，已经发生很大的变化。沃尔最初提出的 7 项指标已经难以完全适用当前企业评价的需要。现在通常认为，在选择评价指标时，应包括偿债能力、运营能力、获利能力和发展能力等方面的指标。除此之外，出于评价结果的全面性考虑，还应当选取一些非财务指标作为参考。

三、运用沃尔评分法的分析程序

采用沃尔评分法，进行企业财务状况的综合分析，一般要遵循的程序如下：

（一）选定评价企业财务状况的财务比率

在选择财务比率时，一要具有全面性，要求反映企业的盈利能力、偿债能力和发展能力的三大类财务比率都应当包括在内；二要具有代表性，即要选择能够揭示企业财务状况的重要的财务比率；三要具有变化方向的一致性，即当财务比率增大时，表示财务状况的改善，反之，财务比率减少时，表示财务状况的恶化。一般情况，三大能力的代表性指标见表 10-6。

表 10-6　沃尔评分法的代表性财务指标

指标类别	具体指标
盈利能力	资产净利率＝净利润÷资产总额×100% 销售净利率＝净利润÷销售收入×100% 净资产收益率＝净利润÷净资产×100%
偿债能力	自有资本比率＝净资产÷资产总额×100% 流动比率＝流动资产÷流动负债 应收账款周转率＝赊销净额÷平均应收账款余额 存货周转率＝产品销售成本÷平均存货成本
发展能力	销售增长率＝销售增长额÷基期销售额×100% 净利增长率＝净利增加额÷基期净利×100% 资产增长率＝资产增加额÷基期资产总额×100%

（二）确定各项财务比率的标准评分值

根据各项财务比率的重要程度，确定其标准评分值，即重要性系数。各项财务比率的标准评分值之和应当等于 100 分。各项财务比率评分值的确定是财务比率综合评分法的一个重要问题，它直接影响对企业财务状况的评分多少。对各项财务比率的重要程度，不同的分析者会有截然不同的态度，但是，一般来说，应根据企业经营活动的性质、企业的生产经营规模、市场形象和分析者的分析目的等因素来确定。

一般情况下，三类指标的评分值约为 5∶3∶2。盈利能力指标三者的比例约为 2∶2∶1，偿债能力指标和发展能力指标中各项具体指标的重要性大体相当。

（三）确定各项财务比率的评分值的上限和下限

确定各项财务比率的评分制的上限和下限，也就是最高评分值和最低评分值。这主要是为了避免个别财务比率的异常给总分造成不合理的影响。通常设定评分值的上限为正常值的 1.5 倍，设定评分值的下限为正常值的一半，即 50%。

（四）确定各项财务比率的标准值

财务比率的标准值是指各项财务比率在本企业现时条件下最理想的数值，也即最优值。财务比率的标准值，通常可以参照同行业的平均水平，并经过调整后确定。

（五）计算企业在一定时期各项财务比率的实际值

企业经过一定时期的经营，企业的财务状况和经营成果通过会计报表展现出来，这时可以借助会计报表计算企业在一定时期各项财务比率的实际值，目的是和各项财务比率的标准值对比。

（六）计算关系比率

关系比率是指各项财务比率实际值与标准值的比率，即关系比率等于财务比率的实际值除以标准值。

（七）计算各项财务比率的实际得分

各项财务比率的实际得分是关系比率与标准值的乘积，每项财务比率的得分都不得超过上限或下限，所有各项财务比率实际得分的合计数就是企业财务状况的综合得分。

调整后的沃尔评分法模型，可以概括为表 10-7。

表 10-7 中计算出的企业财务状况的综合得分反映了企业综合财务状况是否良好。如果综合得分等于或接近于 100 分，说明企业的财务状况是良好的，达到了预先确定的标准；如果综合得分低于 100 分很多，就说明企业的财务状况较差，应当采取适当的措施加以改善；如果综合得分超过 100 很多，就说明企业的财务状况很理想。

表 10-7 调整后的沃尔评分法模型

财务比率	比重（%） ①	标准比率 ②	实际比率 ③	关系比率 ④=③÷②	评分 ⑤=①×④
资产净利率	20				
销售净利率	20				
净资产收益率	10				
自有资本比率	8				
流动比率	8				
应收账款周转率	7				
存货周转率	7				
销售增长率	7				
净利增长率	7				
资产增长率	6				
合计	100				

四、沃尔评分法的局限性

沃尔评分法解决了在分析公司各项财务指标时如何评价其指标的优良差，以及公司整体财务状况在同行业中的地位等问题。但是，沃尔评分法仍然存在如下局限性：

（1）沃尔评分法未能证明为什么要选择这些代表性指标，而不是更多或更少些，或者选择其他的指标，以及未能证明每个指标所占比重的合理性。这个问题至今仍然没有从理论上解决。在实际应用时，分析指标应尽可能全面，采用指标越多，分析的结果越接近现实。

（2）对这些财务比率指标给定的比重，在理论上也难以证明，缺乏说服力。

（3）从技术上讲，由于评分是相对比率与比重相“乘”计算出来的，当某一个指标严重异常（过高或过低，甚至是负数）时，会对总评分带来不合逻辑的重大影响。

尽管沃尔比重评分法在理论上还有待证明，在技术上也需要完善，但它在实践中还是具有较为广泛的应用价值。

【例 10.2】利用沃尔评分法对 FL 公司 20×2 年财务数据进行综合分析

采用沃尔评分法，对 FL 公司 20×2 年度的财务数据进行分析，分析结果见表 10-8。

表 10-8　FL 公司 20X2 年沃尔评分法分析表

财务比率	比重 ①	得分 上限	得分 下限	标准比率 ②	实际比率 ③	关系比率 ④=③÷②	评分 ⑤=①×④
资产净利率（%）	20	30	10	5.74	13.96	2.43	30
销售净利率（%）	20	30	10	3.55	18.18	5.12	30
净资产收益率（%）	10	15	5	6.33	13.57	2.14	30
自有资本比率（%）	8	12	4	0.56	0.87	1.55	30
流动比率（次）	8	12	4	4.36	4.71	1.08	8.64
应收账款周转率（次）	7	10.5	3.5	5.00	6.94	1.34	9.38
存货周转率（次）	7	10.5	3.5	7.98	3.71	0.46	3.5
销售增长率（%）	7	10.5	3.5	-0.10	-2.61	26.10	3.5
净利增长率（%）	7	10.5	3.5	-8.72	34.63	-3.97	10.5
资产增长率（%）	6%	9	3	12.66	9.28	0.73	4.38
合计	100						159.90

如表 10-8 所示，利用沃尔评分法，得出 FL 公司 20×2 年的财务状况评分的结果是 159.90 分，按照沃尔分析法的原理，得分超过 100 分越多，说明企业的财务状况就越好，所以，沃尔评分法的分析结果表明 FL 公司的财务状况是比较理想的。

第四节　雷达图分析法

一、雷达图分析法简介

雷达图法是日本企业界进行综合实力评估而采用的一种财务状况综合评价方法。按这种方法所绘制的财务比率综合图状似雷达，故得此名。

雷达图是对企业财务能力分析的重要工具，从动态和静态两个方面分析企业的财务状况。静态分析将企业的各种财务比率与其他相似企业或整个行业的财务比率做横向比较；动态分析把企业现时的财务比率与先前的财务比率做纵向比较，就可以发现企业财务及经营情况的发展变化方向。雷达图把纵向和横向的分析比较方法结合起来，计算综合企业的收益性、成长性、安全性、流动性及生产性这五类指标。

二、财务雷达图所使用的财务指标

下面对雷达图所涉及的五类指标进行说明。

（一）收益性指标

分析收益性指标，目的在于观察企业一定时期的收益及获利能力。主要指标含义及计算公式见表 10-9。

表 10-9　雷达图所使用的收益性财务指标

收益性比率	反映的内容	计算公式
1. 资产报酬率	总资产的利用效果	（净收益+利息费用+所得税）/ 平均总资产
2. 所有者权益报酬率	所有者权益的回报	税后净利润 / 所有者权益
3. 普通股权益报酬率	股东权益的报酬	（净利润-优先股股利）/ 平均普通股权益
4. 普通股每股收益额	股东权益的报酬	（净利润-优先股股利）/ 普通股股数
5. 股利发放率	股东权益的报酬	每股股利 / 每股利润
6. 市盈率	股东权益的报酬	普通股每股市场价格 / 普通股每股利润
7. 销售利税率	销售收入的收益水平	利税总额 / 净销售收入
8. 毛利率	销售收入的收益水平	销售毛利 / 净销售收入
9. 净利润率	销售收入的收益水平	净利润 / 净销售收入
10. 成本费用利润率	为取得利润所付的代价	（净收益+利息费用+所得税）/ 总成本费用

（二）安全性指标

安全性指的是企业经营的安全程度，也可以说是资金调度的安全性。分析安全性指标，目的在于观察企业在一定时期内偿债能力。主要指标含义及计算公式见表 10-10。

表 10-10　雷达图所使用的安全性指标

安全性比率	反映的内容	计算公式
1. 流动比率	短期偿债能力和信用状况	流动资产/流动负债
2. 速动比率	立刻偿付流动负债的能力	速动资产/流动负债
3. 资产负债率	总资产中有多少是负债	负债总额/资产总额
4. 所有者权益比率	总资产中有多少是所有者权益	所有者权益/资产总额
5. 利息保障倍数	所得偿付借债利息的能力	（税前利润-利息费用）/利息费用

其中，一般经验认为，①流动比率在 2∶1 左右比较合适；②速动比率在 1∶1 左右较为合适；③资产负债率也要保持适当水平，一般说来，低于 50%的资产负债率比较好；④利息保障倍数如果比率低于 1，说明企业经营所得还不足以偿付借债利息，因此，该比率至少应大于 1。比率越高，说明按时按量支付利息就越有保障。得到偿还的保障就越大。

（三）流动性指标

分析流动性指标，目的在于观察企业在一定时期内的资金周转状况，掌握企业资金的运用效率。主要指标含义及计算公式见表 10-11。

表 10-11　雷达图所使用的流动性指标

流动性比率	反映的内容	计算公式
1. 总资产周转率	全部资产的使用效率	销售收入/平均资产总额
2. 固定资产周转率	固定资产的使用效率	销售收入/平均固定资产总额
3. 流动资产周转率	流动资产的使用效率	销售收入/平均流动资产总额
4. 应收账款周转率	年度内应收账款的变现速度	销售收入/平均应收账款
5. 存货周转率	存货的变现速度	销售成本/平均存货

其中，总资产周转率、固定资产周转率、流动资产周转率分别反映全部资产、固定资产和流动资产的使用效率，比率越高，说明资产利用率越高，获利能力强；应收账款周转率反映年度内应收账款转为现金的平均次数，比率越高，说明企业催收账款的速度越快，坏账损失的可能性越小；存货周转率越高，说明投入存货至销售收回的平均期间就越短，资金回收越快，效率越高。

（四）成长性指标

分析成长性指标，目的在于观察企业在一定时期内经营能力的发展变化趋势，一家企业即使收益性高，但成长不好，也表明其未来盈利能力下降。因此，以发展的眼光看企业，动态地分析企业财务资料，对战略制定来讲特别重要。计算这类指标比较简单，见表 10-12。

（五）生产性指标

分析生产性指标，目的在于了解在一定时期内企业的生产经营能力、水平和成果的分配。主要指标见表 10-13。

表 10-12 雷达图所使用的成长性指标

成长性比率	反映的内容	计算公式
1. 销售收入增长率	销售收入变化趋势	本期销售收入/前期销售收入
2. 税前利润增长率	税前利润变化趋势	本期税前利润/前期税前利润
3. 固定资产增长率	固定资产变化趋势	本期固定资产/前期固定资产
4. 人员增长率	人员变化趋势	本期职工人数/前期职工人数
5. 产品成本降低率	产品成本变化趋势	本期产品成本/前期产品成本

表 10-13 雷达图所使用的生产性指标

生产性比率	反映的内容	计算公式
1. 人均销售收入	反映企业人均销售能力	销售收入/平均职工人数
2. 人均净利润	反映企业经营管理水平	净利润/平均职工人数
3. 人均资产总额	反映企业生产经营能力	资产总额/平均职工人数
4. 人均工资	反映企业成果分配状况	工资总额/平均职工人数

三、财务雷达图的绘制方式与分析方法

（一）财务雷达图的绘制方法

上述企业财务能力的五性分析结果可以用雷达图表示出来，雷达图的绘制方法如下：

第一，画出 3 个同心圆，同心圆的最小圆圈代表同行业平均水平的 1/2 值或最低水平；中间圆圈代表同行业平均水平，又称标准线；最大圆圈一般代表同行先进水平或平均水平的 1.5 倍；

第二，把这 3 个圆圈的 360°，分成 5 个扇形区，分别代表收益性、安全性、流动性、成长性和生产性指标区域；

第三，从 5 个扇形区的圆心开始以放射线的形式分别画出相应的财务指标线，并标明指标名称及标度，财务指标线的比例尺及同心圆的大小由该经营比率的量纲与同行业的水平来决定；

第四，把企业同期的相应指标值用点标在图上，以线段依次连接相邻点，形成的多边形折线闭环，就代表了企业的现实财务状况。

在 Microsoft 公司的 Excel 软件中，可以更便捷地做出多边形的雷达图，而且，多边形雷达图的分析效果与圆形没有多少差别。所以，我们以多边形雷达图为例进行分析。为了便于分析，我们选取表 10-7 所示财务指标中的 9 个指标体系来进行演示。

假设甲公司某年度财务雷达图，见图 10-3。

（二）财务雷达图的分析方法

财务雷达图主要根据所分析的财务指标数据点所处的位置来进行分析评价，具体如下：

（1）当指标值处于标准线以内时，说明该指标低于同行业水平，需要加以改进。比如图

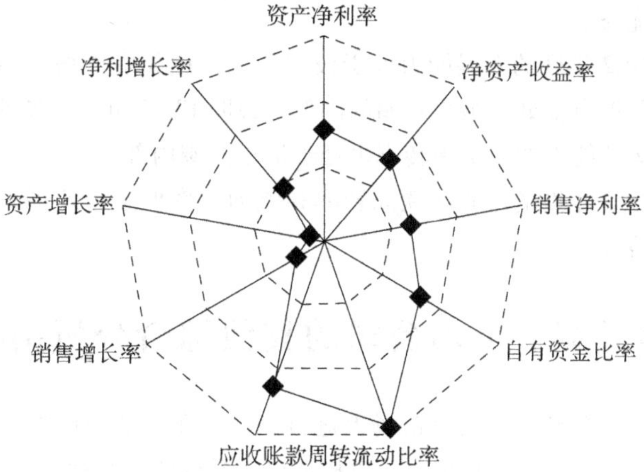

图 10-3 甲公司财务雷达图

10-3 中的资产收益率、净利增长率、净资产收益率、销售净利率以及自有资金比率等指标。

（2）若接近最小圆圈或处于其内，说明该指标处于极差状态，是企业经营的危险标志；比如图 10-3 中的净利增长率、销售增长率以及存货周转率。

（3）若处于标准线外侧，说明该指标处于较理想状态，是企业的优势所在。比如图 10-3 中的应收账款周转率和流动比率。当然，并不是所有指标都处于标准线外侧就是最好，还要具体指标具体分析。

【例 10.3】运用财务雷达图对 FL 公司 20×2 年度的财务数据进行综合分析。

我们运用上一节杜邦分析体系（见表 10-6）中的 10 个财务指标，制作出 FL 公司在 20×2 年度的财务雷达图如图 10-4 所示。

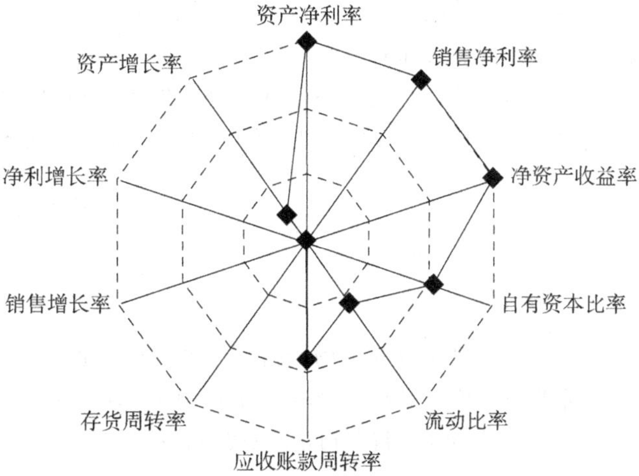

图 10-4 FL 公司 20×2 年度的财务雷达图

依据图 10-4 所示的财务雷达图，可以得到以下结论：

（1）FL 公司 20×2 年度的盈利能力指标比较优秀，比如资产净利率、销售净利率以及及净资产收益率，这些指标数据点都远远超出了标准圆的边界线；另外体现财务风险的自有资本比率也比较优秀。

（2）FL公司20×2年度的发展能力处于极差状态，比如资产增长率、净利增长率以及销售增长率，这些数据点都处在最小圆圈的内部，说明FL公司下一步亟待提高自身的发展能力；另外，体现运营能力的存货周转率也处于最小圆圈内部。

（3）FL公司20×2年度的应收账款周转率和流动比率低于行业平均水平，也是需要在下一步进行改进的地方。

第五节　上市公司的其他综合分析指标

上市公司的股票在公开证券交易市场上进行交易，在有效的证券市场上，其价值能够被很好地发现，基于股票的市场价格，可以构造出一系列的综合性财务分析指标。

一、市盈率

（一）定义

市盈率（P/E ratio），也称价格与收益比率，是反映普通股的市场价格与当期每股收益之间的关系，可用来判断企业股票与其他企业股票相比较潜在的价值。市盈率的计算公式如下：

市盈率＝每股市价/每股收益

（二）评价标准

该指标在一个企业内几年的数值能够表明企业盈利能力的稳定性，可在一定程度上反映管理部门的经营能力和企业盈利能力及潜在的成长能力。同时，该指标还反映此股票市价是否具有吸引力，把多个企业的股票价格与收益比率进行比较，并结合对其所属行业经营前景的了解，可以作为选择投资目标的参考。

需要注意的是，当企业的全部资产利润率很低或企业发生亏损时，每股收益可能很低或为负数，因此价格收益比率很高。这样有可能人们导致对企业前景的错误估计。

二、市净率

（一）定义

市净率（P/B ratio）是反映普通股的市场价格与当期每股净资产之间的关系，可用来判断企业股票与其他企业股票相比较潜在的价值。市净率的计算公式如下：

市净率＝每股市价/每股净资产

（二）评价标准

市净率的评价方法与市盈率相似，也可以一定程度上反映管理部门的经营能力和企业盈利能力及潜在的成长能力。市净率也可用于投资分析，一般来说市净率较低的股票，投资价值较高，相反，则投资价值较低；但在判断投资价值时还要考虑当时的市场环境以及公司经营情况、盈利能力等因素。

市净率是一个比市盈率更为可靠的指标，尤其是针对那些周期性行业的个股。此类股票每股盈利伴随行业景气度可能有极大波动，若遇上行业极不景气企业出现亏损，市盈率更是无从谈起。对于此类个股，利用市盈率估值极为困难。

这时候，市净率指标就极具参考价值了。毕竟，无论行业景气与否，上市公司的每股净资产一般不会出现大幅波动，所以市净率波动也相对较小，在估值上更具参考价值。

市净率特别在评估高风险企业、企业资产大量为实物资产的企业时受到重视。

三、托宾 Q 值

（一）定义

托宾 Q 值（Tobin's Q）是由诺贝尔经济学奖获得者詹姆斯·托宾（James Tobin）于 1969 年提出的。詹姆斯·托宾把 Tobin's Q 定义为企业的市场价值与资本重置成本之比。它的经济含义是企业的市场价值是否大于给企业带来现金流量的资本的成本。

为了方便计算，人们用总资产的账面价值替代重置成本，用普通股的市场价格和债务的账面价值之和表示市场价值，计算公式为。

$$托宾\ Q\ 值=\frac{（股权市场价格+长、短期债务账面价值合计）}{总资产账面价值}$$

（二）评价标准

Tobin's Q 值若大于 1，说明企业创造的价值大于投入的资产的成本，表明企业为社会创造了价值，是“财富的创造者”；反之，则浪费了社会资源，是“财富的缩水者”。

如果 Tobin's Q 值很高，说明企业的市场价值高于其资产的重置成本，那么企业将会通过发行股票的方式进行低成本的融资来购置新设备，因为这样做是有利可图的。如果 Tobin's Q 值很低，由于企业的市场价值低于资本的重置成本，那么在企业需要资本的时候，他们应该通过出售现有资产或设备的方式来获得资金，因为这样的成本更低。

Tobin's Q 值可以反映市场对于公司未来利润的预期，并对公司投资产生影响。根据这一原理，当股票价格上扬时，Tobin's Q 值会随之增加，企业将会更多的在资本市场上发行股票来进行融资，投资新设备也将会增加，从而带来产出的增加。

四、基于股价的其他评价指标

除了市盈率与市净率等典型指标之外，还有一些基于股价的评价指标被用于财务分析实务。具体见表 10-14。

表 10-14 其他基于股票价格的财务评价指标

指标名称	定义	评价标准
市销率	$市销率=\frac{每股市价}{每股营业收入}$	用于对市盈率评价的补充，主要用于创业板的企业或高科技企业的财务综合评价

续表

指标名称	定义	评价标准
市现率	$市现率=\frac{每股市价}{每股净现金流量}$	用于对市盈率评价的补充，主要用于创业板的企业或高科技企业的财务综合评价
市研率	$市研率=\frac{每股股价}{每股研发支出}$	用于对市销率和市现率评价的补充

五、基于股价的评价指标的缺陷

（一）股价可能偏离真实价值

现实的证券市场往往难以达到完全有效的状态，如果证券市场信息效率不够高，则股票价格可能偏离其真实价值，形成股价泡沫或被低估，从而导致股价对公司总体评价的有效性打折扣，进而影响基于股价的评价指标的可靠性。比如，市盈率指标往往在证券投资选股中被用于评判股票价格的低估或高估，一般认为，若市盈率高于 28 倍，则该股票价格存在投机性泡沫。

（二）一般只能用于同行业公司的比较

不同行业的公司，其股价的影响因素并不相同，因此，这些指标用于评价同行业公司综合财务表现时才具有可比性和可靠性。

【例 10.4】基于股价对 FL 公司的综合财务评价

选择同行业的阳光照明作为比较基准，对 FL 公司进行综合财务指标计算见图 10-5～图 10-7。

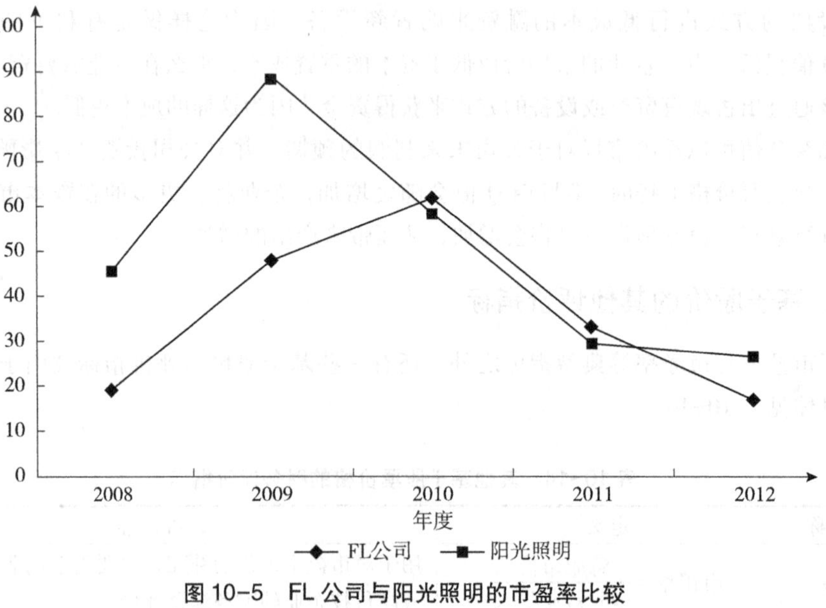

图 10-5　FL 公司与阳光照明的市盈率比较

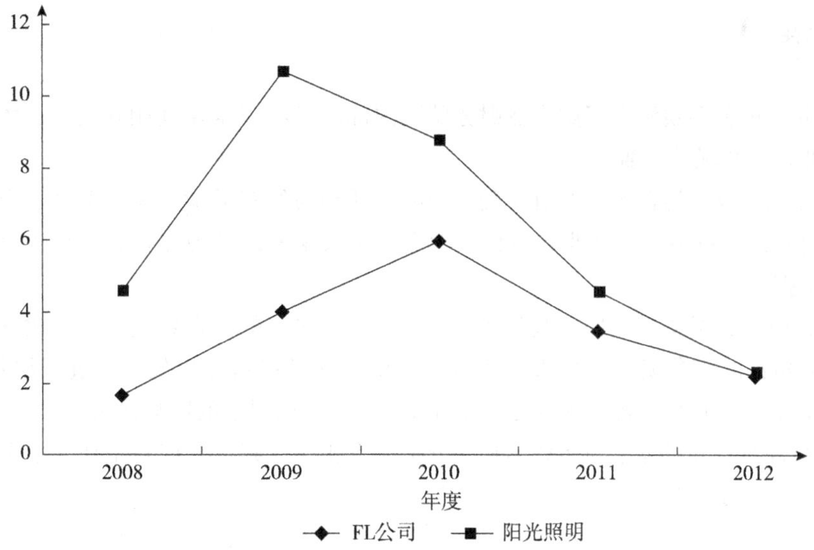

图 10-6　FL 公司与阳光照明的市净率比较

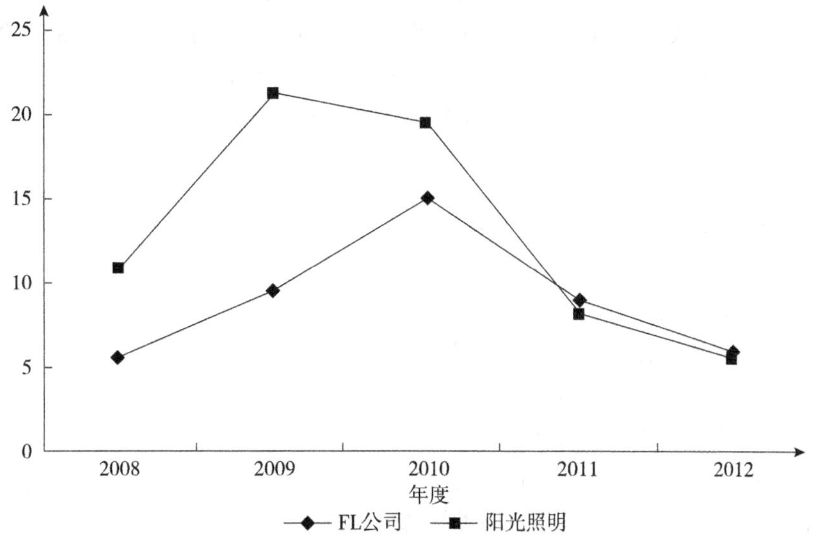

图 10-7　FL 公司与阳光照明的托宾 Q 值比较

对于上述市盈率、市净率以及托宾 Q 值 3 个指标，两家公司表现出很相似的变化规律，基本在 2010 年之前呈现上升的趋势，然而从 2010 年开始之后，一同开始逐渐降低。这说明，股票市场对整个行业的估值是先上升后下降的。

另外，还可以发现，与阳光照明相比，FL 公司的估值指标在 2010 年之前逊于竞争对手，但是，2010 年之后，两家公司估值指标之间的差距逐渐缩小，到 2012 年，两家公司的表现已经相差无几了。这说明，股票市场对两家公司的发展前景给予了很相似的评价。

本章小结

1. 财务分析者必须深入了解企业财务状况内部的各项因素及其相互关系，才能较全面地提示企业财务状况的全貌。

2. 财务综合分析的目的主要有明确企业财务活动与经营活动的相互关系、全面评价企业财务状况及经营业绩，为企业利益相关者提供决策参考以及为完善企业财务管理和经营管理提供依据。

3. 杜邦财务分析体系利用一些基本财务比率指标之间的内在数量关系，建立一套系列相关的财务指标的综合模型，从投资者对企业要求的最终目标出发，经过层层指标分解，从而能系统地分析了解影响企业最终财务目标实现的各项因素的影响作用。

4. 帕利普财务分析体系与传统的杜邦分析体系相比，其重要创新是加入了可持续增长率的指标，并作为核心指标。

5. 沃尔评分法在选择评价指标时，应包括偿债能力、运营能力、获利能力和发展能力等方面的指标。

6. 雷达图是从动态和静态两个方面分析企业的财务状况。静态分析将企业的各种财务比率与其他相似企业或整个行业的财务比率做横向比较；动态分析把企业现时的财务比率与先前的财务比率做纵向比较。雷达图把纵向和横向的分析比较方法结合起来，计算综合企业的收益性、成长性、安全性、流动性及生产性这 5 类指标。

本章习题

1. 简述财务综合分析的主要目的。
2. 简述杜邦财务分析体系的发展历程。
3. 简述沃尔评分法的发展历程。
4. 简述雷达图分析的主要财务指标有哪些？
5. 简述财务综合分析中非财务信息的作用。
6. 选择一家上市公司，对其进行财务综合分析。

参考文献

[1] 朱学义，李文美，刘建勇．财务分析教程［M］．北京：北京大学出版社，2009.

[2] 赵景文，杜兴强．经验会计与财务研究基础［M］．厦门：厦门大学出版社，2009.

[3]［美］斯蒂芬·H. 佩因曼．财务报表分析与证券定价［M］．刘力，陆正飞，译．北京：中国财政经济出版社，2005.

[4] 张新民，王秀丽．解读财务报表——案例分析方法［M］．北京：对外经济贸易大学出版社，2003.

[5] 汤震宇，马军生，薛隽，等．财务报表分析技术［M］．上海：复旦大学出版社，2011.

[6] 张先治，陈友邦．财务分析［M］．5版．大连：东北财经大学出版社，2017.

[7] 中国注册会计师协会．公司战略与风险管理［M］．北京：中国财政经济出版社，2020.

[8] 张新民，钱爱民．企业财务报表分析［M］．北京：清华大学出版社，2011.

[9] 池国华．财务分析［M］．北京：中国人民大学出版社，2021.

[10]［美］詹姆斯·瓦伦，斯蒂芬·巴金斯基，马克·布拉德肖．财务报表分析［M］．8版．胡玉明，译．北京：中国人民大学出版社，2020.

参考文献

[1] 张学文，李文美，刘建华．财务分析 [illegible] [M]．北京：北京大学出版社，2009.

[2] 赵贺春，[illegible]，[illegible] 企业会计与财务报表分析基础 [M]．厦门：厦门大学出版社，200[illegible].

[3] [美]克里斯蒂·G. 韩巴斯．财务报表分析与证券定价 [M]．刘力，陆正飞，译．北京：中国财政经济出版社，200[illegible].

[4] 张新民，王秀丽．企业财务报表分析——案例分析方法 [M]．北京：对外经济贸易大学出版社，200[illegible].

[5] [illegible]，[illegible]，[illegible]，等．财务报表分析技术 [M]．上海：复旦大学出版社，2011.

[6] 张先治，陈友邦．财务分析 [M]．5版．大连：东北财经大学出版社，2019.

[7] 中国注册会计师协会．公司战略与风险管理 [M]．北京：中国财政经济出版社，2020.

[8] 张新民，钱爱民．企业财务报表分析 [M]．北京：[illegible]出版社，201[illegible].

[9] [illegible]．[illegible] [M]．北京：中国人民大学出版社，2021.

[10] [美] [illegible]．[illegible] 财务报表分析 [illegible] [M]．[illegible]，译．北京：中国人民大学出版社，2020.